中国非洲研究院文库·学术译丛

黑人学者的声音
南非的经历

Black Academic Voices
The South African Experience

[南非] 格雷丝·昆诺（Grace Khunou）
雨果·肯纳姆（Hugo Canham）
卡蒂亚·库扎-尚嘉赛（Katijah Khoza-Shangase） /编
伊迪丝·丁农·帕斯瓦纳（Edith Phaswana）

张倩 /译

中国社会科学出版社

图字:01-2022-0612号

图书在版编目(CIP)数据

黑人学者的声音：南非的经历/（南非）格雷丝·昆诺等编；张倩译. —北京：中国社会科学出版社，2023.5
（中国非洲研究院文库. 学术译丛）
书名原文：Black Academic Voices：The South African Experience
ISBN 978-7-5227-1578-0

Ⅰ.①黑… Ⅱ.①格…②张… Ⅲ.①高等教育—教育管理—研究—南非共和国 Ⅳ.①G649.478

中国国家版本馆CIP数据核字（2023）第045622号

Black Academic Voices-Published April 2019 – World Rights HSRC Press
Post school Education-Published January 2019 – World Rights HSRC Press
Theorising Education-February 2019 – World rights HSRC Press

This copyright for the work in all languages and worldwide except Chinese belongs to the Human Sciences Research Council. All rights reserved. No part of this publication may be reproduced, distributed, or transmitted in any language other than Chinese, including photocopying, recording, or other electronic or mechanical methods, without the prior written permission of the publisher, HSRC

出 版 人	赵剑英
责任编辑	陈雅慧
责任校对	王 斐
责任印制	戴 宽

出　　版	中国社会科学出版社
社　　址	北京鼓楼西大街甲158号
邮　　编	100720
网　　址	http://www.csspw.cn
发 行 部	010-84083685
门 市 部	010-84029450
经　　销	新华书店及其他书店
印　　刷	北京君升印刷有限公司
装　　订	廊坊市广阳区广增装订厂
版　　次	2023年5月第1版
印　　次	2023年5月第1次印刷
开　　本	710×1000　1/16
印　　张	16.25
字　　数	283千字
定　　价	88.00元

凡购买中国社会科学出版社图书，如有质量问题请与本社营销中心联系调换
电话：010-84083683
版权所有　侵权必究

《中国非洲研究院文库》编委会名单

主　任　蔡　昉

编委会（按姓氏笔画排序）

　　　　王　凤　　王利民　　王启龙　　王林聪　　邢广程
　　　　毕健康　　朱伟东　　安春英　　李安山　　李新烽
　　　　杨宝荣　　吴传华　　余国庆　　张永宏　　张宇燕
　　　　张忠祥　　张振克　　林毅夫　　罗建波　　周　弘
　　　　赵剑英　　姚桂梅　　党争胜　　唐志超

充分发挥智库作用　助力中非友好合作

——"中国非洲研究院文库"总序言

当今世界正面临百年未有之大变局。世界多极化、经济全球化、社会信息化、文化多样化深入发展，和平、发展、合作、共赢成为人类社会共同的诉求，构建人类命运共同体成为各国人民的共同愿望。与此同时，大国博弈加剧，地区冲突不断，恐怖主义难除，发展失衡严重，气候变化问题凸显，单边主义和贸易保护主义抬头，人类面临诸多共同挑战。中国是世界上最大的发展中国家，是人类和平与发展事业的建设者、贡献者和维护者。2017年10月中国共产党第十九次全国代表大会胜利召开，引领中国发展踏上新的伟大征程。在习近平新时代中国特色社会主义思想指引下，中国人民已经实现了第一个百年奋斗目标，正在意气风发地向着全面建成社会主义现代化强国的第二个百年奋斗目标迈进，同时继续努力为人类作出新的更大贡献。

非洲是发展中国家最集中的大陆，是维护世界和平、促进全球发展的重要力量之一。近年来，非洲在自主可持续发展、联合自强道路上取得了可喜进展，从西方眼中"没有希望的大陆"变成了"充满希望的大陆"，成为"奔跑的雄狮"。非洲各国正在积极探索适合自身国情的发展道路，非洲人民正在为实现《2063年议程》与和平繁荣的"非洲梦"而努力奋斗。

中国与非洲传统友谊源远流长，中非历来是命运共同体。中国高度重视发展中非关系，2013年3月习近平担任国家主席后首次出访就选择了非洲；2018年7月习近平连任国家主席后首次出访仍然选择了非洲；6年间，习近平主席先后4次踏上非洲大陆，访问坦桑尼亚、南非、塞内加尔等8国，向世界表明中国对中非传统友谊倍加珍惜，对非洲和中非关系高度重视。在2018年中非合作论坛北京峰会上，习近平主席指出：“中非早已结成休戚与共的命运共同体。我们愿同非洲人民心往一处想、劲往一处使，共筑更加紧密的中非命运共同体，为推动构建人类命运共同体树立典范。”在2021年中非合作论坛第八届部长级会议上，习近平主席首次提出了"中非友好合作精神"，即"真诚友好、平等相待，互利共赢、共同发展，主持公道、捍卫正义，顺应时势、开放包容"。这是对中非友好合作丰富内涵的高度概括，是中非双方在争取民族独立和国家解放的历史进程中积累的宝贵财富，是中非双方在发展振兴和团结协作的伟大征程上形成的重要风范，体现了友好、平等、共赢、正义的鲜明特征，是新型国际关系的时代标杆。

随着中非合作蓬勃发展，国际社会对中非关系的关注度不断提高，出于对中国在非洲影响力不断上升的担忧，西方国家不时泛起一些肆意抹黑、诋毁中非关系的奇谈怪论，诸如"新殖民主义论""资源争夺论""中国债务陷阱论"等，给中非关系发展带来一定程度的干扰。在此背景下，学术界加强对非洲和中非关系的研究，及时推出相关研究成果，提升中非国际话语权，展示中非务实合作的丰硕成果，客观积极地反映中非关系良好发展的局面，向世界发出中国声音，显得日益紧迫和重要。

以习近平新时代中国特色社会主义思想为指导，中国社会科学院努力建设马克思主义理论阵地，发挥为党和国家决策服务的思想库作用，努力为构建中国特色哲学社会科学学科体系、学术体系、话语体系作出新的更大贡献，不断增强我国哲学社会科学的国际影响力。中国社会科学院西亚非洲研究所是遵照毛泽东主席指示成立的区域性研究机构，长期致力于非洲问题和中非关系研究，基础研究和应用研究并重。

以西亚非洲研究所为主体于2019年4月成立的中国非洲研究院，是习近平主席在中非合作论坛北京峰会上宣布的加强中非人文交流行动的重要举措。自西亚非洲研究所及至中国非洲研究院成立以来，出版和发表了大量论文、专著和研究报告，为国家决策部门提供了大量咨询报告，在国内外的影响力不断扩大。按照习近平主席致中国非洲研究院成立贺信精神，中国非洲研究院的宗旨是：汇聚中非学术智库资源，深化中非文明互鉴，加强治国理政和发展经验交流，为中非和中非同其他各方的合作集思广益、建言献策，为中非携手推进"一带一路"合作、共同建设面向未来的中非全面战略合作伙伴关系、构筑更加紧密的中非命运共同体提供智力支持和人才支撑。中国非洲研究院有四大功能：一是发挥交流平台作用，密切中非学术交往。办好"非洲讲坛""中国讲坛""大使讲坛"，创办"中非文明对话大会""非洲留学生论坛""中国非洲研究年会"，运行好"中非治国理政交流机制""中非可持续发展交流机制""中非共建'一带一路'交流机制"。二是发挥研究基地作用，聚焦共建"一带一路"。开展中非合作研究，对中非共同关注的重大问题和热点问题进行跟踪研究，定期发布研究课题及其成果。三是发挥人才高地作用，培养高端专业人才。开展学历学位教育，实施中非学者互访项目，扶持青年学者和培养高端专业人才。四是发挥传播窗口作用，讲好中非友好故事。办好中国非洲研究院微信公众号，办好中英文中国非洲研究院网站，创办多语种《中国非洲学刊》。

为贯彻落实习近平主席的贺信精神，更好汇聚中非学术智库资源，团结非洲学者，引领中国非洲研究队伍提高学术水平和创新能力，推动相关非洲学科融合发展，推出精品力作，同时重视加强学术道德建设，中国非洲研究院面向全国非洲研究学界，坚持立足中国，放眼世界，特设"中国非洲研究院文库"。"中国非洲研究院文库"坚持精品导向，由相关部门领导与专家学者组成的编辑委员会遴选非洲研究及中非关系研究的相关成果，并统一组织出版。文库下设五大系列丛书："学术著作"系列重在推动学科建设和学科发展，反映非洲发展问题、发展道路及中非合作等某一学科领域的系统性专题研究或国别研究成果；"学术译丛"系列主要把非洲学者以及其他方学者有关非洲问题研究的学术著作翻译成中文出版，特别注重全面反映非洲本土学者的学术水平、学术观点和对自身发展问题的见识；"智库报告"系列以中非关系为研究主线，中非各领域合作、国别双边关系及中国与其他国际角色在非洲的互动关系为支撑，客观、准确、翔实地反映中非合作的现状，为新时代中非关系顺利发展提供对策建议；"研究论丛"系列基于国际格局新变化、中国特色社会主义进入新时代，集结中国专家学者研究非洲政治、经济、安全、社会发展等方面的重大问题和非洲国际关系的创新性学术论文，具有基础性、系统性和标志性研究成果的特点;"年鉴"系列是连续出版的资料性文献,分中英文两种版本,设有"重要文献""热点聚焦""专题特稿""研究综述""新书选介""学刊简介""学术机构""学术动态""数据统计""年度大事"等栏目,系统汇集每年度非洲研究的新观点、新动态、新成果。

期待中国的非洲研究和非洲的中国研究在中国非洲研究院成立新的历史起点上,凝聚国内研究力量,联合非洲各国专家学者,开拓进取,勇于创新,不断推进我国的非洲研究和非洲的中国研究以及中非关系研究,从而更好地服务于中非共建"一带一路",助力新时代中非友好合作全面深入发展,推动构建更加紧密的中非命运共同体。

中国非洲研究院

目 录

前　言		/1
第一章	学术界的黑人：重新架构知识、认知者与认知过程	
	格雷丝·昆诺　雨果·肯纳姆	
	卡蒂亚·库扎-尚嘉赛　伊迪丝·丁农·帕斯瓦纳	/1
第二章	容身学术界："格格不入的"黑人之身	
	皮斯·吉古瓦	/13
第三章	写以求存：被高跟鞋取代的跑步鞋	
	格雷丝·昆诺	/29
第四章	智识与情感中毒：无药可解的现状	
	卡蒂亚·库扎-尚嘉赛	/49
第五章	以黑人的身份思考	
	格雷丝·穆西拉	/75
第六章	既是黑人又是外国人：南非学术界的异类	
	凯齐亚·巴蒂塞	/94
第七章	咄咄逼人之人	
	雨果·肯纳姆	/121
第八章	归属：这个词究竟属于谁？	
	雷内·科兰	/137
第九章	学术界的重视/归属与轻视/去归属：一个交叉的视角	
	布拉格纳·鲁古南	/155

第十章　别教我那些假大空的东西
　　　　科林·蒂内·查西　　　　　　　　　　　　　／170
第十一章　学术界人与知识的局限性
　　　　伊迪丝·丁农·帕斯瓦纳　　　　　　　　　　／181
第十二章　悬空而坐：一位非洲黑人女性在学术界生存与归属的斗争
　　　　莫特拉勒普尔·内森　　　　　　　　　　　　／206
第十三章　属于自己
　　　　艾莉森·格杜尔德　　　　　　　　　　　　　／223

前　言

《黑人学者的声音：南非的经历》勇敢地宣告：黑人学者，尤其是黑人女性，将不再默默忍受痛苦，而是要诉说并记录自己的经历。这本书不仅是对过往以及未来所有苦难的纪念，更是对后来同道者的启迪和鼓舞。非裔人群常常被剥夺了拥有历史的权利，学界也认为我们属于"没有历史的人"。因此，这本书最恒久的价值之一，在于它将黑人学者所遭受的屈辱写入了史册。人们再也无法抵赖说"这些事从未发生过"。而且，以后也无法再轻描淡写地去描述那些根深蒂固的歧视行为。这本书确切地表明，那些常常被轻描淡写的个人歧视行为，根植于体制，因此，唯有通过改进和重构大学的身份和作为才能予以矫正。

但是，请不要误解，这本书并非"比惨大会"，也不是在宣扬受迫害情结。书中各章表达的是坚韧、奋斗、自我实现与生存精神。这些故事讲述的是一个人在智力、品格和自我处处受到质疑时，怎样承受住那种难以想象的屈辱。这本书里记录的声音，也会提供一些策略，告诉我们怎样反击——有时是怎样取胜，告诉我们怎样互相协作，结为同盟。本书为重新定义共同体寻找意义，并且坚定地表达了黑人学者绝不退让的决心。我们就在这里，哪里都不去，我们决意留在学术领域并使之变得对人人都更加友好——不论是黑人、白人、性少数群体（LGBTQ）、富人、穷人、男性还是女性。学术界并非为我们而设，但我们将让它变得比以往任何时候都更加美好。

扎恩·马古巴尼（Zine Magubane）教授
社会学系非洲与非洲离散研究
马萨诸塞州栗树山波士顿学院

第一章

学术界的黑人：重新架构知识、认知者与认知过程

格雷丝·昆诺　雨果·肯纳姆
卡蒂亚·库扎-尚嘉赛　伊迪丝·丁农·帕斯瓦纳

做一名黑人意味着什么？这个问题直到今天依然困扰着人文界（Manganyi 1973, 2016）。自有殖民史以来，有几位学者一直致力于厘清黑色人种（blackness）这一概念（参见 Fanon 1967; Lugones 2010; Maldonado-Torres 2007; Ngũgĩ 2009; Wynter 2003）。在这里，我们对"黑人"（black）的定义遵照史蒂夫·比科（Steve Biko 2004）的做法，涵盖所有"低人一等"的人种——非洲人、印裔人以及二者的混血（Fanon 1967; Grosfoguel 2016）——这些人之所以联合起来，是因为他们认识到各自都受到白人阶层的压迫，只是方式不同。我们意识到，在后殖民时代黑人自我领导的情况下，仍然有新的黑色人种分类方式在继续产生，这又导致进一步的种族分裂。如书中各章所表明的那样，日渐增多的黑色人种类别，在后种族隔离时代的南非，比以往任何时候都表现得更为复杂。弗朗茨·法农（Frantz Fanon 1967）等人指出，黑色人种概念的提出，本质上就是在质疑黑人的人类属性。恩古吉·瓦·提安哥（Ngũgĩ wa Thiong'o 2009）发展了法农的观点，加入了"分割"（dismemberment）概念，解释了这些概念是如何将黑人从人类的行列里剔除出去的——或者用瓦尔特·米诺罗（Walter Mignolo 2009）的分类术语来说，他们之间是"类人猿"（anthropos）与"人类"（humanitas）的差别。

克里斯蒂娜·夏普（Christina Sharpe）在《唤醒：论黑色人种及其存在》（*In the Wake: On Blackness and Being*）一书中阐明：种族的诞生与人

类对利益的贪图有着密切的联系，种族概念被用来合理化奴役行为和殖民侵略（Sharpe 2016）。夏普把个人经历中深刻的痛苦进行了概念化，进而对黑人的可欺、黑人的死亡，以及黑人的生存进行了理论概括。同普瓦（Puwar 2004）一样，这本书告诉读者，黑人被刻意排除在大学圣地之外，并非偶然。这样的排除将黑人永久地安置在了学习者的身份里，而白人则是生产知识的领主。为了合理化这种现象，白人开始大谈人的品质问题，用以支撑黑人尚不足以进入学术领域的观点（Canham 2015）。这一论调持续在学术界生效，而大学作为举世公认的权力机构，仍在持续采纳着新自由主义的霸权政策。在过去的几十年里，有大量的文献讨论公共教育中的新自由主义陷阱（Baltodano 2012；Habib, Morrow & Bentley 2008；Janz 2015；Nussbaum 2010）。布鲁斯·詹茨（Bruce Janz）尤其批评了"基于考核工具和竞争指标机制的知识生产模式"（Janz 2015：275）。学术界有一种加速研究产出的压力。大学把学生当成客户，互相之间在招生人数上进行竞争，采纳的是私企的优先原则，把生产力置于知识创造之上。毫无疑问，新自由主义已经"把经济领域的政策上升到了政治原理，这就损害了自由民主制度，尤其是公共教育领域的重要结构、过程和制度"（Baltodano 2012：487）。

新自由主义滋生于资源竞争和人的工具化，也由此从体制上挑动黑人相互竞争，而大学的主流制度则是保护白人的。我们承认，这揭示了新自由主义自带的种族歧视（以及其他特质），但是我们持此观点，是基于对学术界现状的掌握和了解，这是一种浸于种族歧视历史当中的现状，同时，我们这样做，是希望有限的资源能够在更多的族群当中得到共享。例如，我们在书里讲述了不同种类的黑人，如印裔黑人、南非黑人，以及来自非洲大陆其他地区的黑人，他们常常被迫为正在日益减少的资源而相互竞争。通常而言，最终都是历史上的弱势群体因其是某个体制中的"后来者"而要付出高昂的代价。为此，在那些长期为培养白人素质而设的项目中，我们被幼稚化（infantilized）——否则，我们连起步、参与和晋升的机会都会被剥夺（Makagoba 1997）。黑人在整体上都受到这种排斥，而对于黑人女性而言则犹有过之。

黑人女性在学术界的存在，让一些从生物政治学上就将她们剔除在外的人觉得不适。除了本文的几位作者之外，学界其他的黑人女性学者（例如 Magubane 2004）之前也有作品，挑战过那种认为黑人女性只是学术界的知识吸收者、不能参与知识生产过程的无稽之谈。这类没有根据的观点，让许多黑人女性陷入需要在学界奋力争取认同的境遇（Mabokela & Magubane 2004）。这本书的内容，大部分是由黑人女性撰写。她们用基于亲身经验的自传体书写方式，分析了当代南非大学黑人的待遇。作者们谈论父权、性别主义、性别与种族这些后殖民权力矩阵中的概念，以此来阐释她们被学术界的权力与知识体系排斥在外的原因。

我们在构思这个项目的时候，非常有意识地想要营造一个创造历史的过程。我们相信，这本书的叙述，会帮助我们记录下，在历史的某一个阶段，有这样一群黑人学者存在过。除了证明我们的存在，我们还想分享我们的经历、感受和思想，而这些同时也是历史的记录。通过这种方式，我们试图宣告自身作为南非学界一分子的重要历史价值。此外，我们也要让我们的对话者知道，我们是重要的历史主体，我们对自己在学术界的价值有着充分的了解，哪怕在这些对话者的眼里，我们并不能与他们平起平坐。我们深知自己这种介入历史的做法并非自命不凡。因为自命不凡关乎傲慢，而黑人身上的傲慢会被看作危险与反抗。我们非常清楚，这个项目是一项危险又不易的事业。我们为此曝露在外。但是，同这本书里所有的作者一样，我们相信，这种曝露的危险远不及我们在历史穹顶之下发声的价值。因此，我们选择说出自己的故事，虽然我们也深深地意识到，这样做的同时会让自己日后遭受更为严酷的监控。我们也强烈地领会了夏普（Sharpe 2016）的话：请求权威来认可和保护黑人是徒劳的，这样做只会为黑人带来或明或暗的伤害。

我们一边从事着一份大胆的事业，另一边对这种自我曝露也有着极度的恐惧，尤其因为这是亲历者的讲述，这些讲述者们大都还正在经历着他们所讲述的一切。因此，我们为编辑团队和讲述者们组织了一场研讨会。研讨会帮助大家觉察自己的紧张感，接纳自己的意愿与恐惧并存的状况，更重要的是让我们可以有办法向前迈进。研讨会还引导我们，如何光荣地去讲述自己作为当下学术界黑人学者的真实经历。因为有了这次研讨会，我们可以更加胜任这份工作，可以更大胆、更诚实和更自信地呈现自己的故事。本书部分章节的内容就是受到了研讨会的激励。

我们特意选择用自传体的形式来进行自我讲述，同时也完全清楚自传体是一种创意写作的手法。自传与创意写作之间的关联会使讲述的真实性受到质疑。本书的批评者或许会认为我们的讲述不可靠、情绪化，甚至带有诽谤意味。作为提前的回应，我们想说，要掌握历史，需要了解自传与社会之间的联系（Mills 1959），本书中的故事会向读者展示这一点。我们确信，我们的自传故事，对于南非社科界目前所面临的道德、政治以及知识难题都有着重要意义。赖特·米尔思（C. Wright Mills）说道："首先要搞清楚是谁的问题，才能清楚地表述问题"（Mills 1959：76）。因此，本书要努力做到的，就是讲述我们的经历，并且告诉读者，这就是我们在学术界面临的问题和取得的成功。我们也鼓励那些有着不同经历的人写出自己的故事。如果有更多人，尤其是那些学术界的弱势群体，为了证明自己学术界成员的身份而写出自己的传记来，那这个学术界将变得更加美好。虽然我们是面向所有的大学征集书稿，但是这本书里的学者们都来自那些历史上的白人大学。这件事绝非偶然。我们认为，黑皮肤在那些传统的白人大学里之所以显得突兀，是因为在那些地方，种族出身依然被当成受排斥或受接纳的标识。有一个例子可以证明：我们收到了来自西北大学波切夫斯特罗姆校区一位同事的自传故事，那里依然存在南非白人统治黑人的情况，但是瓦尔三角校区和麦非肯校区则没人投稿，而后两个校区都是黑人校园。

由于黑人常常被认为是危险的，再加上固有观念认为传记是不可靠的，这就意味着，这本书里大多由黑人女性书写的内容，很可能也会被人认为不真实。我们知道会这样，因为在历史上，黑人女性的自传作者就曾被看成是过度情绪化的骗子。受过这种质疑的黑人女性自传作者包括菲利斯·惠特利（Phillis Wheatley）、多萝西·韦斯特（Dorothy West）、格温德林·贝内特（Gwendolyn Bennett）、杰西·福斯（Jessie Fauset）、奥克塔维亚·巴特勒（Octavia Butler）、佐拉·尼尔·赫斯顿（Zora Neale Hurston）、埃伦·库兹瓦约（Ellen Kuzwayo）、玛雅·安杰洛（Maya Angelou）、阿萨塔·沙库尔（Assata Shakur）、奥德雷·洛德（Audre Lorde）等。有一些女性黑奴后来书写的回忆录，也被那些主流社会的规范公民认为是不可靠的。出于这样的原因以及前车之鉴，我们中的一些人还是会害怕就这样将自己曝露在外。但是，我们也意识到，这种恐惧正是由长期以来被否定、被消声和被贬低而造成的。因此，我们希望读者把这本书里的自传内容，看作一种批判式与自省式的思考，而不是在索取同情。

我们写这本书的指导原则是米诺罗（Mignolo 2009）的认知不合作理念（epistemicdisobedience）。该理念非常适合用来概括本书。米诺罗指出，

第一章　学术界的黑人：重新架构知识、认知者与认知过程

"后殖民思维的任务，在于确认种族弱势群体的认知权力"（Mignolo 2009：4）。他认为应该痛改以往的做法而显化作者的身份。也就是说，他主张重新架构知识，以聚焦认知者。在米诺罗看来，后殖民理念就是要告诉我们，人比知识重要。这也正是我们在这本书中要力图表明的。

我们同时也认识到，并且承认，我们还是处在米诺罗（Mignolo 2009：8）谓之知识的地缘政治当中。在这样的体系里，"第一世界的认知优先权"依然是常规，白人知识和白人历史定义并统辖着文化领域。米诺罗（Mignolo 2009：4）主张，要"揭示西方认识论中的认知沉默并确认种族弱势群体的认知权力"。基于这样的立场，我们希望书中的作者们对自己在学术界经历的叙述，能够帮助读者了解，甚至重塑学术界。这样的做法其实可以影射到所有领域——激发争论进而改变对话双方的对话模式。

自传体的书写方式对本书而言非常重要，这样的方式让我们得以介入历史。无论怎样，本书的出版意味着读者可以追溯我们在学术界的轨迹。那些我们的同道中人或是步我们后尘的人，永远都会知道，我们曾经存在过。我们特意选择了一家公众出版机构，是想让每一位读者都有机会读到这本书，包括那些或许从未设想过自己未来会成为学者的学生们。我们想鼓励他们去设想这件事，让黑人学生走进并充实研究生的课堂和学术界。我们的故事所讲述的经历很艰难——但也是有希望的经历。我们希望那些学术苗子可以同时看到这两个方面。在格雷丝·昆诺（Grace Khunou）邀请我们参加这个项目的时候，她就十分清楚，受排斥、绝望、挫败、归属、希望、以及成功，都会是黑人学者们所要体验的东西。对于一些人而言，绝望力透纸背；而对于另一些人而言，希望跃然纸上。这是我们自己的经历，我们知道还有很多人也有着他们的经历。在这个历史节点上，我们选择说出自己的故事。这样做，挑战了传统的认知理念，因为大家认为个人的故事只有别人讲述才合理。在为自己代言时，有的作者选择用现有理论来支撑讲述的内容，而有的作者则是直接从自身实际经历出发，而后进行理论化。我们之所以这么做，是不想掉进"先入为主的不公证言"（pre-emptive testimonial injustice）这一圈套。"先入为主的不公证言"指的是，在当事人开始讲述故事之前，人们就已经想确定对方是否严谨和诚实。我们不想事先就带着预设的观念，不想事先就认定什么人会是好的讲述者，而什么人又不是——而这就是"先入为主的不公证言"的核心（Fricker 2007）。

很多作者写的都是自己的亲身经历，但同时也会控制好自己的情绪，让写作可以传达有效的信息（Wetherell 2012）。这也可以帮助我们证明，人的大脑的运行过程无法脱离身体体验。因此，我们推翻了笛卡尔将身体感受和大脑思考相割裂的说法（Grosz 1994），黑人并不是只会用身体感受，而理性思考也并不是白人的专属能力。我们的身体会跟我们交流，告诉我们沮丧、屈辱和愉悦的感受。说到底，正是我们性别化和种族化的身体让我们成为阶级主义、种族主义和父权制的靶子。我们所表达的情感，来自在大学里受尽排斥的切身经历。我们的大学，浸泡在殖民主义的残渣余液当中，这些反过来又灌输给我们一种被排斥的恐惧感。因此，我们在讲述自己的故事时，带着对自己切身体验的强烈感受，同时也带着受害和反抗时的情感体验。

同内莉·麦凯（Nellie McKay，转引自 Guy-Sheftall 1995）一样，我们认为学术界不是为黑人（或女性）而设的。我们还认为学术"文化"也并不属于我们。所以，这本书的一个重要之处，在于让作者们可以在写作时实践米诺罗（Mignolo 2009）的"认知不合作"理念——如果他们愿意的话。所以，我们鼓励作者以理论化的思维来书写自己在学术界的经历，而不是表现各自深谙的学术界文化。如果作者们愿意，我们鼓励他们从个人有限的经历中跳脱出来，以学术界"普通人的形象"示人。

自传和创意写作之间的关联，意味着我们也是在进行创作。我们通过写作创造了一种方式，可以让自己的认知得以清楚地呈现。这一路以来，我们认识到，写作不仅会激发恐惧感，也会带来自由与释放感。我们通过阅读彼此的作品、讲述自己的故事，了解到了这一点。当我们聚在一起时，彼此间认可的对视、有爱的互动、热情的笑声、惺惺相惜的拥抱，还有愤怒和喜悦的情绪都是我们对那种自由和释放感形于色的表达。我们开过的那些碰头会，既脚踏实地，又异想天开，因为我们会聊到，希望可以创造出自己渴望但不曾拥有的东西，同时，我们也聊到，希望建立起一个彼此扶持的人际网络、一个可以帮助大家在学术界"生存"的机制。所以说，这本书在某种意义上也是这样一个愿望的表达。

这本书里的故事之所以感人，不仅在于其特定的讲述方式以及它们出自亲历者本人的声音，还在于这些故事都是活生生的。这些故事的感人之处，在于讲述者没有站在一个疏离的视角回顾过往，书中的很多故事现在仍在继续——这也是为什么书里的感情那么浓烈，讲述的方式那么个人

第一章 学术界的黑人：重新架构知识、认知者与认知过程

化。鉴于黑人以及女性在历史上一贯被定型的形象，我们一开始很担心这本书会被读者认为是情绪化的，因而被小看。但是，经过了仔细的斟酌，我们还是决定带着感情来写这本书。感情是重要的，并且向来都是重要的。一直以来的问题其实是，谁的感情和什么样的感情才重要。这决定了谁的感情应该被表达、谁的应该被隐藏、谁的被忽视以及谁的被书写。与快乐相比，愤怒往往会被抵制。为此，黑人女性常常不得不假装快乐，逃避她们的愤怒（Ahmed 2010）。类似地，洛德（Lorde 1984）很早就创造了一个概念，叫作"扫兴的女权主义者"（the feminist killjoy），指的是人们对女性坚持寻找不快乐原因的集体抵制。感情指向"立场"，会带给特权阶级不适的感受，而最重要的是，感情的表达会带给特权阶级一次自省的机会，以此来检验他们在受政治操控的领域里是否真正保持了他们自以为的中立。

尽管黑人女性的感情一向都被忽视，但我们还是要坚持表达。像莱特米兹·奥巴肯·马博凯拉和扎恩·马古巴尼（Reitumetse Obakeng Mabokela & Zine Magubane 2004）那样，我们邀请读者倾听我们的声音。我们确信，书写自己的感情，符合米诺罗（Mignolo 2009）的认知不合作理念以及是对知识、认知者和认知过程的重新架构。玛格丽特·韦瑟尔（Margaret Wetherell）认为，在社会科学中融入感情，"标志着本体论和认识论在广义上的一次巨变，是一种范式更迭的表现"（Wetherell 2012：3）。因此，我们遵照的是这一认识论巨变的范式在写作这本书。

除了情感书写带来的巨变，这本书还展现了差异的复杂性。书中呈现了黑人学者们各自经历和观点的差异性。这种差异是每个人天性中自带的。即便都是黑人学者，我们也并不是一个庞大而单一、彼此间毫无差异的群体（Ndlovu-Gatsheni 2012），因此，我们讲述的故事使得"黑人"一词成为课题。我们也并不都在讲述同一个故事（Adichie 2009）。我们来自不同的机构，有着不同的成长经历，各自的专业背景不同，在性别、性取向、阶级和种族的个人定位上都不相同。所有这些差异，都帮助我们更好地体验自己的学者身份，并在学术界更好地诠释这份经历。

本书的作者们来自不同的学科领域，我们都是一群脑力工作者，我们的教学和写作本身就是专业和职业所需。但是这一次，我们用学术工具来写作，目的是服务自己的需求。我们把分析的标尺对准了自己。这一次，我们的工作带有双重意味，既要完成原始文本，同时又是解读文本的人。

这意味着我们要为自己的故事负责，为故事的讲述方式和想要传达的意义负责。作为作者，这样的职责重大难当。我们认为，这也是本书会引起作者焦虑的部分原因，这甚至会使听说本书的人，或者本书的潜在读者都感到焦虑。而我们要借用这份力量来正视自己的伤痛，寻找自己的归属。这本书是带有政治色彩的，因为它展示了黑人群体不愿再被动等待他人诠释自身想法的内心意愿。我们追随的是那些已经争取到自我表达权利的黑人作家们。马博凯拉和马古巴尼（Mabokela & Magubane 2004）作为领跑者，她们的著作《倾听我们的声音》(Hear Our Voices) 对我们而言特别重要，因为她们的书向我们示范了黑人女性学者要如何为自己的经历负责。我们也希望自己的这本书可以做到这一点。

我们知道，本书的内容并不是书中任何一位作者的传记终稿。书中的每一个故事当然都是自传，但我们只选了大家各自故事当中的一部分来组成这本书。故事是同一个故事，而我们或许会在人生的不同阶段对其有不一样的看法。这一点并不妨碍故事的真实性。在这一刻，我们选择讲述的故事和我们选择的诠释，就是我们所知道的真相。

书中内容的一个主要组成部分，是揭示学术界对黑人女性群体的压制。这些故事的核心要义表明，学术领域仍然在体制上保留着对黑人和女性的排斥，这样的体制拒绝自我改良，只服务已身在其中的人，而黑人和女性想要融入，就只能选择适应。如前所述，这些故事说明，学术界的制度使得黑人女性陷入一种愤怒的体验，而这有时就吻合了"愤怒的黑人女性"的形象。书中各章讲述了根植于种族和性别歧视的不公待遇。皮斯·吉古瓦（Peace Kiguwa）在她那篇名为"容身学术界：'格格不入的'黑人之身"（Negotiating the academy: Black bodies "out of place"）一章中，睿智地揭示了这种被区别对待的经历是如何反过来被轻易地说成是受害者的过度敏感甚至偏执多疑。她说，这种贴标签的做法专门针对那些奋起反抗种族主义者。格雷丝·昆诺在她名为"写以求存：被高跟鞋取代的跑步鞋"（Writing to stay: Running shoes replaced with high heels）的这一章中，也讲述了这种压制性学术体制带来的困境。昆诺论述到，传统的白人大学之所以缺乏改革，是因为它的体制氛围从没有变过，在资源和晋升渠道上对黑人和白人学者实行的是双重标准。同昆诺一样，卡蒂亚·库扎-尚嘉赛（Katijah Khoza-Shangase）在她那篇名为"智识与情感中毒：无药可解的现状"（Intellectual and emotional toxicity: Where a cure does not appear to be imminent）一章中，讲述了黑人女性学者在学术界取得了成就，却无法得到与男性学者同等的待遇。她总结说，白人特权阶层依然对黑人女性群体区别对待。类似的经历在格雷丝·穆西拉（Grace A. Musila）那篇文章中也谈到了，她的题目是"以黑人的身份思考"（Thinking while black）。穆西拉认为学术界对黑色人种的理解往往过于简化，她通过引用法农的"白人的注视"（white gaze）概念，谈论这一话题的复杂性。她认为，将黑人纳入现存的霸权主义学术领域的过程是有问题的，因为体制对黑人及其贡献的看法向来都没有改变。而且重要的是，穆西拉让我们开始思考黑人概念的流动性问题。她认为，随着地理位置变动和人生经历的丰富，人的身份也会变化。

  书中有的内容，通过展示黑色人种的不同经历指出"黑人"一词的问题所在。凯齐亚·巴蒂塞（Kezia Batisai）在"既是黑人又是外国人：南非学术界的异类"（Black and foreign：Negotiating being different in South Africa's academy）一章中，详细讲述了学术界如何用边缘化和消声的手段，将外来的学者和学生排斥在外。她认为应该把非洲其他地方来的学者看作改变南非学术界的积极力量，而不是相反。另一方面，雨果·肯纳姆（Hugo Canham）在"咄咄逼人之人"（The polemic body）一章中，认为黑人男性群体在学术界的处境也有问题。通过讲述他个人被贴上"咄咄逼人"的标签，肯纳姆向我们展示了黑人在学术界的经历并非千篇一律，以及性别是如何被用来区别对待黑人群体的。关于区别对待黑人群体的这一话题，雷内·科兰（René Koraan）谈得更多。她那一章的题目是"归属：这个词究竟属于谁？"（Belonging：Whose word is it anyway）。对于"归属"一词的发问，是科兰写作的一个重要手段，也是贯穿本书的一个概念。对于归属的概念有各种讨论，本书的各个作者也试图以不同的方式厘清这件事。例如，科兰在上大学之前以及到大学之后对白色人种的理解，导致她对自己黑人肤色的不同体验。她认为，无视肤色并不能解决歧视问题，相反，她认为把黑色人种和白色人种的话题拿出来讨论，对学术界的改进会很重要。在"学术界的重视/归属与轻视/去归属：一个交叉的视角"（Valuing/belonging and devaluing/unbelonging in the academy：An intersectional perspective）一章中，布拉格纳·鲁古南（Pragna Rugunanan）从一个印裔女性的视角谈论了黑色人种的话题，同样，她也质疑黑人概念的同质性特点。这一章也提到了对复杂的归属概念的理解问题，她认为被重视会增加一个人的归属感。

书中还有一些内容，描述了黑人学者如何通过教授赋权类的知识以及通过学生的反馈来确立自我。教师们出于自己在学术界遭遇的困境，选择了这种知识传播方式，并选择把学生放在核心位置。科林·蒂内·查西（Colin Tinei Chasi）所写的一章，名为"别教我那些假大空的东西"（Don't teach me nonsense），讲述了自己受教育过程中的艰难经历，可能也是这些经历，才让他在自己日后的教学中采取了后殖民的方式。有趣的是，这一章还讲到，这种新的教学方式也不见得就能轻而易举地解决问题，因为学术界依然会持续质疑教学者在学界的存在。关于学界存在的话题，伊迪丝·丁农·帕斯瓦纳（Edith Dinong Phaswana）撰写的那一章谈得更多。该章名为"学术界人与知识的局限性"（The limits of being and knowledge in the academy）。与查西一样，这部分内容讲述了学生们如何挣扎着在学术界生存并重新架构学术界知识的现状。她的故事讲述了黑人学者背负的种种负担，或是为学生付出的各种劳动（教育上的、社会心理上的）无法得到认可的状况。尽管这种付出得不到体制的认可，查西和帕斯瓦纳还是觉得，其实在个人层面是有回报的，因为学生的反馈证明了他们在学术界的存在。莫特拉勒普尔·内森（Motlalepule Nathane）在她名为"悬空而坐：一位非洲黑人女性在学术界生存与归属的斗争"（Sitting on one bum：The struggle of survival and belonging for a black African woman in the academy）这一章中，讲述了类似的经历。内森认为，虽然她感到不受学术界的欢迎，但是在教室里，她跟学生们充满力量的互动，为她营造了一种"归属感"。内森带领读者回顾了自己的职业生涯，展示了一路以来因为是黑人女性而遭遇的那些阻力。尽管这些阻力使她只能"悬空而坐"，但她还是尽其所能地以自己的方式为自己争取到了一席之地。类似地，艾莉森·格杜尔德（Allison Geduld）在她名为"属于自己"（Belonging to oneself）的一章中，认为教学的确是大学里被边缘化了的一种赋能方式。她的经历表明，负面标签带来的自我厌恶会危及教师与学生的关系。但是，她认为如果有精神导师可以从正面引导这种自我厌恶，也能反过来充实课堂和帮助学生。她就是通过这种方式找到归属感的。

总而言之，本书通过各章的内容，让读者得以洞察黑人学者的经历。同时，本书也证明了多角度的传记体写作是一种有价值的写作方式。

参考文献

Adichie, C. (2009) *The danger of the single story* (TEDTalk). Accessed November 2018, https://www. ted. com/talks/chimamanda_ adichie_ the_ danger_ of_ a_ single_ story.

Ahmed, S. (2010) *The promise of happiness*. Durham: Duke University Press.

Baltodano, M. (2012) Neoliberalism and the demise of public education: Corporatisation of schools of education. *International Journal of Qualitiative Studies in Education.* 25 (4): 487 – 507.

Biko, S. (2004) *I write what I like.* Johannesburg: Picador Africa.

Canham, H. M. (2015) The color of merit in a Johannesburg bank. *Sociological Imagination.* 51 (1): 70 – 108.

Fanon, F. (1967) *Black skin, white masks* (trans. C. Markmann). NewYork: Grove Press.

Fricker, M. (2007) *Epistemic injustice: Power and the ethics of knowing.* Oxford Scholarship Online.

Grosfoguel, R. (2016) What is racism? *Journal of World-Systems Research.* 22 (1): 10 – 15.

Grosz, E. A. (1994) *Volatile bodies: Toward a corporeal feminism.* Bloomington: Indiana University Press.

Guy-Sheftall, B. (1995) *Words of fire: An anthology of African-American feminist thought.* New York: The New Press.

Habib. A., Morrow, S. & Bentley, K. (2008) Academic freedom, institutional autonomy and the corporatized university in contemporary South Africa. *Social Dynamics.* 34 (2): 140 – 55.

Lorde, A. (1984) *Sister outsider.* Berkeley: Crossing Press.

Lugones, M. (2010) Towards a decolonial feminism. *Hypatia.* 25 (4): 742 – 759.

Mabokela, R. O. & Magubane, Z. (2004) *Hear our voices: Race, gender and the status of black South African women in the academy.* Pretoria: Unisa Press.

Makgoba, M. W. (1997) *Mokoko: The Makgoba affair: A reflection on transfor-*

mation. Florida Hills: Vivlia Publishers.

Manganyi, C. N. (1973) *Being black in the world*. Johannesburg: SPRO-CAS/Ravan Press.

Manganyi, C. N. (2016) *Apartheid and the making of a black psychologist*. Johannesburg: Wits University Press.

Mignolo, W. D. (2009) *The idea of Latin America*. Malden: Blackwell Publishing.

Mills, C. W. (1959) *The sociological imagination*. New York: Oxford University Press.

Ndlovu-Gatsheni, S. J. (2012) Racialised ethnicities and ethnicised races: Reflections on the making of South Africanism. *African Identities*. 10 (4): 407-422.

Nussbaum, M. (2010) *Not for profit: Why democracy needs the humanities*. Princeton: Princeton Press.

Puwar, N. (2004) *Space invaders: Race, gender and bodies out of place*. Oxford: Berg Publishers.

Sharpe, C. (2016) *In the wake: On blackness and being*. Durham: Duke University Press.

Wetherell, M. (2012) *Affect and emotion: A new social science understanding*. London: Sage Publications.

第二章

容身学术界:"格格不入的"黑人之身

皮斯·吉古瓦

> 我们是如何抵达此处的?又怎会到得如此之晚又如此孤独?(Angelou 2009:125)
> 学术界的"此处"也是历史上的某处。(Simmonds 1999:60)

我所讲的种族化遭遇的"关键时刻"常伴有如下特征,即,在遭受种族歧视时,人们需要通过努力才能搞清楚这一点。这是一种模棱两可的感觉,似知非知,是经历了种族歧视之后的反复思量。当然,要搞清楚这件事变得越来越难,因为一旦黑人或黑人群体明确表示某个时刻涉及种族或种族主义问题时,他们常会被指"过度敏感",甚至被说"偏执多疑"。在后隔离时代的南非和其他地区,黑人学者还在经历着各种各样的种族歧视时刻,他们还得费力为这种情形定性命名——学界排斥黑人学者的行为。我认为,这种两难的困境与院系那种几乎隐形的体制风气有关,这种风气支持并助长了学界的霸权主义做法、巩固了霸权领域以及霸权规定,排挤本就边缘化的群体。这种风气和做法非常隐蔽,对它的反抗或者抵制几乎是不可能的,因为你首先得完成让隐蔽的东西显形的工作。在这种不同群体以正式或非正式的团体行为在学术界求生存的情况下,现在的问题变为:"在那些打着开放的旗号、实则封闭固守的领域,黑人要如何应对"?"我们如何在被他人代表的情况下自处——他们不承认我们的个体身份,也不会从自身种族身份以外去了解我们"?我想说的是,这种情况存在于各个层面。不同院系之间那种隐形的社交网络,让霸权主义继续在学界大行其道,这一点同样也表现在课程设置和课堂上,而那里正是黑人学者们卖力工作的地方——是自愿，也是无奈——但我们承受的却是对我们尊严的挑战或伤害。

定位自我：局内人—局外人谜题

我是一名黑人、女同性恋者、在传统的白人高等教育机构工作的非传统性别学者（gender nonconforming academic）——我身上还有其他的社会身份标签。我早年性格成形的过程中，曾在不同的地方接受教育，那些地方都被我视作家园。我经常不得不面对那些特权时刻或受排斥的时刻，这些都是我的亲身经历——学界内外都有。我发现自己在学术界的社会身份是通过我所代表的文化资产来标示的——不论是学生（来自不同背景）对待我与对待其他黑人同事的差异，还是白人同事把我"区别"于其他黑人而另眼相看，或者诸如此类。我的这种状况也会让人想到尼玛尔·普瓦（Nirmal Puwar 2001，2004）所说的"格格不入"之身（a body "out-of-place"）——有时是被幼稚化、被轻视，惘顾我身为一个学者和研究者的水平和能力；有时则是进行一些借我之名的对话或做一些关乎我的决定，却完全无需我的同意或参与，且向来如此。这种故事并不少见。我在跟许多黑人学者打交道的过程中，也听他们讲述过此类被排斥和被轻视的遭遇。我这种多重又多阶的处境，意味着我有一个模糊又复杂的身份，既是这个领域的局内人，又是它的局外人——同时占有可见与不可见的双重优势，这就是固定形式的文化资产在学术圈的影响力。雪莉·泰特（Shirley Tate）认为，种族化的过程并不意味着会消除一个格格不入之身所附带的那些老生常谈的负面问题（Puwar 2004）。在社会领域当中，一个黑人身上附带的正面和负面因素，同时验证了两个相反又相成的种族化行为：要么把该个体看作其种族的例外，要么把该个体看作其种族的代表（Tate 2014）。有趣的是，在更宏观的叙事隐喻上，这种两面性其实是把黑人学者比作了怪物，而对此却从未有人质疑。

但是，我也清楚我们可以另有作为——我们可以积极地参与到学界白人惯习中对我们固有的代表（不代表）、认可（不认可）、可见化（不可见化）中去。我所希望的是，可以有更多黑人学者积极地参与进来，去反驳、对抗和抵制这个挑拨黑人学者互相竞争，同时又诋毁和羞辱黑人存在、视黑人为异类的学术界。最近，在德班举行了 2015 年高等教育和培训院系峰会。在会上，我有幸与科帕诺·拉特尔教授（Kopano Ratele，南非大学、医学研究理事会）、格雷丝·昆诺教授（Grace Khunou，约翰内斯堡大学）、安德烈·基特教授（AndreKeet，自由州大学）、克雷恩·苏迪恩教授（Crain Soudien，开普敦大学、人文科学研究理事会），以及纳齐玛·穆罕默德女士（Nazeema Mohammed，南非高等教育协会）就"家园"（home）概念对黑人学者和黑人学生的意义和重要性进行了热烈的讨论。在我们争取以学界为家的痛苦与渴望当中，黑人学者最终必须承认，同时也意识到，我们有能力，且有责任创建自己的家园。我们要群策群力地去实现这一点——不局限于自己所在的学校。黑人学者可以通过跨机构的学术合作来使之成为可能。这样一来，我们将能在学界和课程安排中创造出黑人的反知识（counter-knowledge）。我们必须挑战那种有损我们——包括我们自己和我们的学生——黑人尊严和形象的课程安排。我们必须反抗那些抹煞我们（包括我们自己和我们的学生）存在以及对学术界贡献的种族化时刻。

对种族的解读

我的观点基于卡罗琳·诺尔斯（Caroline Knowles 2003）对种族的三种分析：我们身边的种族（race all aroundus）、世俗的种族（race as mundane）、塑造全球秩序的种族（race as shaping the global order）。我们身边的种族以及世俗的种族概念对于反抗种族化行为至关重要（Hook 2006）。通过将种族视为"亲身经历中的关系"（Alcoff 1999），普通的时刻都具有了某种重要性，可以彰显出日常的、人们司空见惯的种族主义和排外做法的威力。有四个案例分析可以帮助说明我在本文中的观点，首先需要进行如下的交待：

我们在这个世界上的身份和行为都是通过在各自的领域中成为被质询的对象而确立的

我们在某个社会认可的领域占据一席之地，这些领域又进一步将我们置身于之前早就存在的话语体系里。我们在这些领域寻求意义的同时，就是在这些叙事体系中寻求各自的生存路径。

关照种族化主体必须首先认识到种族的交叉性

我们作为黑人被质询是与其他的社会形态因素交织在一起的,这使得种族对我们每个人而言都有不同的意义。也就是说,我们受到的优待和排斥在形式上可能既相似又不同,因为我们每一个主体的地位不同。我们与权力的关系让我们享受或拒绝优先权的能力不同。黑人——作为一个受质询的对象——也因此不是一概而论的。我们以不同或相似的方式被夺(赋)权。身份的交叉性也让我们得以找到那些可以求同存异的区域。这让我们看到,种族主义是如何贬低所有黑人的,包括整个这片大陆上的所有黑人公民以及学者。

种族存在于我们的日常交往和所参与的活动当中

种族存在于我们日常面对的基础的、微不足道的事情当中。反抗种族问题有一个困难的地方,那就是它有一种存在于日常的能力——就像常识一样。

种族关乎领域

如普瓦(Puwar2004)所言,一个领域远非一个中性地带,相反,它是被绕着弯子制造出来的,也绕着弯子地制造问题。我们如何容身于一个领域之中?为何某些领域会成为某些人确立身份或认同的重要场所?这些都与种族的日常性有关。例如,费利·西蒙兹(Felly Simmonds 1999)谈及自己进入教室这一空间领域的身份时,具体的用词是"一名黑人女性"。这样的一种自我定位,是试图让人们批判性地去思考那位执教者的肉身所扮演的角色和所处的环境。种族与性别等因素的交叉对教学领域而言,是需要认真思考的课题。在其他地方(Kiguwa 2017,2018),我把自己在学术界和在课堂上的身份具体地归结为一个黑人女同性恋者。这种对我的多重身份进行集中描写是有意义的,因为它表明了我如何在实际的空间领域活动、我的个体又如何被我的学生解读,以及为何我可以在某些话题上发表权威观点而非其他话题。我之所以用"权威"一词,并不是认定自己在这些问题上扮演专家的角色,而是认定这样的情况下,其他人会不经意地就把这类问题推到我的头上,因为他们对我的身份解读就是如此。

第二章 容身学术界："格格不入的"黑人之身

格格不入之身的理论化：为何黑人之身成了问题？

普瓦（Puwar 2004）了解"格格不入之身"的细微感受：那是一种觉得自己是异类或者被周遭环境强加的异类感。普瓦的观点是，领域远非中性，而是存在于一个已经被界定好的体系里，这个体系又是通过与权力的关系被定义的。这种与权力的关系及其创建并维持的领域，允许特定群体的特定行为，会让有的个体觉得自己是异类或觉得自己有归属感。因此，进入一个领域，其实是要进入一个权力的象征、变体或者外化的形式。这种权力的外化变体观在法农（Fanon）的表述中也有所触及，"并不是我找到了自己的意义，而是意义本就存在，是先在的，在那里等着我"（Fanon 1986：134）。个体变得（不）可见、（不）优秀、理性或鲁莽、吵闹或粗暴，等等，这些都与其所处环境背后的构造有关。有些个体比其他个体更易有暴力倾向。有些个体因偏执、过分敏感而被蔑视，这也与其所处环境中那些看似无关的环节有关。在特定时刻解读某一个体，需要对其当时的处境中所有可能产生影响的环节都进行解读。在这里，我想说明的是，普瓦（Puwar 2004）对于个体在某社会领域生存和应对的深入分析也可以借鉴皮埃尔·布迪厄和让-克劳德·帕塞伦（Pierre Bourdieu & Jean-Claude Passeron 1990）的惯习（habitus）和场域（field）概念——个体进入的某些领域已然充满了各种固有的互动规范，而那些团体对于有的个体是接纳的，对另外一些则不然。

布迪厄认为，个体是先在的社会主体。该观点对于理解个人在机构和组织当中的生存很重要。因为他强调主体性所具有的社会性特质——将此称作社会化的主体性（Bourdieu & Passeron 1990：56）——这就设定了个体的社会性。通过他的"惯习"概念，布迪厄预设了社会主体性是具体化的，于是所有的行为和机构——通过实实在在的肉身、性情、认知思维过程、行为，等等——被看作构成社会的元素，同时也由社会元素构成（Jenkins 1992）。因此，惯习不仅仅关乎个体身份，它是融合了社会元素的个体（Kiguwa 2014）。这体现在我们踏入一个领域并在其中生存的过程。约翰·汤姆森（John Thompson）简明扼要地描述了这种具身化的体制："肉身是全然按照某种形式被塑造出来的，因此一个人在世界上生存的全程都带着某种惯习，包括怎么走路、怎么说话、怎么表现、怎么吃东西，等等。"（Thompson 1984：54）

就社会化的主体性这一概念而言，院系和高校学者团体的行为显得尤有代表性。简而言之，高等教育机构中不同学者团体的行为，无法与构成它们主体性的种族化社会历史背景分开讨论。白色人种根深蒂固的霸权主义行为，对于白人学者和黑人学者各自在学界的行为方式非常重要，甚至会影响他们彼此打交道的方式，这些方式有时是对那些社会历史背景的强化，有时则是反抗。这一点在梅丽莎·斯泰恩（Melissa Steyn）的作品中也得到了重申，她指出，白人没有意识到自己对白色人种霸权地位的维护以及维持白人特权的惯习，而这种无意识是有重要作用的（McEwen & Steyn 2013；Steyn 2001, 2012）。个体的社会起源很重要。

在对种族隔离行为的研究中，爱德华多·博尼拉-席尔瓦（Eduardo Bonilla-Silva 2006）做出了如下论述：要想理解白人为何会认同并继续采取种族差异和隔离的做法及态度，需要先理解"白人惯习"这一社会化的过程。同样，我也认为，正是白人惯习在背后支撑着高校白人学者对其黑人同事的排斥行为。这里需要注意的是，布迪厄对惯习这一概念的使用，并不隐含任何主体自带的道德特征——不论是主流的还是边缘的。相反，惯习影响并决定其主体在世界上的行为方式，这一功能性特征才是该概念的重点所在。通过社会化的惯习，我们以那种能有效维持现有社会形态的方式，来解读我们的社会环境以及身处其中的不同群体。例如，斯泰恩（Steyn 2012）曾分析过，白人对种族主义的无知是如何促进了白人的霸权形态及其自身的优先权。萨拉·艾哈迈德（Sara Ahmed）也有相似的论断，认为白色人种在本质上自成"一种习惯"，一种自带"导向性"的习惯。

因为我对这些格格不入的经历感兴趣，将其视为一个问题进行实验，这让我学习到一些有关感受与情感的理论。这些理论涵盖了在高校里受到排斥时的情感反应。我也借此试图去理解布迪厄惯习概念中更多的心理社会因素以及弗朗茨·法农和杜波依斯（Frantz Fanon & WEB DuBois 1997）对黑人主体性的经典分析。这两位理论家对亲身经历的现象化和心理社会维度都有所关照，尤其关注种族化的主体性。杜波依斯的出发点是："什么样的现象才构成一个问题？"该出发点对于理解惯习如何设定并影响学术界的种族化作为，包括学术界的白人惯习如何形成至关重要。对杜波依斯而言，黑色人种的问题或许可以通过对面纱的分析来理解——面纱就是隔开社会所设定的种族个体的那道肤色线。

面纱之所以出现，是因为黑色人种与白色人种的邂逅（Kiguwa 2014）。也就像法农所洞察的那样："一个在正常家庭怀抱长大的寻常黑人儿童，会因为与白人世界的小小接触而不再寻常（1986：117）。同杜波依斯一样，我也对面纱涉及的双维度感兴趣——它既表达了两种意识状态，又代表了第二种观感（DuBois 1997；Kiguwa 2014）。在本文中，我更加感兴趣的是后者如何促使黑人学者反观自身在学术界的处境，又是如何反抗这种对他们的边缘化和歪曲化。杜波依斯早先对黑色人种心理社会层面问题的关注在法农（Fanon 1986）的《黑皮肤、白面具》（*Black Skin, White Masks*）当中再一次被聚焦，也向我们展示了对种族和种族主义更深刻的理解。法农的一个贡献在于，他提出了黑色人种的"设施性"（facility）（Hook 2004），即黑色人种这个抽象概念代表的其实就是一个实实在在的肉身。法农对种族的现象学分析让人们注意到，这种关注肉身的做法本身就是种族化的一部分。肉身承载着个体在一个领域内特定时刻的行为与活动。借由他提出的"表皮化"（epidiermalisation）概念，法农坚决认为，应该通过身体惯习来对抗种族化。

叙事时刻

时刻 1

我们团队被召集起来开例会。因为是午饭时间，大家都急着结束。课程负责人快速地过了一遍会议日程，都是些惯常事项，所以大家觉得很快就可以散会了。然后就到了会议日程的最后一项：参会考勤。这一步跟平时开会的程序略有不同，不过我们也没问，等着他讲。是这样的：他不久后要出去参加一场会议，还要进行会议发言，所以需要请假一段时间。我们还是不明白这有什么开会讨论的必要。参会考勤系里有标准和规定，一般不单独作为议题讨论。但是这次看来却成了问题：因为他参会的请假申请，遭到了系领导的拒绝——同意的条件是他要找人在他离开期间代替他担任课程负责人。还有，他想告诉大家，他去开会的事，不会对团队造成不利影响。这件事的操作并不常见。我们中的大部分人也是第一次听说这种事。他问大家有没有谁能在这段时间自愿代替他的工作。但这是不可能的。无论我们再深表理解，各自也都被行政和教学事务缠身。相反，我们建议他再去跟系领导谈一谈。会议就此结束了。我后来也没再关注这件离奇事件的结果,不过自认为他最终能去参会。

时刻2

正值每学期的这个阶段——要进行考试情况汇总和开各种各样的会。我是考试负责人,所以非常忙乱。哄着自己的同事干活,有时甚至得用下通牒的方式让他们完成自己的任务,这绝对不是个轻松愉快的工作。我刚刚结束了跟一位同事的谈话,是关于她作为课程负责人上交年度工作总结的事。她已经晚了好几天了,还没有交。那天晚些时候,我又碰到了这位同事,她正笑容满面地和系领导从阳台往回走——那里是吸烟休息区。她兴冲冲地告诉我,领导已经批准她的休假申请了,所以她得离开一个礼拜。我问她工作总结的事,她说只能等她回来了。

我如何解读这两个时刻呢?换言之,有没有可能,在不了解当事人种族背景的情况下,对这两个时刻做出不带任何种族意味的解读呢?如果我知道了他们的种族归属,我的解读会不会受到影响?在两件事情中,两位课程负责人(一位黑人男性和一位白人女性)从同一位白人男性(系领导)那里接受到的是不同的行为准则、不同的同事关系和尊严认可。在两件事情中,两位黑人个体都遭到了忽视。在第二件事情中,两位白人个体互相打交道的方式充满了对彼此的认可和尊重。在第二件事情中,有一个非正式场所——阳台——成为一个白人霸权行为滋生和发展的场所。这些被正常化的、日日可见的行为使得种族排斥变得尤为普遍,同时也让白人霸权特质变得隐形。

他们制造出了一种开放的假象——尽管在场的人们都全然可见发生了什么,但假象就在那里——而且形成了一个非常有效的网络,告诉人们谁可以加入,他们怎样做出决定。或许也可以坚持说,这两位白人同事并无意用他们的行为制造出异化或者排斥、歧视的情绪。而这其实毫无关系。因为,"在权力网络中,使用权力的人并不知道自己享受了种族或阶级优待,这正是特权阶层的特征"(Kiguwa 2014:158)。尤西比乌斯·麦凯瑟(Eusebius McKaiser 2015)在谈论性别歧视和种族歧视的意图时曾指出,强调性别歧视、性别暴力和种族歧视中的意图性和证据性,其实是对受害者日常真实经历的忽视。关注白人的日常习惯性行为,会让我们有机会发出质疑，他们那些随随便便和司空见惯的做法，是否恰恰为体制中的白人霸权主义提供了舞台。

时刻3

那是学期初的时候，大家都忙着确定课程和教学资料，我的同事们也都忙成一片。大家需要把自己初步的课程安排先交给我。作为课程负责人，我还要再审核。有一个同事交来的内容，初步描述了她对课程的设计，主题是关于青少年性问题的，主要关注青少年怀孕现象。如果从我自己批判社会心理学的专业视角来评估这个想法，多少会觉得这位同事对青少年性问题和青少年怀孕课题的架构方式有些偏颇，并不理想。但是我也不想介入，于是就继续进行下一步。但是，我后来在手机上收到她发来的课程图片样本就很震惊了：裸露胸部的黑人女性，还有一些男性图片、黑人男性的身体——从颈部开始裸露到腰部——都是来自另一个时代的图片。这些图片让人强烈联想到殖民时期的黑人身体，而这是我们大部分人都很熟悉的。把这些身体的照片陈列起来，它们默不作声却又聒噪异常，因为这些照片里有着拍摄者的误设、操纵和诋毁，也有着殖民体系对拍摄者这种做法的支持。课程封面上放这样的照片是要干什么？为什么要选这些黑人女性和男性的裸露照片？我很震惊，不知道自己接下来会做什么。而且，这位同事不仅仅是我的同事，而且是我的朋友。所以我克制住了，没有在更大的范围内去处理此事，而是决定跟她讲一讲，什么是种族主义以及有关黑人身体的人性问题。我解释了，为什么这些照片是冒犯性的；解释了这些照片里包含的社会政治以及殖民历史意味；解释了把这些黑人女性的身体图片天然地看作问题现场，这里面所包含的性别、种族和阶级平等问题；解释了把这些黑人身体的图片随随便便就当成封面会有什么问题。这些解释并非一次性完成的，因为整个过程中我还要随时回复我的朋友，她愤怒并且震惊地向我"解释"了这些图片背后的意图"究竟"是什么。不过，我依然坚持跟她继续解释。我们俩的对话持续了很久，最后，她理解了。她真的理解了。她不仅承认自己忽略了我的感受，而且认识到，她其实是在不知情的情况下，践行了她想要在这门课上反对的种族主义和性别主义。我们了结了这件事。我关掉手机。我累了。

我在一边写一边反思这段往事的同时，回忆起当时在手机交流过程中自己的感情状态。我不知道该用什么字眼描述自己那种感情上非常激烈，同时骨子里又非常疲惫的感觉。不过，这都是我事后对自己状态的总结。我知道自己那种激烈的感觉是愤怒——但是那种愤怒却让我不知如何是好。我现在知道了，我们中的大部分人，更易于在亲密关系中选择容忍、原谅或者拖延处理那些可能不经意的种族冒犯。有时我们信赖的人打了我们一个措手不及，我们会感到生气，但却不愿意追根究底。于是，我们不承认自己受到了伤害，我们不承认自己从一个信赖的人，有时是亲爱的人那里受到了伤害。我现在知道了，自己当时的感觉是愤怒，我也可以描述出那种疲惫的状态。跟别人解释种族和种族主义本来就是一件累人的事。提醒别人，向别人解释我们的人性、解释种族主义带给我们的创伤，这件事累极了。同时，这件事也很干扰人。托尼·莫里森（Toni Morrison）曾非常有力地论述道：

> 种族主义有一个非常严重的后果……那就是干扰。它会使你无法正常工作，让你一遍又一遍地解释自己存在的理由。有人说你们没有自己的语言，然后你要花20年的时间证明自己有。有人说你们的脑子没长对，然后你得让科学家证明你的脑子长对了。有人说你们没有艺术，然后你得搞艺术。有人说你们没有自己的领域，然后你也得建立自己的领域。这些都没有必要，因为永远都会有那么一件事可以说。（Morrison 1975）

莫里森的话让我们想到，种族主义及其相关行为变得越发大行其道，是因为我们不再为了改变人们的心态而进行那种激进的反种族主义运动。我其实一直对此有所纠结，相信许多黑人学者也是如此。进入到一个不是为我们而设的领域当中，意味着我们为自己的存在争取到了某种公正性。因此，我们对自己的行为进行自我检视，而这却加剧了我们的焦虑，同时也干扰到我们正常的职业表现和个人能力发挥。

时刻4

校园里的学生抗议到了最高峰，全副武装的私人保安随处可见。今天倒是显得风平浪静，我从研究生中心走到办公室的那段路上基本没什么人。傍晚时分，天已经暗了下来，我快速地往家走，想早点离开校园——

因为这种安静显得很诡异。我遇到一群武装保安也准备回家,正等着值夜班的保安来替换他们——或者他们就是晚上来替班的。其中一个保安打量了我一番,问我要去哪里。我告诉了他我的楼号。一如既往,听到我住址的人脸上掠过惊讶的神情。我已经习惯了。在我说话的那一刻,正是那一刻,我雌雄同体的身份才会被确认为"女性"。接下来的问题很直接:"你是女的?"语气中带着调笑。我置之不理,继续往前走。在我快到的时候,为了谨慎起见,我觉得应该回头看看我们之间拉开了多远的距离。我注意到那个保安的同伴们都在继续前行,而他却故意慢悠悠地落在后面。我和他同时都回头看到了对方。我意识到附近没有别的人了,突然对要在这些保安众目睽睽之下走进自己那栋孤零零黑漆漆的楼里而感到害怕。于是我改变主意,朝着附近的女生宿舍楼走去。后来,我安全回到了自己的家,给我的一位女学生助教发了信息,嘱咐她回家时注意安全,因为她常常工作到很晚。我把自己遇到的事跟她讲了一遍,她听得倒吸一口冷气,说她在学生公车站也遇到过一个保安,发生过类似的事。为此,她答应我不加班了,会及时离开那边。

对于许多高校里非传统性别身份的女性而言,这类遭遇她们都熟悉了。最近,学生们针对发生在女性和非传统性别者身上的暴力事件进行的抗议活动,更说明了这种令人不安的境遇(Dlakavu 2017;Ndlovu 2017;Xaba 2017)。这些事情让我们知道,这群非传统身份者在无法得到保护的体制环境里工作有多么艰难。我在另一篇文章里也谈到过在黑人女同性恋群体中生存的类似遭遇(参见 Bradbury & Kiguw 2013)。对许多黑人同性恋群体而言,各自不同的经历都被注入了羞耻感和恐惧感,这些最后都转化为了沉默。

时刻 5
2014 年 12 月我博士毕业了,那是一个苦乐参半的时刻。我心中充满了对已故母亲的怀念,想到她对我的期许,感到既幸福又难过。毕业典礼是怎么开始又是怎么结束的,我已经记不清了。当天傍晚的时候,我打开社交媒体,看到我的良师益友、学术偶像帕姆拉·古可拉(Pumla Gqola)上传了几张我在台上的照片,还有几句简短的配文表达了她的祝福和骄傲。我笑了。那天晚上,我还收到一封来自另一位现已过世的学术偶像伊莲·萨洛（Elaine Salo）的邮件。她并不认识我，但是因为看到了老师上传的图片，她主动联系我，告诉我她听说了我取得的成绩，并为我感到骄傲。她的话铭刻在我的记忆里："又一位黑人女性毕业了。"我被她的措辞打动。也是在同一天，我跟一位即将诞生的学术新星达奈·穆波萨（Danai Mupotsa）结下了友谊。在那个特殊的日子里，我们曾经同台。

  我会回忆起这些时刻以及许多类似的事情，因为它们能再次带给我希望。在泪水、愤怒和挫败中，还有希望和开心的可能。我们有导师的引领、有女权主义同伴的支持——哪怕只是读读彼此的作品或联系一下。那么我们要怎样在这种动荡的教育环境中自处呢？在我的学术生涯中——无论是作为学生还是教师——我与女权主义都有着一种讲不清的关系。这种关系反映出我对安定感的寻求——如何在学术界以及在整个社会中生存。说到底，这是一种对社会公正的争取以及对社会和体制不公的反抗，这种不公将我重新置于黑人女权主义者的角色当中。我读了许多有关种族和种族主义的批评社会心理学著作，这影响了我现在对种族主义相关的情感经济的认识。这种情感经济支撑着种族主义的观念和行为，还让它们不落痕迹。花精力来改变观念显然是徒劳的，因为，诚如之前莫里森所言，"永远都会有那么一件事可以说"。所以我们的目标应该是建立专门关于黑人和特殊性别学者的机构，致力于提供不同的知识和信息。最根本的是创建不再侵犯黑人女性和特殊性别者的教学环境。在我的课堂上，技巧性的操作尤为有用，可以让学生积极参与和了解结构性的政策以及体制内的作为。例如，让学生旁听性骚扰案件，或者让他们知道怎么加入案件委员会，这也是他们了解现实的一种途径。作为黑人女性学者，我们为彼此守护空间，这很重要——如果大家还想拥有梦想中的家园。通过这些正式与非正式的导师关系以及共有的社会领域，这些女性友好的团体不仅支撑着我，还帮助我挑战自己的盲区。我有意识地让学生去读一些会抵制主流狭隘世界观的作品，也会很策略性地让学生去读一些黑人女性作家被边缘化的作品。我会认真思考我要在课堂上分享的案例和故事，也认真思考我们在解读这个世界的时候，历史告诉了我们什么。

第二章 容身学术界："格格不入的"黑人之身

结　语

　　在这篇反思性文章即将结尾的时候，我要讲一件发生在我的一位研究生和我之间的事情。这个学生很年轻，也很聪明。当时，她眼含泪水，觉得自己身上的不足让她无法胜任学业，她感到非常难过。我试图让她相信，其实她已经具备了一个批判型学者的特点，她很擅长提出具有创造性和创新性的研究课题。但她还是哭着说这不够——因为她好像怎么都没有办法得到她设想的结果。我让她讲讲为什么，于是她提了一大串熟悉的和不熟悉的名字，其中包括作为她导师的我。这段对话久久停留在我的脑海当中，因为它很触动我，让我首先想到，讲出我们黑人学者的故事有多么重要。讲出我们怎样成功的故事——无论我们自己如何定义成功——但更重要的是讲出"我们奋斗与失败的故事"。看到一位有前途的年轻黑人女性，由于误认为黑人女性的成功都是例外、是不可企及的，因而觉得自己无力前行，这令我感到不愉快。我们必须承担起自己的责任和义务，把我们一路以来的经历告诉下一代的年轻黑人学者。我们必须推翻那些认为黑人女性的优秀和成功都是例外的谬论。我们必须真正地担起一名导师的责任。本文开篇，我引用了我最喜欢的玛雅·安杰洛（Maya Angelou）的一句话，每次读到这句话我都有不同的感受。此时此刻，我想再读一次，这是一种希望，希望我们有朝一日能够抵达，抵达一个不再令我们感到孤独的地方，一个不再把我们弃于身后的地方，在那里，我们不再需要向别人以及向自己提醒我们的人性。这就是家园于我而言的意义。然而，要想抵达，我们需要承担起艰难而繁冗的责任，去寻找"抵达的方法"。

致　谢

　　回望来路——过去与现在——我的内心充满了深切的感激。感谢吉尔·布拉德伯里（Jill Bradbury）、雨果·肯纳姆（Hugo Canham）、罗内尔·卡罗利森（Ronelle Carolissen）、诺曼·邓肯（Norman Duncan）、齐米特里·伊拉斯谟（Zimitri Erasmus）、德雷克·胡克（Derek Hook）、格雷丝·昆诺（Grace Khunou）、马洛斯·朗（Malose Langa）、安东尼奥·伦图尔（Antonio Lentoor）、昂戴尔·蒙托姆贝尼（Andile Mthombeni）、姆齐卡齐·恩杜纳（Mzikazi Nduna）、普朗·塞加洛（Puleng Segalo）、加思·史蒂文斯（Garth Stevens）以及威西（Witsie）研究团队，为我提供了一个有安全感的环境。还要感谢以下几位女权主义者：赫伦吉乌·恩德洛夫（Hlengiwe Ndlovu）、艾玛·莫纳玛（Emma Monama）、伊芙琳·霍夫（Evelyn Hove）、梅西·穆帕瓦耶达（Mercy Mupavayenda）、查凯恩·马赫劳尔（Tsakane Mahlaule）、希布·莫蒂梅尔（Shibu Motimele），以及我们善解人意的女战士林迪威·马孔加（Lindiwe Makhunga）。感谢你们所有人。

参考文献

Ahmed, S. (2007) A phenomenology of whiteness. *Feminist Theory.* 8 (2): 149 – 168.

Alcoff, L. M. (1999) Toward a phenomenology of racial embodiment. In R. Bernasconi (Ed.) *Race.* Oxford: Blackwell Publishers.

Angelou, M. (2009) *Letter to my daughter.* New York: Random House.

Bonilla-Silva, E. (2006) When whites flock together: The social psychology of white habitus. *Critical Sociology.* 32 (2/3): 229 – 253.

Bourdieu, P. & Passeron, J. C. (1990) *Reproduction in education, society and culture* (trans. R Nice). London: Sage Publications.

Bradbury, J. & Kiguwa, P. (2013) Thinking women's worlds. *Feminist Africa.* 17: 28 – 48.

Dlakavu, S. (2017) 'Say no, black woman': The giant is falling and the erasure of black women in South Africa. *Agenda.* 31 (3/4): 89 – 95.

Du Bois, WEB. (1997 [1903]) *The souls of black folk.* New York: Bedford.

Fanon, F. (1986 [1967]) *Black skin, white masks.* London: Pluto Press.

Hook, D. (2004) Frantz Fanon and racial identity in post-colonial contexts. In K. Ratele & N. Duncan (Eds) *Social psychology: Identities and relation-*

ships. Cape Town: University of Cape Town Press.

Hook, D. (2006) (Post) colonial racism: Racial otherness, the colonial stereotype and the model of fetishism. In G. Stevens, V. Franchi & T. Swart (Eds) *A race against time: Psychology and challenges to deracialization in South Africa*. Pretoria: Unisa Press.

Jenkins, R. (1992) *Pierre Bourdieu*. London: Routledge.

Kiguwa, P. (2014) Telling stories of race: A study of racialised subjectivity in the post-apartheid academy. PhD. thesis, University of the Witwatersrand.

Kiguwa, P. (2017) How and why do we disturb? Challenges and possibilities of pedagogy of hope in socially just pedagogies. In R. Osman & D. Hornsby (Eds) *Transforming teaching and learning in higher education*. Cham: Palgrave Macmillan.

Kiguwa, P. (2018) Engaging forced introspection. In E. Walton & R. Osman (Eds) *Teacher education for diversity: Conversations from the Global South*. Routledge: London.

Knowles, C. (2003) *Race and social analysis*. London: Sage Publications.

McEwen, H. & Steyn, M. (2013) Hegemonic epistemologies in the context of transformation: Race, space, and power in one post-apartheid South African town. *Critical Race and Whiteness Studies*. 9 (1): 1–18.

McKaiser, E. (2015) *Run racist run*. Johannesburg: Bookstorm.

Morrison, T. (1975) *A humanist view*. Portland State University's Oregon Public Speakers Collection: 'Black Studies Center public dialogue. Pt. 2.'

Ndlovu, H. (2017) Womxn's bodies reclaiming the picket line: The 'nude' protest during #FeesMustFall. *Agenda*. 31 (3/4): 68–77.

Puwar, N. (2001) The racialised somatic norm and the senior civil service. *Sociology*. 35 (3): 651–670.

Puwar, N. (2004) *Space invaders: Race, gender and bodies out of place*. Oxford: Berg Publishers.

Simmonds, F. N. (1999) My body, myself: How does a black woman do sociology? In J. Price & M. Shildrick (Eds) *Feminist theory and the body: A reader*. New York: Routledge.

Steyn, M. (2001) *Whiteness just isn't what it used to be: White identity in a changing South Africa. New York: SUNY Press.

Steyn, M. (2012) The ignorance contract: Recollections of apartheid childhoods and the construction of epistemologies of ignorance. *Identities*. 19 (1): 8–25.

Tate, S. (2014) Performativity and 'raced' bodies. In K. Murji & J. Solomos (Eds) *Theories of race and ethnicity*. Cambridge: Cambridge University Press.

Thompson, J. B. (1984) *Studies in the theories of ideology*. Cambridge: Polity Press.

Xaba, W. (2017) Challenging Fanon: A black radical feminist perspective on violence and the Fees Must Fall movement. *Agenda*. 31 (3/4): 96–104.

第三章

写以求存：被高跟鞋取代的跑步鞋

格雷丝·昆诺

我的一个朋友跟我分享说，她穿高跟鞋不是图舒服，而是因为高跟鞋能让她在学术界像打仗一样的冗长会议上保持清醒和存在感。于是，我决定把我的跑步鞋也换成高跟鞋。我写这篇文章也是为了寻找自己的存在感。和她一样，高跟鞋也唤醒了我奔跑时的不适，让我认清了自己带着醒目的黑色皮肤和女性身体四处奔逃的现实。我还很不适地发现，我的黑色皮肤和女性身体并不是因它的美丽、潜力和贡献而被看见，而是因为它具有扰乱性。我决定停止奔逃，相反，我打算通过刻意表现自己的扰乱性来做出一点贡献。

尤西比乌斯·麦凯瑟（Eusebius McKaiser）在约翰内斯堡大学举办了《自在》（*Beingat Home*）的新书发布会，那次，他对我说的一些话强化了我打算停止奔逃的想法。[1]在那场新书发布会上，我谈到自己多年来奔逃于不同学术机构之间，并且计划再次逃离的决定。发布会后，麦凯瑟和我聊了一会儿，他一针见血地指出，逃离的确具有自我保护的作用，但也有局限性。正是因为那次聊天，我坚定了自己不再逃跑的决心。我决定穿上那双假想中的高跟鞋，以对峙的方式刻意表现我的扰乱性。刻意的扰乱性对峙（deliberate disruptive confrontation），在这里不光是跟对方，也是跟我自己。这种对峙是要揭穿一个谎言，那就是爱拼就会赢的精英体制适合别人同样也适合我；也是要让我认识到，只有通过持续不断地与我被迫相信的那些谎言坚决对峙，我这样的黑人女性才有可能在学术界让自己活得像个人，从而实现自己的学术抱负。对峙，在这里也意味着，我得做到瓦尔特·米诺罗（Walter Mignolo）提出的"认知不合作"理念（Mignolo

2009)。认知不合作指的是,我需要有意识地抗拒父权制、异性恋主义、种族主义、资本主义和殖民主义体系为我刻画好的现成形象。刻意的扰乱性对峙,也意味着我要以自己的方式去做一名黑人女性学者。这同时还意味着困难,意味着我要懂得语言的力量并学会驾驭它。

在《自由时光》(*Freedom Time*)那首歌里,劳伦·希尔(Lauryn Hill 2002)分享了一个观点。她认为如果我们觉得谎言会因退让就消失的话,那是在自欺欺人;真相是,如果不坚持对抗,那我们就是在自我屠戮。在遁逃于各个高校的过程中,我本以为自己会逃过那种"自我之死",但是现在,我认识到了那是"不可逃离的自我之死"。我知道自己无法继续在"自欺欺人的餐桌上进餐",决意对峙是唯一的出路(Hill 2002)。这篇文章就是我以写作的方式进行的反击。我成长在一个父权家庭,是家里最小的女孩,我总是因为顶嘴而被训斥,多次被指忤逆。如今,像贝尔·胡克斯(Bell Hooks 2014:9)一样,我意识到,并且全然认可,反驳就是力量,"对于受压迫者、受殖民者、受剥削者,以及那些与之并肩战斗的人而言,从沉默到发声就是对他们莫大的治愈,能够让他们重获新生或再次成长"。我认为,用写作来进行反击也是一种刻意的扰乱性对峙,是对一个人存在感的重新确认——这很重要。这篇文章就是对学术界压迫的反抗,这样的一种发声方式就是我要留在学术界的努力,同时也是我在努力打垮那股势力,使它不再能迫使我,以及跟我一样的人在学术界不断地奔逃。

我的早年人生和问题少女岁月

我在学术界的旅程伴随着复杂的感受,有愉快、痛苦、绝望、愤怒,还有许多其他难以言喻的滋味。刚上大学时,我第一次被迫面对自己的黑人肤色问题。[2]我在金山大学的学生里属于少数。我和我的黑人同伴们大部分时间要么是在财务室排队,要么在参加当时由南非学生会组织的斗争大会,要么就是在学生代表理事会办公室。[3]大学里的这种生活方式与我整个斗争成长的人生经历并没有太大差异。没上大学之前,我在这个世界上原本的身份也就只是一个女孩、一个女性而已。作为一个在索维托镇区长大的女孩,我遇到过不少的性别歧视行为,所以也向来就知道,因为生来是女孩,我得在这个充满性别歧视的不公道的世界上,奋力去争取本该属于自己的东西。我是家里唯一的女孩,我的母亲也长在一个父权制的家庭里,从小被教导要当"淑女"才会被人喜欢;[4]为了保护我免受她吃过的苦头,她决定教我如何当个"好"女孩。我的姑姑们也想帮忙,但我觉得她们最终可能是失败了,因为我从来都不是一个"典型的"女孩样儿。我不断地质疑现状,拒绝因为是个女孩就该表现得像个女孩。尽管我不断跟母亲和家庭抗争,但我的心里其实很清楚,就算我再不愿意把自己归入某一类女孩,我也确实是个女孩。

上大学以后,我痛心地发现自己不仅是个女孩,还是个黑人女孩。刚上大学那两年,我发现自己的人生情节变得有点复杂,可自己却不是故事的作者。然而,我告诉自己,通过勤奋努力和牺牲精神,机会会变得均等起来。那时,我还不懂,自己的存在天然就已是一个令人不适的扰乱性因素,也就是说,我成为这样一个扰乱性的存在,不是出于选择——这种对扰乱性的定义跟我的内在无关。我原本以为,只要我避免正视这个问题,就能成为自己人生故事的作者,只要我"遵规守德"就行,但是后来我发现,这个体系设计非常之严密,目的就是把我排除在外。我认识到,在不为我所知的世界里,性别主义把我定义为女孩,种族主义又把我定义为黑人。就这样,这两个问题——我的种族和我的性别——在我的人生经历中交织并存,从未停止。因为黑人女性遭受的不公太多、太常见了,所以变得不可见了。学术界也同样如此。

我是女性吗?

在我因自己是个女孩而斗争的那些岁月里,我从未想过黑皮肤也会是个问题。我当时天真地以为,我为人权而进行的斗争就止步于我的家庭了。而在积极投身到学术界,教书、科研十年之后,我惊讶地发现自己问出了索杰纳·特鲁斯(Sojourner Truth 1851)多年前问过的问题:"难道我不是女性吗?"[5]我从未想过自己的女性身份会妨碍到我,因为我一直都在反抗这一性别自带的局限。在我还是个小姑娘的时候,我就一直反抗康奈尔(Connell 1987)所说的"过重的女性气质"。虽然我的家庭是那样的,但我一直觉得当一个得体的女孩或者女性会限制我在世界上的作为,于是我反抗传统的淑女观念。然而事到如今,我还是被自己是黑人女性这一现实逼到了墙角,因为黑人女性就是一个无性别的"东西"——一个非存在物。2015年9月,我在约翰内斯堡大学参加了"21所大学会议",我所提的问题"难道我不是女性吗?"在那个会上变得刺耳难忍。我听了一位高等教育理事会研究员关于高等教育转型的发言,暗含的意思是,在南非学术界,黑人女性的地位无关紧要。他的大意是说"白人女性才是学界的大多数——她们会是未来很长时间内的主导力量,而这是一件好事"。问题在于,他说的都是实情,在那个只有四位黑人女性的房间里,尤其是实情——在高等教育的环境里,黑人女性被忽视、被歧视、被小看、被少数化。在数字的差距和亲身经历的佐证下,这种不公现象尤其振聋发聩。

南非学术界白人女性占据主体并将继续如此,这一现象的问题在于它有违《平等雇佣法案》(*Employment Equity Act*,EEAct)中的规定(1998年,第55条)。该法案的目的在于:

> 通过消除对特定群体的歧视并制定切实可行的措施来提高平等就业的机会、促进平等待遇、实现职场公正,进而确保职场不同阶层和不同工种都得到平等的代表。(1998:12)

女性就是该法案中的"特定群体"之一。南非学术界对黑人女性持续的歧视和弱化,表明该法案并未做到确保南非女性群体不被同质化。在分析美国社会的情况时,胡克斯举例如下:

> 当人们谈论黑人时,性别主义妨碍了对女性利益的关心;当人们谈论女性时,种族主义妨碍了对黑人女性利益的关心;当人们谈论黑人时,焦点一般都在黑人男性身上;而当人们谈论女性时,焦点则往往都是白人女性。(hooks 1982:7)

我认为胡克斯这一观点对于南非高等教育界同样适用,尤其是以《平等雇佣法案》为参照的话。法案的规定性条款并没有有效地解决现实问题。因为种族隔离派的操作,白人女性享有进入不同领域并获取资源的优先权,而这对黑人女性而言则无异于空想。在编写法案的时候,并未承认"性别体系不仅是等级化的,也是种族化的,而种族划分又无视人性,因而种族化的性别就成了被殖民的对象"（Lugones 2010：784）。于是乎，我和索杰纳·特鲁斯之前问的那个问题"难道我不是女性吗？"就得到了一个不幸的答案，不是。玛丽亚·卢戈内斯（Maria Lugones 2010）说道："没有女性被殖民，没有被殖民的女性。"借用卢戈内斯的说法，我认为《平等雇佣法案》里提及的女性群体并不包括黑人女性，因为"女性"一词的历史意义，本就把黑人女性排除在外了。再来看胡克斯（Hooks 1982）提出的观点，在这里显然是呼吁人们还所有人以基本人权，尤其应该关注黑人女性，应该摒弃任何支持父权制、异性恋主义、殖民化和资本主义的行为和做法。自1994年以来，我在南非学界就是一个被抛弃、被种族歧视的黑人女性。我并未得到平等法案的保护，反而是不平等案例的代表。

意识到黑人女性在历史上就被排除在女性之外这一点，意味着我们需要刻意地突显自己——通过展现父权制、异性恋主义、种族主义、资本主义和殖民体系所设定的女性特质之外的东西来与之进行对抗。我们需要宣告女性和人类身份的多样性，并且通过不断地现身，让学界将我们的存在常态化。不幸的是，要做到这一点，只有通过增加我们在学界的人数，而这就要求减少迫使我们逃离的因素。

渴望成为"女性"

南非学术界的制度设计，就是会让黑人女性感到不受欢迎，然后偏离所谓标准。所以，虽然我的问题"难道我不是女性吗？"是在"21所大学会议"上被激发的，但问题的提出针对的是整个南非的学术界。如同我在2015年11月10日所写的那样，南非学术界的黑人女性人数非常之少。金山大学才刚刚任命了他们的第一位非洲黑人正教授。开普敦大学只有一名非洲女性——她还不是生在南非。虽然黑人女性人数的增多对她们在学界扮演知识创造者角色的常态化非常重要，但是也必须看到，她们在很多情况下仍然被当成他者，而对这种不公状态的沉默，是她们面临的一个严重问题。

学术界的种族和性别不公在之前就有过争论和书写。马里兹·拉贝和布拉格纳·鲁古南（Marlize Rabe & Pragna Rugunanan 2012：2）反复强调，"种族和性别的不平衡似乎并未在学界消失；相反，它们换了个面目再次出现，用不同的方式延续过去的种族和性别不公"。近期关于学术界殖民化的争论说明，南非高校的改革依然将黑人放在与殖民时期和种族隔离时期同样的种族分化位置。这样的种族分化通过采用分而治之的策略，继续对黑人进行去人性化，将一部分黑人划为优等而加以选择，对另一部分黑人则不然。

在今天的南非，种族隔离时期分出的种族类属还在运行，而在这种情况下，由于历史定位的原因，相比其他在学术界严重边缘化的有色人种和非洲黑人，印裔黑人获取资源和职位的机会还是多一点。萨赫拉·布隆古（Sakhela Buhlungu）讲述了一个 1994 年以后的新常态：这些年来，"许多高校的南非黑人学者数目不是停止增长就是减少，然而南非白人学者的人数却在增加——尤其是白人女性——南非国际学者的人数也是如此。"[7] 还是一样，女性在研究和教学领域只占少数，而且她们大多数的职称只是讲师或初级讲师。之所以人数少，是因为种族、阶层和性别上的交叉压迫，同时，人数少也是这些压迫的表征。

黑人女性在学术界持续欠缺代表性，这说明在学界的转型中，很显然一直存在着严重的问题。但是最根本的长期问题（也是本文的焦点）是，即使黑人女性（"外国"黑人、非洲黑人、印裔人和其他有色人种）入选了"生物"范畴，她们也总是在最底层；她们在"人类线以下"（Grosfoguel 2016）。这种种族阶层迫使她们为了在西方资本主义大学里生存而相互竞争——争取成为由殖民主义、资本主义和父权主义定义的女性形象。这种特意优待一部分人的做法，跟殖民时期对待黑人女性的风格毫无二致——就是不把她们当人。拉蒙·格拉斯福格尔（Ramon Grasfoguel）还进一步讲述道：

> 人类线以下的人们被看作次人类或者非人类；也就是说，他们的人性被质疑，严格地讲，是被否定（Fanon 1967）。在后一种情况下，他们的权利、物质资源以及对他们的主体性、身份、精神性和认识论的认可都被剥夺了。（Grasfoguel 2016：10）

所以，有很重要的一点需要我们注意：由于黑人女性在学界的代表人数普遍不足，而且黑人女性处在边缘位置，她们面对的是一种交叉压迫，因此，她们需要找到自己的归属点，提高彼此间的合作，进而脱离父权制、资本主义、种族主义所挑动的那种竞争，她们之间这种彼此竞争的状态是现有体制喜闻乐见的。

被压迫者的女性身份，只有通过承认她们在内部被当作局外人这种特殊情形才能得到重视。帕特里夏·希尔·柯林斯（Patricia Hill Collins）认为，这种内部的局外人身份有一个好处，就是"能够让那些体验过边缘感的黑人学者们，从这样的角度出发，对种族、阶级和性别做出与众不同的分析"（Collins 1986：515）。对女性身份的渴望所激发的竞争，并不能帮助黑人女性学者充分利用这种边缘性，而这种边缘性不仅能促进独一无二的分析，也能促使女性学者们有意识地去占领学术界，以这种扰乱性的现身方式为她们自己，也希望是为所有人的境遇都带来有益的变化。

我是一名黑人女性

在《倾听我们的声音》（*Hear Our Voices*）中，莱特米兹·奥巴肯·马博凯拉（Reitumetse Obakeng Mabokela）指出，黑人女性在学术界的作用就是装点门面（Mabokela 2001）。一成不变的高校体制文化会设置许多关卡，打压她们的存在感，所以她们无法真正感到自在。体制文化被定义为体制的所作所为："如果说体制文化是基于体制中所有个体共同认可的前提，那么南非的大学及其女性学者面临的挑战就是，有人认为'该领域是专为我们而设的'"（Magubane 2004：1）。可以看出，这样的前提并非每一位个体所共有，因为黑人女性显然还处在非人类的位置，"当阶级、性别和性矛盾被论及时，都带有种族压迫的性质。因此，应对和处理这些矛盾的方式是粗暴的，常常是强行挪用或者强行剥夺"（Grosfoguel 2016：14）。处在非人区的人们经历的就是这种粗暴对待——黑人女性的存在方式和她们的成就会被强行挪用，而她们的能力也受到质疑。

黑人女性这种装点门面的形象，会以不断严酷考核她们专业能力的方式而得到巩固。在很长一段时间里，我也经历过各种对我专业能力的严酷考核。最严重的一次是，在升职管理制度中针对所有黑人，尤其是黑人女性而设置了关卡，用来考核我的各项能力。

我在之前任职的大学申请晋升副教授的时候，准备好了申请表和教学作品，然后把材料都交给了我的顶头上司，一位白人女性。她专门召开了一个会议来讨论我的申请。在会上，她认为我的晋升条件不够，说我应该发表至少 20 篇文章才可以晋升副教授。我很震惊，因为我之前了解过职称评定政策，我的条件远远超出了它的要求。晋升副教授的文件要求，跟会上的要求相去太远。我当时发表作品的数量是晋升副教授要求的两倍——但这一点既没有得到赞扬也没有得到承认。当我提出职称评定政策与她所说的不一致时，她只是说职称委员会有权做出主观判断，坚持要求我发表 20 篇期刊论文。于是我又提出了对职称委员会主观判断公正性的质疑，因为据我所知，那所大学的职称委员会在行使主观判断权时，从未站在黑人女性一边过，因为委员会成员体会不到黑人女性的境遇。黑人女性是那所大学的少数群体，委员会里没有她们的代表。

我的上司行使了职称委员会的主观判断权，而这件事代表了对我的各种排斥，这意味着他们（委员会成员）的自我、文化、意识形态，以及他们的特权地位，使得他们从不关心史上固有的排外做法有多么恒久。在那些尚未转型的大学中，这种不受监督的主观判断权是它们面临的千篇一律的挑战。在我反驳我的上司时，她表达的意思是，她并不想阻拦我职称晋升，她说会写一封信来支持我的申请。在这一系列讨论的过程中，他们还给我指派了一位导师——一位刚刚评上副教授的黑人女性。在我们见面之前，这位导师要求我给她发一份我的简历以便她设计辅导内容。等到我们见面时，她说她搞不懂为什么要指派她当我的导师，因为我显然跟她处在同一水平上，甚至我的水平可能还更高一些，因为我的谷歌引用率比她的引用率还高，而我的发表情况跟她持平。上司对我提出了跟学校政策不一致的职称晋升要求。可是，为什么要求我比所有人都表现得更好？为什么给我差别待遇？安德里亚·亨特、格拉迪斯·希尔德雷思，以及塔米·亨德森（Andrea Hunter, Gladys Hildreth & Tammy Henderson 2010）认为，对黑人女性持续不断的严酷考核，以及制定出变动不居的晋升条件，这背后的真实情况是，让她们用超越常人的表现来换取常人的待遇。

我拒绝接受这样一所任由职称委员会主观行事的大学对我的考核，而那所大学至今仍然在很大程度上排斥黑人女性。又一次，我穿上跑步鞋跑掉了。我跑到了另外一所大学，一所我七年前因同样的体制问题逃离过一次的大学。尽管这次的逃离是我与不公待遇的一次刻意对峙，但最重要的是，这是我以扰乱之举进行的一种自我保护。在《一束光明》（*A Burst of Light*）中，奥德雷·洛德（Audre Lorde 1988）充满热情和斗志地说道，

"自我照料并不是自我放纵，而是自我保护"；她在此处还指出，那些无人照料的人们——黑人女性——不得不自我照料，从而能够继续进行刻意的扰乱性对峙。在这种语境下，我的逃跑是在为自己寻求生机，是为了在更大的南非学术界求存，为的是刻意，又带有扰乱性地与之对峙。

我的语言和口音受到的苛责

在 2015 年初的"罗德雕像必须倒掉"运动（Rhodes Must Fall movement）之后，"黑人的命也是命"（Black Lives Matter）观念在南非国内外得到了广泛传达。这些讨论中最有趣，也是我最喜欢的一句名言是："如果有人不会讲英语，那意味着他们会讲另一门语言。"南非对语言的争议已有一段时间了，而这段时间跟南非历史上其他的情形类似，也是通过突出英语来保证白人的优先权。所以，如果你知道怎么用一种特殊的鼻音来讲英语，那么你就会被看作是聪明人——也不管你说的是什么内容。

作为一名没有受过昂贵的 C 模式教育（Model Ceducation）的黑人女性，语言和口音争议对我而言很重要。我是在索维托附近的狄普克鲁夫镇读的黑人学校，所以我的口音不标准。结果是，当我走进教室开始讲话的时候，一些学生（有黑人也有白人）就离开了，主要是因为我跟他们家帮佣的口音一样，这让他们觉得我水平不够。从某种程度上讲，我并不责怪这些学生，因为他们中的大多数人，除了见过自家的帮佣，或者满大街的小商店里（往往）欠缺教育的收银员之外，也没怎么见过从事其他职业的黑人女性。我责怪的是不培养、不提升黑人女性的权利机制。我相信，黑人女性在学术界的人数越多，我的口音就越不会引起震惊。我也责怪整个南非政府及其教育机制，从未教育过我们去了解种族主义、性别主义和其他种种的主义，以及这些主义会如何潜移默化地影响我们每天的生活。

在我的教学过程中，我会刻意去打破英语是教育和学习唯一用语的观念，会指出南非学术界和商务界偏爱英语是一种不公现象。我刻意采用多种南非语言来进行举例，一般都是在第一年讲授不公现象的课堂上，通过这样的方式告诉学生：就连在课堂上，特权和不公都一直存在。2015 年，我的系主任打电话给我，说有几名学生（都是白人）投诉我上课时使用非洲语言。她建议我，如果我要这么做，也需要翻译成英语。可是投诉的学

黑人学者的声音：南非的经历

生没有告诉她的是，我上课时的确翻译了。他们为什么不告诉她这一点呢？他们真正不满的是什么？1996 年，我刚上大学，从未在任何一个教室听过我小时候在索维托讲的语言。整个本科和硕士阶段，我只碰到过一位非洲黑人讲师。所以，我刚上大学那两年最密切的伙伴是几本词典：首先是英语词典，然后是社会学词典和政治科学词典。为什么那些不懂茨瓦纳语、祖鲁语和其他非洲语言的学生们没有机会学习这些语言，而我却要被迫在大学课堂上学习英语？给我上课的老师们从不考虑我是否能听懂他们的语言——因为那是我的问题，所以我下定决心学习。

从学生对我的评价中，我也能看到这样的不满。从这些评论中，我发现学生学习起来很吃力。我本来设想的是，让学生可以像我和其他那些英语为第二语言的南非人一样，发展出对其他语言的兴趣——查查词典、问问朋友。有趣的是，另外有一些学生觉得我的签名问候语——*Dumela*（你好）[8]——让他们感到了一定的安慰和人文关怀。我用英语以外的其他语言举例，这让那些从小就说这些语言的学生更好地理解了我们这门课所讲的社会学概念。我的多语教学带来了不同的体验，这恰恰证明了学术界本就充满不公与竞争的特质。学生们对我打破英语作为常规教学语言的做法有着各自不同的感受。下面将列举一些他们的评价反馈：

- 老师使用英语以外的语言授课是有问题的，因为这会导致学生因语言问题而听不懂授课内容。
- 她应该只用一种我们都懂的语言授课，而且相关举例应该避开种族问题。总体而言，她还是一个充满活力和鼓舞人心的好老师。
- 她的多语能力可以满足所有人，她也鼓励学生参与。是很好的老师。
- 老师有时在课堂上用她的土话举例，这会把那些不懂这门语言的同学排斥在外，让课堂有歧视感。除此而外，老师还是很棒的，会鼓励学生辩证思考和自主决断。她的确是我们系的可用之才。
- 我个人认为昆诺教授很传统。她上课讲非洲语我觉得对白人学生不好。
- 老师教的内容很有用，而且鼓励课堂使用多种语言。采用其他语言真的很好。
- 老师喜欢使用别的语言，这很难理解。除此而外，我对老师和她的授课没有意见。

- 老师的口音有时不太得体，而且她会使用英语以外的语言。（私下交流）

上述的最后一条投诉涉及我的口音。我讲英语的方式不同于白人。在我讲话的时候，你可以毫不费力地猜出我成长于一个劳动阶层的家庭。尽管我所受的班图教育致力于把我培养得像亨德里克·维尔沃尔德（Hendrick Verwoerd）所说的那样"能挑水，能砍柴"，但是失败了。

如我之前所说，我不怪那些向系领导投诉的学生们，而且，本着刻意扰乱性对峙的精神，我欢迎学生们对我的教学进行诚实的评价，这会方便我反观教学带来的影响，也可以知道，怎样才能通过打破那些伪装的殖民现象，来继续我的扰乱性对峙。最让人震惊和无法原谅的，是我之前任职的大学一位白人女同事对我说过的话。当时我很兴奋地表达了我对大学者库恩（Kuhn）的研究兴趣，还说我有研究他著作的想法。她很势利地跟我说，如果我想研究库恩，最好先把他的名字发音发准了——然后才有"资格"去研究他。说完这些她就走了。雨果·肯纳姆（Hugo Canham）曾写过，一个人的口音和种族出身会在学术面试中被当成短处（Canham 2016）。在我的例子中，我的口音就被一个同事当成了短处，而这不仅是因为她的种族优越感，还因为她的体制优越感。她自己则仅凭英语或者特定口音的英语，就能被认为拥有知识分子的长处。这件事发生在一个正在考试的场合，所以我无法尖叫、无法大喊或者摔东西。实际情况确实如此，但我在自己脑子里的确骂了不少难听的话，也摔了不少东西。然而，我终于还是觉得受到打击而退缩了。我想，在一定程度上，我也同意她说的——我是谁啊？我怎么敢奢望研究库恩？就这样，我把研究库恩的愿望埋葬了；我不行的，我连反击和证明真相的能力都没有。这就是暴力，这就是大多数黑人女性在南非学术界每天都在默默承受的暴力。我喜欢当下这个环境的地方在于，黑人讲劳动阶层口音这件事已日渐常态化。但是，要防止我所经历过的那种思维方式带来的攻击，还有很多事要做，因为那种思维方式还在，而且在未来很长一段时间，都不会改变。

刻板印象：黑人女性能力低下

认为黑人女性属于没有知识的人，这一点也表现为大众心目中向来没有黑人女性知识分子的形象。跟认为黑人女性就是女佣类似，黑人女性学者也被认为只是用来帮助别人探索和晋升的，不应该有自己的职业规划。所以，你会发现，我们大部分人都是助教或者副职（从来不是主要负责人，因为副职在项目管理上影响力比较小）。而且，由于体制已经预设了黑人女性的存在就是用来辅助他人的，于是也预设了她们没有创造力。就这样，每当她们想引入新的方法或者打破陈规时，例如，她们想去做一件事或者进行创新教学时，她们的观点会被质疑。因为没有检验，所以无法信赖。

我在2014年加入现在这个系时，被委派了一项组织颁奖典礼的任务。由于要遵循特定的规定，我觉得有些为难。我被告知应该多依靠上一年的负责人，而我却选择采用自己的方式，结果遭到了强烈反对，说这是不能接受的。因为出现了这种情况，我不得不选择退出组委会——我不打算粉饰太平。我拒绝在一个不需要我付出创造力的环境中工作，我拒绝遵循已经为我设定好的脚本。不遵循设定脚本的黑人女性常常会受到指摘，被标上易怒、缺乏合作意识的标签。有意思的是，我这次对抗不公的事件后来被重新定义了：在2014年年底进行系内总结的时候，我退出典礼组委会的事情被重塑成"你过度劳累"。这令人震惊。他们说，这么做是为了让我感觉我也是团队的一员，就好像我的感受和想法真的重要似的。不幸的是，我一眼就看穿了这一切。他们这样说，不仅显得我能力不足——连一场颁奖典礼都组织不了——现在连身体都不支了。这种中伤从未停止。黑人女性永远无法被看作一个真正的人。

归根结蒂，经历了那么多挑战，有一点是毋庸置疑的：那就是我是一名黑人女性。在我从个人角度和政治角度思考这件事情的过程中，下面这些变得很明朗：

> 我为每一个人辩护，然而我是一个人，
> 所有人的痛苦我都懂，然而我自己的"痛苦"却不为人知，

第三章　写以求存：被高跟鞋取代的跑步鞋

我像所有黑人一样历经苦难，
然而人们告诉我，还没到我扭正乾坤的时候，
我保持状态耐心等待，
我和白人女性并肩战斗，在胜利冲刺之前，我发现自己孤身一人，
被远远抛在后面，依然是因为，还远远没到我扭转乾坤的时候。
我的斗争还在继续，可是我的耐心没有了，
我无法继续等下去。
双刃剑左右击打着我的心灵和头脑，我感到天旋地转，
满腹愤懑。
我问上苍，为何是我，
答案静默又猛烈地袭来。
我是一名"黑人女性"，
我被割裂，
我被默认为对饥饿和痛苦免疫，
然而没有人比我对此更深恶痛绝。

我是一名黑人女性
我也叫索杰纳·特鲁斯，
我反问"难道我不是女性吗"，
我之所以发问是不想被认作软弱无力，
我知道我不止于此，
我也叫索杰纳·特鲁斯，
现实中我要付出男人一般的辛苦劳动，但也要温柔甜蜜充满母性，
我一边需要表现得强壮，同时又需要展示柔弱，
而我从不符合标准，
我不是太软弱，就是太强硬，
我是家人邻里眼中的顽石，
我是一名黑人女性。

我不屈从，

历史迫使我超越"规范",
我也叫麦迪基泽拉（Madikizala，曼德拉第二任妻子温妮·曼德拉婚前姓氏），
我也叫诺姆扎莫（Nomzamo，温妮·曼德拉婚后保留的的中间名），
我已婚，然而我依然只身一人，
我只育有二子，然而我却要做"国母"，
一位公主变成一名战士，
默认女性没有集体，没有感受，
被误解，
被我所效力的人排斥，
我无所依属，
不被任何人保护，
我是一名黑人女性。

我跟所有女性一样，温柔、有爱、对人关怀备至，
然而我却被迫在爱我的孩子时表现得凶悍，
因为我怕失去他们，我教我的儿子们，
如何在白人残酷的世界里存活，
我为他们读撕心裂肺的奴隶故事，凌迟、强暴、谋杀和掠夺，
我教我的女儿们要自立坚强，
我教她们成为磐石，
然而我渴望教她们柔软妥协，
但我知道世界不这么看待她们。
我是一名黑人女性。

我是黑人女性身体里的幽灵，
来这里讲一些新道理，
盘点一些老故事，
来这里发给我的儿女们自由生活的许可证，
成就更多，
不惧人言，
从身外获取力量，从老歌里，从那些似隐实显的老故事里，

从沉静无声的梦境里，
从平淡如常但蕴藏奇迹种子的日子里。
我要以雄壮与柔美共同的化身，扭正乾坤。
我是一名黑人女性。

导师制：除魅学术界

我向来不喜欢被导师带领或被有经验的人拢入麾下，总是会理直气壮地怀疑这样做的效果。然而，在我为政府工作的那段时间，他们信息保密，学习机会只属于少数人。在许多糟糕的经历过后，我意识到，我之所以不喜欢导师制，是因为我在学术界经历了不公，因为学术界的导师通常都是白人（我发现这些资深学者会因为他们的认识论立场而误解我的需求）。在我2010年重返学界时，很幸运地被分给一名导师，他很清楚大学转型的意义及其要求。我的导师挑战白人优越的现状，他教我怎样去应对艰难的学术界。他也给予我肯定，是第一个鼓励我写作的人，尽管我自己花了很长时间才敢相信这一点。我知道他是认真的，因为他的要求很高。

他一步一步地帮我除魅学术界。于是，在他的指导下，我获得了肯定。这是真的，尽管体制的守门人不这么看。我的导师不会因为黑人的肤色就拒绝提升他们，也不会因为这个原因就将他们拒之门外。他希望我用自己的实力说话，但他知道实现这一点需要有空间和资源。他帮我寻找资助机会，教我适应这些过程的窍门。我认为，只是雇佣黑人女性而不为她们提供必要的支持，就等于陷她们于失败。导师制很好，但需要认真思索才不会导致进一步的排斥，也才会带来学术界急需的改变。

安全空间

我把跑步鞋搁到了一边，因为我意识到，也可以有办法让学术界成为我的归属。经过数次考验之后，我知道自己要想做到这一点，不能靠退缩或者逃跑，而要靠留存和通过对峙的方式刻意进行扰乱。之所以采用对峙和扰乱的方法，是因为一些领域已经被比我们早到的人设定好了。这些方法现在或许微不足道，但是它们会成长、会变得强大。对我而言，最重要的是在这些领域获取转型项目资助的机会。没有这些机会，我也无法把我的跑步鞋搁到一边。卡内基和梅隆转型基金（Carnegie and Mellon Transformation funds）对我这样一位新进学者而言，堪称决定命运的资助基金。他们的资助让我有了进行研究、阅读和写作急需的条件。我们还需要更多这样的机会来培育年轻的黑人女性和学者。

写作这本书也是为黑人女性和所有黑人学者创造机会的一项重要举措，为了让我们可以拿回自我定义的责任和权利。这本书让我们有了表达的机会，让我们可以从一个内部的局外人的视角、利用我们的边缘处境来分析学术界，让我们可以发声、可以反驳。国家人文与社会科学研究所也为促成这本书起到了重要作用。不仅如此，研究所还帮助这本书吸纳了更多人文社科界的博士，带头催生出一支庞大的黑人女性学者队伍。研究所的工作很重要，它改写了把黑人女性当作无知者的历史脚本。

在南非学界做一名黑人意味着什么？回答这个问题是本书编撰者对这本书的设想，也为挑战学界固有的不公现象注入了必要的能量。这一设想也受到了"减免学费运动"（#FeesMustFall movement）的激励。而该运动也是我脱掉跑步鞋的一个重要转折点——它让我知道，作为一名黑人女性，我在学术界还可以有更多的作为。

以我们的方式做我们的事情

我觉得，尽管置身不同的群体很有意思，但跟那些你无须一直向他们证明你是谁的人相处，总是更容易些。在学术界的许多年里，我发现自己试图在那些根本不把我当人的地方证明这件事，是在浪费时间和精力。现在我认识到，要想这件事行得通，我们黑人女性需要创造属于自己的机会，以自己的方式做自己的事情。这并不意味着我们的团体成员必须意见完全一致——相反，我们会通过激烈的争论、各抒己见来促进成长。

我在学术界留存的原因在于，我自己，以及我与其他黑人女性和男性伙伴们一同创建了多个协作领域。这让我们在大部分时候觉得深感艰难的处境，变得没有那么难以承受，这也让我坚定了脱掉跑步鞋的打算。一个接纳黑人女性进入并且留下来工作的学术界，需要为她们提供一点空间——需要为协作和导师制创造成长的"甜蜜点",这些甜蜜点不仅让我有了学术上学习和进步的空间,更为我提供了疗愈、自爱和愉快的可能。

我回到学术界以后投出的第一篇论文被拒稿了。如同许多有学术发表经验的人所知的那样,我备受打击。但是那篇文章后来得到了帕姆拉·古可拉(Pumla Gqola)的慷慨帮助。还有许多其他女性帮助我留在了学术界。虽然在学术界工作的好多黑人女性并不是学者,她们可能是保洁员,是人力资源管理的行政辅助人员,但是,和她们打交道给了我很棒的感受。正是这些人帮助了我,让我利用到那些大部分人都不曾知晓的学术角落。所以,很多人都说我表现得不像个教授,我总是回应,我只会表现得像我自己。我认为学术界的许多黑人女性都是如此——我们只有用自己的方式做自己的事情才会觉得自在。我们需要做的也只是自己,因为委曲求全地迎合他人,最后只会导致逃离。与其自我内耗,不如面对矛盾,痛快地解决它。

结 语

尽管我把跑步鞋换成了高跟鞋,但我认为奔跑还是有好处的。奔跑让我可以找到一个安全的空间进行疗愈和重建,奔跑让我缓过劲儿来,而且奔跑还带有革命的意味,因为这个举动是一种重要的自我保护。然而,让我终于脱掉跑步鞋停止奔逃的,是我领悟了奥德雷·洛德(Lorde 1988)的话,她说:"你的沉默不会保护你。"为此,我呼吁那些有类似经历的人们,刻意地利用自己本具扰乱性的存在,去与每天遭遇的压迫对峙,可以是口头的反驳,可以是写作,可以通过导师制、资助基金、协同工作以及其他有待发掘的方式与压迫进行对峙。

我的奔逃是权宜之计,是大计中的小计。虽然我现在没穿跑步鞋,但它们随时备用。因为,对黑人女性而言,现实中的学术界依然在很大程度上艰难而且残酷。所以我知道,现状一日如此,我便一日有可能会需要我的跑步鞋,因为照料好自己,仍然是摆脱压迫的重要一步。

注　释

1. 麦凯瑟在他的《快跑吧，种族主义者，快跑》（Run, Racist, Run 2015）一书中写到了这次互动。

2. 在本章，"黑人"是一个政治用语，来自印裔人、有色人和非洲人共同的经历。

3. 我本科阶段是金山大学 SRC 的成员，担任理事会教育委员，日常工作是在一年之内代表学生们（但主要是在当年刚开始的时候）应对排斥行为，而这些排斥行为主要是由财务状况引起的。

令人震惊但并不意外的是，将近 20 年后，"减免学费运动"是因相似的问题而起。我在 SRC 任职的时候，代理过的都是非洲裔的黑人学生。虽然也有人文与社会学院系的学生，但大部分都是工程学专业的。这份工作使我在早期就了解到了黑人学生在大学生活中艰难挣扎的现实。

4. 这种淑女气质把女性简化为有且仅有的一个面目——男性的仆人。她们没有发言权，没有个人欲望，最重要的是，也没有男性特点。这被康奈尔（Connell 1987）称作"过重的女性气质"。我早前对这种淑女气质的抗拒呼应了卢戈内斯（Lugones 2007）在《异性恋主义和殖民/现代性别体系》（Heterosexualism and the Colonial/Modern Gerder System）中的概念。

5. 索杰纳·特鲁斯 1851 年 5 月 29 日在俄亥俄州亚克朗市女性大会上的演讲。

6. "通过打破更大的权力结点来获取并掌握权力，个体拥有的权力小于实施策略的人"（维基百科）。

7. 邦加尼·恩科西，《转型的"把戏"》（'trickery' in transformation），《邮卫报》（Mail & Gardian），2015 年 3 月 6 日。

8. Dumela 是茨瓦纳语和（或）塞索托语中表达问候的方式。

9. 我一开始理解的这个词，是用来描述"一个同事间共享权力的工作环境。你知道在这样的大学环境里，同事会朝你微笑，你也无须躲着上司"（Vocabulary.com）。然而，在不公平的机构里，这个术语（和其他许多术语一样，例如"价值"）是用来排斥外人的。这些词被用来掌控那些被压迫的人，而且还创造出一种氛围，让他们一边承受着压迫和不公，一边还得强颜欢笑。

参考文献

Canham, H. (2016) From exclusion to inclusion: Meanings of access and inclusion in South African organisations. In L. M. Roberts, L. P. Wooten & M. N. Davidson (Eds) *Positive organizing in a global society: Understanding and engaging differences for capacity-building and inclusion*. New York: Routledge.

Connell. R. W. (1987) *Gender and power*. Cambridge: Polity Press.

Grosfoguel, R. (2016) What is racism? *Journal of World-Systems Research*. 22 (1): 10 – 15.

Hill, L. (2002) *Freedom Time (Unplugged)*. Accessed September 2016, https://www.youtube.com/watch? v = 8kMEGdw_ VF8.

Hill Collins, P. (1986) Learning from the outsider within: The sociological significance of black feminist thought. *Social Problems*. 33 (6): 514 – 531.

Hooks, B. (1982) *Ain't I woman: Black women and feminism*. London: Pluto Press.

Hooks, B. (2014) *Talking back, thinking feminist, thinking black*. New York: Routledge.

Hunter, A. G., Hildreth, G. J. & Henderson, T. L. (2010) Outsiders within the academy: Strategies for resistance and mentoring African American women. *Michigan Family Review*. 14 (1): 28 – 41.

Lorde, A. (1988) *A burst of light*. New York: Firebrand Books.

Lugones, M. (2007) Heterosexualism and the colonial/modern gender system. *Hypatia*. 22 (1): 186 – 209.

Lugones, M. (2010) Towards a decolonial feminism. *Hypatia*. 25 (4): 742 – 759.

Mabokela, R. O. (2001) Hear our voices! Women and the transformation of South African higher education. *Journal of Negro Education*. 70 (3): 204 – 218.

Magubane, Z. (2004) Introduction. In R. O. Mabokela & Z Magubane (Eds) *Hear our voices: Race, gender and the status of black South African women in the academy*. Pretoria: University of South Africa Press.

McKaiser, E. (2015) *Run racist run: Journeys into the heart of racism*. Johannesburg: BookStorm.

Mignolo, W. D. (2009) *The idea of Latin America*. Malden: Blackwell Publishing.

Rabe, M. & Rugunanan, P. (2012) Exploring gender and race amongst female sociologists exiting academia in South Africa. *Gender and Education*. 24 (5): 553 – 566.

第四章

智识与情感中毒：无药可解的现状

卡蒂亚·库扎 – 尚嘉赛

听觉学的视角

我自我诊断为智识与情感中毒，病因是学术界的种族主义、骚扰、歧视，以及白人优先的现状。中毒的定义是有机体被某物质损伤或是有机体带有毒性的状态（Campbell 2007）。听觉学是我的实践和研究领域，该领域有一个现象叫"耳毒症"（ototoxicity）。耳毒症的特征是耳中毒。这种中毒通常是由药物引起的，可预见但并不总是可以预防，可以通过辨识和监控对其进行不同程度的抑制。想象一下：我，一位智识与情感健康的黑人女性学者，就是这个有机体。学术界，连同其文化、体制和政策——是这个物质。我从接受高等教育起，到现在任职一所白人性质大学的副教授，我的情况特别呼应，并且能够反映出这样的一种中毒现象。我想论述的是：我的经历正是我所说的"智识与情感中毒"——症状是：在我所处的环境中，我丧失了感受健康和安全的能力，同时无法感到被接纳和被重视，我产出学术成果和参与学术文化的能力不断受到损害。我认为，同耳毒症一样，我的这种智识与情感中毒的状态可描述如下：

- 多为永久性。
- 发作缓慢，但是日渐加重（如果缺乏治疗和医学对策——在该案例中表现为为缺乏调控和系统化的体制干预）。
- 严重程度因个体而异。

● 会受感染个体体内其他毒素的影响而加重症状。在我的案例中，其他毒素包括南非的种族隔离政策和父权制对我这一代女性带来的影响。

● 受个体敏感度及耐毒性差异影响。

● 可预防——可通过隔绝毒性物质得到预防（或被无毒物质替代，但该方案大多数情况下无法实现），或通过采用干预措施（例如，利用可用的保护性物质）。预防方案的选择基于风险收益比（Campbell 2007；Khoza-Shangase 2017）。

我认为，黑人学者长期的智识与情感中毒状态，会为南非所有高等教育机构都高度重视的创新性教学、科研以及服务的良好运行带来毁灭性后果，而这三项事务正是学术界的三大支柱。因此，对引发中毒的毒素进行确认、命名、分类和处理需要被提上日程，因为这些毒素对于学界没有任何好处，相反，它们只能是创新和良好秩序的潜在威胁。我的观点是，由于这种中毒没有办法治愈（如同耳毒症一样），因此应对的方法重在预防，因为一旦造成损伤，往往是不可逆的。我认为没有现成的治疗方案可以治愈学界迄今为止在其学者（特指黑人学者）身上造成的中毒性损伤。然而，我相信存在一些方法，能够让学界在推行去殖民化和真正转型时，可以留存那些"毒素体"（转型的拦路者或者白人优先权的保护者），同时将它们的毒性最小化，因为这些"毒素体"对教育界而言，依然是重要且有用的。这些方法包括毒素确认和监控，尽早发现阻碍黑人学者参与感和归属感的因素——一旦亚临床症状（subclinical symptoms）出现，立刻开出防毒处方。大学的管理者应该制定出相关的程序和政策，以便在即使非常细微的（亚临床）中毒症状出现时可以及时应对，因为早期干预才是关键。亚临床症状指的是那些往往只能通过敏感观测才能捕捉到的早期症状，而不是依赖就诊时的通用检查设备检测出的症状。这些症状要在永久性损伤发生之前被检测到（Khoza-Shangase 2010）。学术界的中毒情况，其永久性损伤的严重程度并非恒定的，严重时可导致一位黑人学者学术生涯的终结。

在耳毒症案例中，如果永久性损伤已经发生，应对方案会改为，通过提供辅助设施、补救方案和咨询活动等来改善中毒者的生存质量（Khoza-Shangase 2013）。有趣的是，尽管没有人想患耳毒症，但是耳毒症所造成的

第四章 智识与情感中毒：无药可解的现状

耳损伤能够用来帮助治疗美尼尔综合征。美尼尔综合征的病因不明，临床表现为反复发作的旋转性眩晕。对于大多数这类患者而言，可以通过药物来控制症状，小部分患者需要手术治疗（Ghossaini & Wazen 2006）。然而，使用一些耳毒药物能够改善美尼尔综合征的症状，其优势在于，该类药物造成的听力机能损伤要小于传统的治疗方案。在我的类比中，我仍然想要找到一个讲得通的道理，说明为何或者如何让病人，即黑人学者，从他们的智识与情感中毒中获益。就我而言，我一直不断地问自己，如果不是因为我打算在这篇文章中讲述的我的那些中毒经历，我还能取得现有的成绩吗？至少在这篇文章中，我还回答不了这个问题。

在本文中，我思考并诘问了某些个人和体制结构，在我的智识与情感中毒里，它们究竟扮演了什么样的角色。这囊括了我进入高等教育界之后的所有时间：从上大学到现在担任副教授（我晋升正教授的申请在提交了两年半之后被否决了）。在应付学界各领域时，表4.1的词汇和短语在认知语言层面反映了我每天就归属感和被排斥感所进行的自我对话。作为一个词语，"归属"是一个时代——一段时间——的一部分，而这个词也被锁定在了那个时代，这也是为什么我的词汇表里它也是被锁定的。还有一个原因，是因为这个概念大部分时间只锁定或局限于学界特定的领域和时间里。

表4.1　　**我的智识与情感中毒词汇与短语表征**

持续的疑虑	被折磨	失败	精英教育
黑人的愤怒	白人式健忘	白人说教	痛苦
权力惩罚	融入求存	入侵	不一致
被消声	忘恩负义	食宿	免职
没有发言权	白人感受	不稳定	白色人种
被安置	消极对抗	干扰	权力
虚假慷慨	被监管	监管	优待
黑人的沉默	接纳	归属	种族主义

语　境

南非的高等教育机构面临着严重的挑战。南非推行民主制已经24年了，学术界也遇到过一些好的机会。这些机会包括：创建一个更加"充满生机、公平公正、及时响应和更高质量的高等教育体系"（HESA 2014：1）；推进高等教育体系创新发展，使之具有国际竞争力并能够响应和切合国内需求（这件事被近期由学生发起的全国性"减免学费运动"推到了前台，学生要求免费接受高等教育）；以及让知识分子参与决策与国家前途相关的重要公共事务。然而，挑战依然存在。即便在一部受国际认可的《宪法》面前，这些挑战依然存在（HESA 2014）。

这些挑战包括但不限于：存在已久的学术人才匮乏问题（尤其是黑人，特别是黑人女性）、不合理的师生比、基础设施不足对入学人数的限制、无法满足众多人群对高等教育的需求，以及无法将知识和政策转化为实践（尤其是课程和学者的转型），等等（Soudien et al. 2008）。如果考虑到转型的必要性和学术人群普遍老龄化的现状，学术人才匮乏问题就显得相当重要了。而黑人学者中学术人才不足的问题，还牵扯到学术界的把控机制，而这种把控机制恰恰就是用来限制黑人学者资源以及他们的进步和成功的——我和我学术界的黑人朋友们，对此都有过切身的体验。

而且，学生的资源、机遇和成功条件对于非洲黑人学生而言依旧不利。不仅本科阶段存在这种情况，研究生阶段还要更加显著（Seabietal. 2014）——在我看来，这在策略上就是一个转型的阻碍点，在这篇文章的后面也会论述到。招生就业比、辍学率、本科生成功率和就业率都说明，黑人学生依然需要得到公平的机会和资源。我认为，这些问题与体制文化和学术文化都有关系，它们排斥黑人学生，课程表基本上没有，或是只有非常微小的改变（课程设置依旧是欧洲中心主义的，是基于西方认识论的）；对于一个有着11种官方语言的国家而言，课表完全反映不出这一点——因此，我支持大家对非洲化的广泛呼吁，也认为课程表应该对此有所呼应。

第四章 智识与情感中毒：无药可解的现状

"愤怒的黑人女性"成长史

我在高等教育界的时间比我们国家的民主制大一岁。所以在我们民主进程的这个历史节点上，我写下这篇文章，也可谓恰逢其时。我从方方面面综合质询了一系列的问题：我们走到了哪里？我们的国家取得了哪些成绩？我们面临什么样的挑战？下一步我们将要或该要往哪里去？这篇文章合乎时宜的另一点，在于很多媒体也开始关注种族主义、转型、就业公平、（去）殖民化、免费高等教育等话题——不仅是高等教育界，而是大众生活的各个领域，不仅在国内，而且在国际上亦是如此。就我个人而言，我选择这个时机写这篇文章，是因为我前不久刚满40岁。我一直听说，一个人的人生是从40岁才开始的（对女性而言）。于是，可想而知，这次写作能够让我直面并埋葬自己的心魔——这样我就可以真正开始我的人生了。这个直面心魔的过程，被瓦尔特·米诺罗（Mignolo 2009：15）描述为一个"认知不合作"的过程，是"非暴力不合作的必要部分"，这也是我写这篇文章时的真实感受。

我成为学界员工的旅程才刚过十年。事实上，入职两年之后，我所在的大学在向高校种族主义管理工作小组的汇报中，称自己为"一所传统的白人大学，保留了'前1994'的高校遗留特质，以白人和男性员工为主，基本上以白人为中层管理者和高级行政人员，黑人大多为底层行政人员"（Soudien et al. 2008：9）。它的'前1994'特征无须仔细观察就可以十分明显地看到，因为至今基本没有变化（除了白人女性员工数目或许有所增长）。事实上，如果萨赫拉·布隆古教授（Sakhela Buhlungu，福特哈尔大学副校长）在邦加尼·恩科西（Bongani Nkosi 2015）发表在《邮卫报》的文章里所谈的内容都是真实的，那么这种'前1994'高校遗留特质现在变得比以前更糟了。在那篇文章里，他谈论了"转型的'把戏'"——即南非学界的管理层为了"糊弄和哄骗"人们相信他们的转型进程，在汇总员工编制时，把外籍黑人学者也一并包括在内。[1]

现在，如果你拿到一份我的最新个人学术简历，会看到如下信息：我是2017年南非职业女性协会学术组入围人选。我是一名副教授，是我所在院系的前任系领导。我是第一个，也是迄今为止唯一一个在我的专业领域

（听觉学）获得博士学位的南非黑人，也是全国第一个和唯一一个在该领域做到副教授的南非黑人。我是多个学科、学派、学院、大学以及国家层面的委员会理事和成员。我在本领域还担任高校以外的领导工作，特别是在"南非健康职业委员会"（HPCSA）任职。我曾得到多个奖项提名也获得了许多奖项，尤其是在我的研究领域获得了最佳贡献奖。我在过去几年的时间里，为我们学科筹集到数百万兰特的资助资金——用于科学研究、基础设施建设、人员劳务、设备（诊断培训）——这不包括我自己用来进行研究和指导学生的基金（例如，我们获得过来自如下机构的资助：卡耐基基金会、国家研究基金会、大学研究委员会、教育部）。我的研究关注的领域包括艾滋病病毒、艾滋病、肺结核以及药理—听觉学，我发表的作品多为核心期刊论文、技术/研究报告或专题论文。我在大量的国内和国际会议上进行过发言，其中许多是受邀参加。我的研究影响还包括参与期刊评审、编辑和研究评审工作。我为本科生和研究生开设了数门课程（广泛指导研究）。我全面参与设计了许多我所教授的课程，过去当系领导以及专业教育委员会主席的时候，也参与设计了许多其他教师开设的课程。我从本科到博士一直都在目前任职的这所大学就读，从2006年3月起受聘于此。

许多校外看过我简历的人，都觉得我的成就很了不起、卓然超群、令人尊敬，值得我为自己感到开心和骄傲。我也花了很长时间试图"为自己感到开心和骄傲"。但是事实是，理智上我是开心和骄傲的，但是情感上却并非如此；而我正是在写这篇文章的时候，才开始意识到自己这种状态的原因所在。我的简历上让我尤为骄傲和得意的一项成就（在简历的第一页），是我拿到了驾驶执照。这很离奇，因为这是我人生中唯一一次经历过失败以后才取得的成绩。尽管我只失败了一次，第二次尝试就拿到了驾照，但这件事情却成了迄今为止唯一一件让我感受到纯粹的快乐和获得很高成就感的事。

我确保自己在文章开头就把自己在高等教育界的学术背景和历程都交代清楚，是因为这篇文章就是据此而展开的。文章里讲述的我是一个学者，不是一个朋友、阿姨、姐姐、女儿、妻子、母亲——虽然这些也都是我的角色。我小心翼翼又处心积虑地在这篇文章中，把自己从其他那些角色中抽离出来，并不是因为那些角色在我的人生故事中不重要，而是因为它们**太重要**，我需要把它们与我的工作故事分隔开来——因为后者在这篇文章中被我描述为中毒。我并不是专业的文学作家,所以要把这么一篇东西写完,真是觉得疲惫不堪。首先,写这篇文章是有挑战性的,因为这是我第一次不按熟知的学术模式写作。以往我的结构化写作模式是:文献回顾、研究设计、研究方法、数据收集与分析、学术伦理交待、信度和效度、研究发现与讨论——这是我们领域日常的写作风格。其次,写这篇文章也有考验性,因为这是一段个人经历,而在我看来,用我的声音讲述**我的故事、讲述属于我自己的故事**,这已然背离了学术意义上的客观性。再次,写这篇文章有艰巨性,因为据我在学术界的经验,直面高等教育界的转型问题(以及种族主义问题),并不是一个受欢迎的举动,也没人会支持或容忍公开地谈论此类话题(像我在本文中所做的这样)。

在传统的白人大学里,对转型缺失的抗议和抵制一直存在,过去如此,现在更是如此。我们都知道博特曼教授(Botman,斯坦陵布什大学前校长)身上发生的事情以及媒体断言的事件原因。我们也都注意到了辛娜·奥康奈尔博士(Siona O'Connell 2015)的专栏文章《开普敦大学向一年级学生隐瞒的事情》所收到的反应(辛娜·奥康奈尔博士是开普敦大学的讲师,她在《开普艾格斯报》的文章发表之后,受到了恶意邮件的攻击和校园里的排斥)。[2] 就在最近,我们还看到开普敦大学一位非常受人尊敬的知名黑人女性学者受到恶意攻击,因为她的同事质疑她的学术资质,那就是马莫盖提·塞塔提·法肯教授(Mamokgethi Setati-Phakeng),南非数学教学与研究人员,任开普敦大学常务副校长,主管科研和国际事务,已经被任命为下一任校长人选,竟然也在整个南非公众的怒视之下受到如此的攻击。

在本文中,我借鉴了马古巴尼(Magubane 2004:7)在《倾听我们的声音》(*Hear Our Voices*)中所表达的观点,她认为,讲述我们的故事,目的在于"揭露那些充斥在南非大学体制文化内的种族主义(或性别主义)行为,尽管他们一再叫喊着致力于'多元'和'转型'"。我遵从的也是莫莱夫(Molefe 2012:5)在《黑人的愤怒、白人的健忘》(*Black Anger, White Obliviousness*)中所提出的观点,他说,他就是想"影响更多的人,可以让他们来讲述南非的种族史以及他们今天在南非的真实状况,也能够去倾听其他人的经历,或许这样,有一天我们才能最终实现和解,而这次是真正的和解"。这一点也是我试图要做到的。所以,这篇文章是我叛逆的表现,是我40岁之后的泪水[借用了"之后的泪水"(*after tears*)概念，指人们在一场葬礼之后，为纪念逝去的生命而流下的泪水］。也是因为这些原因，我刻意扼制了对传统文学写作、学术写作和传记写作常规的遵循，而是用自己的声音和自己的方式来讲述自己的故事，所以，请在阅读时原谅我对自己的这种放任。我刻意放弃了传统的写作规范，这也是我对米诺罗（Mignolo 2009）认知不合作理念的致敬，是我在向不属于我的学界文化表现我的不合作。我多么希望能用我的母语祖鲁语来进行这次写作啊，因为，我相信那样的话，我就可以谈得无所不至，也更容易讲出我心底的故事。

要么接受现状，要么上法院，要么辞职

我投诉了我们大学的一位白人教授，学校对我的遭遇（歧视、骚扰、凭借资历恶意针对，以及我从系主任职位下台的原因）进行了十分漫长（两年多）的正式"调查"。此后，我收到一封来自业务关系办公室的邮件，告诉我当权人士决定了结我的案子，认为所涉各方应各司其职，正常工作，如若不然，将依据相关规定惩办。作为冤屈的一方，我感到震惊、不解、愤怒至极。这是对我冤屈的雪上加霜。这件事之所以让人特别震怒，是因为在之前一次跟当权人士的会面上，我还得到过保证，说会对我的冤情开展调查。正是在上次会面时，我被告知说"调查会得出以下三种结论之一：我的冤情属实；我的冤情不属实；冤情属实但不足以采取行动进行处理"。所以，我还期待着后续的沟通会沿着这样的路线进行，而这次却通知我说事情已就此完结。这完全出乎我的意料，搞得我彻底懵了。我立刻要求对方向我当面解释此事。也就是在这次会面上，我听到的那些话，在我人生此后的每一天，都回响在我的脑海里。是这么说的：

> 我已经决定要了结这件事。这件事到此为止。如果你不满意该决定，你依然有三个选择：要么接受，这意味着你要接受现状并继续忍耐；要么你上法院去起诉；要么你辞职。

要知道这个事情发生的时候，我正在申请正教授职称，而评审还在进行当中。

第四章 智识与情感中毒：无药可解的现状

事实一再证明，学校从来都是肯定、鼓励并且保护默认的白人认知和白人社会文化价值的。当我意识到这一点的时候，我的感受和想法立刻被带回到读本科的阶段（1993—1996）。上述的遭遇让我明白，无论从社会、文化、结构还是学术意义上讲，后隔离时代的高等教育机构依然奉行着无处不在的白人至上理念（例如，学校无法为了照顾一位没有级别的黑人女性副教授而去处罚一名白人、一名有级别的全职正教授——他的级别是学校被评估时的砝码）。我的亲身经历证明了，这种默认的白人认知模式会为高校转型带来破坏和不公。我的经历也说明，1994年以来，历任的大学校长及其行政团队，并未做到或者不愿直面这一转型危机。或许把这些故事讲出来，可以有助于直面敌人，因为常言道："遭遇邪恶，暴露邪恶，邪恶自弱。"或许把这些经历讲出来，能够给学术界一个机会去反省，多去做些积极的爱惜人才的事情，而不是把人赶走；多去采取一些有力的措施，确保黑人学者感受到的不是排斥，而是归属。我最喜欢的一句祖鲁语谚语是："Ingane engakhali ifela embelekweni［不哭的小孩，死在背篓里（如果你不大声说出你的问题，没人会听到你的声音）］。"

请允许我接下来带您一同简略地回顾一下，我从出生到今天成为一名学者的人生故事。我会挑选一些我认为对自己人生有里程碑意义的重要故事，简短地叙述，跟大家分享。在深刻思索过我人生中的这些决定性时刻之后，我更加明白了自己为什么会成为，以及如何成了一名愤怒的黑人女性。

本科入学：17岁，"你需要辅导！"

我上大学的时候17岁，之前都在非常好的学校上学。最早读书的学校是夸祖鲁—纳塔尔一家颇有声誉的公立学校，后来在豪登省一家私立的独立学院读完了11年级和12年级。我一直都属于尖子生，所以从未想过我会在大学里碰到学业上的困难。我可一次都没考砸过！事实上，如果我拿个第二名的成绩单回家（一共有过两次这种情形），我家人就会觉得糟了，肯定是发生了什么事情——要么是他们没注意到我考试期间生病了；要么是我开始偷偷谈恋爱了！后面这个猜想，竟然让我母亲和嫂子立刻把我带去了计划生育门诊进行检查——这个猜想随后被否定了。所以，我是满怀着兴奋和期待去上大学的，却被告知需要注册"附加课程"，而且只有我一个人需要这么做。请想象一下我那种难以相信和备受打击的感觉。我被"指导"着，注册了一个五年制的课程，而另外30个和我一起去行政大楼的女孩，都是正常的四年制！作为一个只有17岁，并且一直过着寄宿学校那种封闭式生活的女孩，我那时并没有足够的知识和能力去分析和理解自己遇到的情况。或许正是因为我成长的环境尤为宽松，所以我才对那种不加掩饰的歧视行为毫无觉察。要特别一提的是，跟我同班的其他女生都是白人，我是唯一一个黑人非洲学生。难道我的整个大学生涯就这样了，和系里其他的黑人学生一起打卡各种附加课程？我立刻去询问那位让我选修附加课的白人女士（G女士，后来才知道她被任命为我们系的指导老师），为什么我要注册这些额外的课程，而其他女生却不需要。那个时候，我满脑子都是"家里打死也交不起多一年的学费了，而且他们事先完全没有思想准备！"我的问题似乎造成了G女士明显的不适，她笑了笑，看着我说："你上这个学，就是需要辅导，这些附加课能帮你把学习搞好。"所以，这明显是为了我好，我默默地想。但我依然很担心多出来的学费，所以就算这个事是为了我好，我还是又问了句："但是您怎么知道我需要辅导，而其他女生就不需要呢？是不是我的入学成绩没有她们高？"于是G女士，直到这时，才烦躁地调来了我的入学成绩明细报告。她仔仔细细地审查了我的成绩单，眼睛都快贴到上面了。很快，她的脸色变了，这说明她的不适感又上升了一级，或者，她可能觉得有点尴尬，不好意思地说：

噢？！你为"联合预科委员会"写文章呢？而且写得还不错？那我就安排你注册正常的四年制课程吧。但是，前提是你得保证每周到我办公室来汇报学习情况，我要确保你能跟得上。因为这个专业有难度，一旦我发现你学业上有困难，就还要调整你去上附加课程——你需要学业上的辅导才能保证通过。

那时我产生了一些感受和想法，但因为年龄的关系，当时我尚且无法理解

我不理解发生的事情，也不知道其中隐含了什么。我只是觉得很轻松，不用打电话回家告诉他们我得多上一年大学，他们得多交一年学费了。这就是我踏入高等教育界的开端。回头再看，这也是我初次见识到高校残酷的种族政治，而这也将构成我在这所大学学术生涯的重要部分。这件事说明，在白人学界眼里，黑人学生就是学习差、能力弱，而判断的依据就是他们的肤色。这件事还说明，在提供辅导的假象之下，掩藏的是歧视行为，其实是对黑人学生的一种模式化认知。而这些政策上设置出的明显障碍，就是用来让黑人学生"有来路"却"没出路"。这个专门针对黑人学生的辅导课，到底会为他们带来什么样的经济、情感和心理问题，没人关心。假如17岁那年的我，并未就这种待遇多问几句，那么我也会仅仅因为肤色而别无其他原因，就去上了那个辅导班。

这个"欢迎日"接下来是漫长的四年。在那四年里，我一直觉得孤独、异类、边缘化、无法发出声音，等等——这些感觉从一开始就因为G女士每周一次的"辅导"而变得更加严重。我每次都会按规定准时去见她，她每次都会问我同样的问题："你还能跟得上吗？""你觉得自己学习吃力吗？要不要转到附加课程那边？"我每次的回答都一样。我学习还可以，不想去上附加课程。她会检查我所有的考试成绩，然后说："好吧，目前为止考试都过了。你要是觉得学习吃力，就告诉我。"然后我们会确定第二周见面的时间。整个第一学期一直如此。六月份的考试结果公布出来以后，我就可以估计出自己在所有同学中的位置了。又一次，我很惊讶地发现，我的所有课程总评成绩处于全班中上水平，但是却只有我一个人需要每周去跟G女士见面。第二学期第一次跟G女士见面，也是最后一次了，因为我问了一个跟之前类似的问题："G女士，为什么那些成绩比我差的女生反倒不需要每周来跟您汇报？"她低声咕哝了些什么，我记不清了，但我记得她说："你第一学期表现得不错，所以你也不用再来汇报了。"

那时我产生了一些感受和想法，对此，我迄今依然无法理解

又一次，我不太明白一直都在发生些什么，以及已经发生了什么。我只是很高兴、很轻松，不用再跟G女士预约见面了，因为我的时间本来都已经排得很满了。每周一次的见面不仅一直提醒着我，我是全系的异类，还持续地带给我焦虑感，更为我紧张的时间安排造成了很大的压力。事实上，这就是我与这样一个不包容的体制文化残酷的相遇方式。这种文化是当年所有大学生的亲身经历——最近几个月里，我交谈过的许多黑人大学生和黑人学者，迄今都依然感同身受。他们已经预设了你会在学术领域失败，无需任何证据来支持这一预设，而你实际上受到的待遇也酝酿着你的失败而不是成功，这也是学界少有黑人学生留下来成为学者——就算成了学者也难以晋升教授的原因之一。这种对黑人失败的预判，深刻地根植于学界对待黑人群体的态度和方式当中。

本科毕业："祝贺你，卡蒂亚！我们为你感到骄傲"

21岁，在经历了人生中尤为漫长、孤独和孤立无援的四年学习生活之后，我迫不及待地想要永远离开那里。我们系的黑人学生比例极小，我们班就只有我一个。在那四年里，我的亲身体验就像是一只墙上的苍蝇——存在，又不存在，观察着但是并无法像其他属于这里的人一样真正地参与，一直小心翼翼地不去触碰或打破任何东西，以防我的存在被注意到然后被消灭。在这个地方，我的语言、我的文化、我的存在本身在课程设置上95%都是不可见的。我见到黑人的主要场所是在门诊课上，因为大多数时候，不会讲英语的黑人病人都会分配给我；分配给我的白人病人很可能在预约时间到来之前，发现我是个黑人，就已经向门诊负责人抗议，然后就临时调整了。帕姆拉·古可拉（Pumla Gqola）在《倾听我们的声音》中写道："除了极少数的例外情况，我很难在开普敦大学人文类的课表上找到自我认同，在这所大学，我只能在课程材料的只言片语中找到自己"（2004：28）。门诊是我整整一学年、每个工作日、每天平均10小时要待着的地方——而且，有时节假日也在那里度过，因为繁忙的日程还要求许多小时的额外门诊培训时间。在一个有关表达和语言障碍的培养项目中，我是全系唯一一个会讲非洲语言的黑人学生，所以我的门诊工作，常常包括花大量时间为其他白人学生做翻译和口译——如今回头看，我的这项技能是应该得到加分的，然而并没有。或许我没有得到加分，是因为我只是像传统白人对一个黑人女性所期待的那样，"服侍"他们？也可能是因为在南非，一个黑人有多语技能并不被看作是一个长项，而一个白人会讲英语、南非荷兰语、法语之类，那就是长项了？这个地方本应比我本身的家更有"家"的感觉，然而实在是没有。这个地方用尽了一切可能的、可以想到的方式来排斥我，甚至连把我当成一个普通个体来对待的基本标准都没有达到。这个地方仅仅是一个学习的物理空间，绝谈不上是一个会"带来安全和幸福的环境"、一个"避难所般的重要场所"，也称不上是一个

"可以属于自己的地方",一个让我觉得"有归属"的地方。那个时候做不到、称不上,今天依然如此。它不让我有权"进入这个领域、成为它的一分子,不仅能成就事业,更能为这个可持续的、密切联系又相互依存的社群贡献一份力量"。[3]

我确切地知道,一旦我离开这所大学,将永远不会回来,任何原因都不会。所以,那天,我们在校的最后一天,对我而言显得格外令人兴奋又胆战心惊。这天,我们的最终考试成绩将在系里的布告栏张贴,决定我们能否能顺利毕业。我人生中从未有过考试挂科的记录,我知道这次也不会,所以比较自信会通过所有考试。然而,这次考试成绩给我的压力还是非常大,因为这将最终把我和我的家人从贫穷中解救出来。我是否通过考试对我弟弟上学也有着重要的潜在意义,因为他是我的责任,而我则是哥哥姐姐们的责任——这就是现在人们所说的"黑人税"。

作为我们家和整个家族唯一上过大学的人,我身上承载的不仅是自己的愿望和抱负,还有整个家族和乡亲们的期望——尤其是 omama besililo(埋葬协会的妇女们,她们知道我妈妈辛苦,所以帮忙为我准备了上学住宿吃的干粮。她们也已经开始借用我在大学学到的知识帮着自己和家人解决一些生活里的问题——例如,让我帮他们填一些表格,填报各类申请,陪他们去银行和市政办公室办事,因为去那里办事需要有流畅的英语读写能力,诸如此类)。作为班上唯一的黑人学生,我感觉自己的专业似乎是专为白人而设的(或者是只欢迎白人,这是我在咨询时得到的回答)。所以,我上这个学还有这方面的责任。但是,这种社会责任对我而言也不陌生。每到一处,我都知道我不只代表自己,还代表我的家庭、我的社群甚至是我的种族。学界对一个黑人学生身上承载的这种额外压力全然无视,不管不顾,这不仅证明了他们白人优先的理念,而且也违反了他们所声称的培育栋梁的目标——如果这是他们真实的目标的话。

最后那天,每个人去查成绩时都带了直尺,用来在自己的名字和成绩之间连线,确保找到的成绩是自己的,而不会看差(那个时候,成绩都展示在一张纸上)。一个接一个地,同学们都发出了欢呼的尖叫声。每次一个人查完自己的成绩,就会站到一旁,给下一个同学让出位置,其他人则会在旁边观察并互相祝贺。终于轮到我了。我查了成绩。我成功了!我的天!我也全都通过了!就在那个时候,一位白人教授来到了成绩公布栏那边,用响亮又骄傲的声音,清楚地对我说:"祝贺你,卡蒂亚!我们为你感到骄傲！！"很快，在我还没反应过来的时候，一个白人女孩问："我们都通过了，为什么您只祝贺她一个人？"沉默。沉默了大约一分钟，但感觉时间好长好长好长。我不记得教授是怎么回答的了。我不认为这个问题他回答得了。

那时我产生了一些感受和想法，那种感觉很熟悉了，但我依然无法清晰地表达出来

我觉得当时选择沉默，是因为直接回应这种公然的种族主义行为实在是太累了。那位教授的意思是，"祝贺你，卡蒂亚（我们唯一的黑人学生）！整个系都为你感到骄傲，因为我们没想到，你能从这样一个白人专业按时毕业——！！！"我所取得的成绩在那个系是对白色人种的一种扰乱，我的表现不符合他们对一个黑人的预期，所以，才有了那位教授对我的伪赞扬。

博士入学："硕士阶段你表现不错！你确定要读博吗？"

2000年拿到硕士学位之后，我在约翰内斯堡的夏洛特·麦特斯特医院做门诊医生。几年后，我决定攻读听觉学博士学位。做这个决定是因为我非常喜欢硕士期间做研究的那部分工作，通常都是通过课程作业和研究报告来完成的。有一次，我去参加研究生课题讨论会，一位我当时想选她做博导的白人教授问我，"硕士阶段你表现不错！你确定要读博吗？你是个很棒的临床医生！你知道，我们行业非常需要好的临床医生……不是每个人都是做研究的材料。"这位白人教授是当时系里唯一一位拥有博士学位，而且可以指导博士生的人，她说出这样的话，对我来说是打击性的。我知道，当时选择博导并没有多大的余地，因为我硕士阶段的导师（研究领域不是听觉学）也已经表达过，她觉得指导不了我博士阶段的学习。我也千真万确地知道，那位我本来想申请的白人教授对我说了那样的话，我也不可能指望她来做我的导师。为什么就不能相信我拿到硕士学位之后，又打算攻读博士学位是一个深思熟虑的决定呢？为什么就只问我这种问题，而不问其他人呢（都是白人）？如果我是个好的临床医生，那为什么我——而且只有我——不能既是一个好的临床医生又是一个好的科研工作者呢？

第四章 智识与情感中毒：无药可解的现状

我是这个国家最早一批，可能不是最早一个，拿到听觉学硕士学位的黑人学生，为什么这件事无人欣喜、无人鼓励？我确定我是第一个报考本专业博士的黑人，而为什么这个时候就有人开始积极地对此进行打击？如果不是出于内在的驱动力，我不会这么做的。而且，如果不是这么习惯了被排斥的感觉，我就会选择另一所大学去读博了——而我也确实考虑过这么做。那位教授对我说的话，基本是如下的意思：

你到底是怎么拿到硕士学位的？你以为你是谁呀，还想读博？这个国家从没有黑人读过这个专业的博士。该干啥干啥去，安分点！

那时我产生了一些感受和想法，这种感觉格外熟悉，而这次我清楚地知道了这种感受和想法是什么

尽管我在早期读大学的时候，可能就已经持这种立场了，但这是我第一次清楚地记得，我告诉自己，"我要让你们看看，我可以做到，而且我会做得很好；我要证明，像我一样的人也可以做到，而且会做得很好。"我叛逆、不服输、越挫越勇又颇为激进的个性，让我再次回到了我读本科时的大学，虽然毕业的时候我发誓再也不回来了。而这一次，我决意要证明："我不会就这么让你们赢了！我不会让自己的光芒暗淡，而让你们的光芒闪耀。"这也是莫特拉勒普尔·内森（Motlalepule Nathane）在她名为"悬空而坐：一位非洲黑人女性在学术界生存与归属的斗争"那篇文章中表达的立场。

虽然我的硕士导师尽其所能地指导我走过了一个尤为艰难的博士阶段，但其实还是不够——而这并不是她的责任。我用三年半的时间读完了博士，是很不错了，但我的主要数据分析和研究结果诠释部分，都是由一位外审专家来评估的，他给了我很充分而且有建设性的评审意见。虽然这个过程很痛苦，但当时我们学院的领导给了我很重要的精神支持。我最终发现这是件好事，因为评审不仅能帮助我提高研究水平，还同时教会了我怎么指导研究——这是一项我后来当研究生导师会用到的技能。所有这些，当然都发生在另一件让我产生感受和想法的事情之后——这些感受和想法已然是我学术生涯重要拐点的必要组成部分了。在我提交博士毕业论文的那天，那位我原本打算申请的博导在员工室看到了我，然后对我说："卡蒂亚，听说你已经把论文提交了！祝贺啦！不过布丁味道好不好，可能还得吃了才知道，对吧？"她的意思是说："你还真把论文完成了？不可能的！你不可能通过评审的。"对于一个黑人学者而言，不断有人觉得你会失败，没人支持你或者对你的能力和水平有信心，这种现象恒久、牢固，且持续地存在着。

进入大学工作："你的协议上写的受聘职位是讲师，没错吧？这份工作要求很高，你知道的吧……"

事实证明，对于当时还在医院做门诊医生的我而言，读博的过程在经济上和时间上都相当具有挑战性。所以，当我得知学校有空缺职位公开招聘时，便立即抓住机会去申请。我当时正处在为博士论文收集数据的阶段，莫名相信身处学术环境，就会得到学术资源，而且会有时间专注于自己的工作，因为博士生的研究工作也算工作量的一部分，而且我还有机会得到我所急需的研究资助。在面试选拔的时候，副系主任和院领导当时就表示，如果我愿意，这份工作就是我的了。他们毫不忌讳地表明，为了转型的需求，他们需要黑人员工，而我，抛开种族不谈，从事这份工作的能力绰绰有余了，我的经历也十分符合，而且这个职位很快就会转成教学岗。我倒没有迫不及待地就接受这份工作，因为我非常喜欢做临床医生，而且卫生医学系已经答应，第二年会给我提供科研资助。很可能这就是为什么当时副系主任打电话给我，说让我去系里做临床带教医生的时候，我毫不犹豫就拒绝了。我告诉他，如果我要回学校工作的话，除非是做讲师。我事先已经了解过了，做讲师其实有硕士学位就够了。他一定是向院领导转达了我的回复，因为几天后，我接到了院领导的电话，说会给我提供一个讲师职位。然而这并不是当初公开招聘的那个职位——是系里专门为我"创设"的，用的是时任校长的平权资助金。要不是当时的院领导——一位黑人女性——认为动用这笔资助金是合理的，那么我也就不会留校了。我也知道，如果不是这笔资助金，许多黑人学者都不会进入学术界。还有一点很重要，那就是我入职后立刻被随意地转到了更低的助教岗位，尽管我完全可以胜任讲师。事实上，当时系里许多没有硕士学位的白人学者都已经是讲师了。这种把有资质的黑人学者派到比白人学者更低的职称岗位去工作的做法，当时在全国范围内都能见到。凯齐亚·巴蒂塞（Kezia Batisai）在为本书所写的名为"既是黑人又是外国人：南非学术界的异类"的文章，就讲述了类似的经历。这种把黑人职位降低的做法，跟种族隔离主义背后的观念如出一辙，正如亨德里克·维尔沃尔德（Hendrik Verwoerd）那句臭名昭著的言论，说黑人都是"挑水砍柴的料"，而不去管这个人有什么能力和抱负。

那时我对这件事产生了一些感受和想法，那是一种强烈的愤怒感和绝望感

2006年3月16日，我第一天作为学术界的员工开始上班，见到的第一个人是系领导。学院什么办公条件都没有为我准备，此外，这位领导好像压根不知道这是我入职的第一天——而且她还大言不惭地承认了这一点。没人欢迎我，没人为我准备办公室，更别提办公用品、桌子、电脑之类的了。在跟系领导见面的前几分钟里，我感觉她好像花了好几个小时，满桌子翻我的就业协议，因为她不记得我签的是哪个职位了（请别忘了，副系主任是当时的面试官之一——这两位是搭档，一位当然会告诉另一位面试的是什么职位呀！）。她终于在一堆纸下面翻出了我的就业协议，很快浏览了一遍，同时变得很震惊，一副完全被恶心到的样子：

> 你的协议上写的受聘职位是讲师，没错吧？这份工作要求很高，你知道的吧？很多人试用期都过不了。你要是愿意的话，我可以帮你调整到助教岗位，这样你就能达到使用标准了。

这些话的意思是："谁会聘你做讲师啊？你一个黑人，无论如何都不可能达到讲师工作的要求。你要想继续保住这里的工作，唯一的办法就是去当助教。"

这些再熟悉不过的感受和想法已经成为我在学术界亲身经历的一部分，它们如潮水般涌了上来。我一直学着忍受这些感受和想法——在心理咨询的帮助下，外加服用抗抑郁药物，每日一次20mg的帕罗西汀（Paxil）以及必要时每日两次5mg的尔巴诺（Urbanol）。

这些感受和想法成为我在学术界奋斗和取得成绩的定义性特征。作为一个黑人学者，别人就指望着你会失败，所以你需要被辅导，你会被"辅导"到不那么难的工作岗位上去，你会被引导着远离那些知识分子们会从事的活动。入职一年之后，我不知不觉、非正式、非官方地干起了副系主任的工作。在被新任院领导问及我在系里的具体职务时，当时的系主任说："我还没给她正式任命，想让她先历练历练。"这里的意思是："我不想让她当副系主任，因为我觉得她不能胜任。"尽管他们交给你某些通常不会交给黑人的职责，但这是非官方的，因为你还需要向权力方证明你自己的能力——而我并不认为这样的做法是针对所有学者的。当时，我是听觉学系唯一的黑人女性，也是唯一拥有硕士学位的人。

我被任命为系主任这件事，让我的职业道路向前迈进了一步。因为原来的系主任卸任了，业务即刻需要有人接管。在我被任命为新的系主任之前，这位前系主任还召集了员工会议来反对对我的任命。他是这么说的：

> 我反对任命她是为了她好……我很担心她……她还年轻，应该好好经营自己刚刚成立的家庭，管理工作会影响她的学术发展……她会没有时间发表论文……而且她原来又是这个系的学生，等等，等等……

在这次会上，一位黑人教工问那位系领导：

> 之前的所有系主任都是年纪轻轻就坐上了这个位子。除了您，其他人都没有博士学位，而卡蒂亚还有博士学位。所有人，包括您自己，以前也是这个系的学生，可为什么他们当系主任您就没意见？我看到的唯一区别，就是种族。您是不是因为卡蒂亚的种族背景才反对她当系主任呢？

听说接下来首先是沉默，然后就是前言不搭后语地否认。最后，会议以他们放弃阻止我任职而收尾。他们在这里表达的假担心，其实就是"这个系不能让一个黑人来管理"。

我的系主任工作十分具有挑战性，好在我有一位非常支持我的院领导，他让这份工作不仅愉快充实，而且富有成果。我所说的这位院领导是一个决意推行变革的人，在工作中任人唯贤（对每个人都一样，不论种族）。他对我说过："作为一个管理者，如果一个人来你的单位工作，到离开时还在同一个岗位，这是你的失职。"这句话成为我后来领导工作和导师工作的座右铭。和这位院领导共事的那段时间，是唯一让我对自己作为

第四章 智识与情感中毒：无药可解的现状

一名黑人女性在学术界的作为和前途抱有希望的一段时间。也是我在学术界那么久以来，唯一觉得被看见和被听见的一段时间。然而，那种归属感也随着他任期满后，调任别的大学更高的职位而结束。在新的院领导上任一年以后，我辞去了系领导职务，而其实是蓄意解雇。

这时候我已经完全理解自己的感受和想法了。我十分清楚它们是什么、有什么意义、起源于哪里。我给这些感受和想法下了一个定义，那就是智识中毒。

这些感受和想法被很多人打上了标签（其中许多人就是引发并恶化中毒的主要因素）——他们说我是一个愤怒的黑人女性，一个过度敏感和暴躁的人，等等。很快，我学会了接纳这些标签，因为我意识到，这就是他们用来对我进行消声的工具，是白人当权者试图让我在学术界的声音和影响消失的工具。他们用这些标签对我进行欺压，试图让我闭嘴，让我自己走进他们给我预设好的黑匣子和死胡同——让我隐形。格雷丝·穆西拉（Grace Musila）在本书《以黑人的身份思考》一章中探索了这个问题，她写道："我们并不只是代表怒火、反抗和挫败。"她还发问道："我们怎样培养黑人主张？我们怎样才能创造出一种健康的、有尊严的黑人特质，因为这是一个黑人需要批准才能说话的世界，黑人都要表现得乖乖的，在白人周围踮起脚尖，小心翼翼？"

因为我所有的学术成绩都是在这种智识中毒的情况下取得的，所以我觉得我之所以那么在意拿到驾照所带来的成就感，正是因为这件事与学术界毫无瓜葛。这件事与我作为一名黑人女性，在这个国家的学术界拼命争取归属却不断被排斥的经历毫无关联。在我25年的高校生涯中，除了有短短的5年时间，我尝到了一些归属的滋味，大部分的时间里，我感受到的都是排斥。

结语和建议

分享我的故事，是希望突显如下的重要事实，即南非的黑人学者（例如我自己）对学术界有着难以抑制的渴求。尽管面对那么大的挑战，他们依然取得了成功。他们一直以来都是被逼无奈的受害者，又或者是在那种有毒的环境下，成了加害者的同谋犯。从我踏入学术界的第一天起，我就感受到了美籍非裔作家内莉·麦凯（Nellie McKay）所写的："在学术界当一名黑人（和女性）尤其让人有挫败感，因为没人打算让我们从事这份职业。我们只能待在指定给我们的地方。"（Guy-Sheftall 1995：451）要想觉得学术界也属于我们，要想在学术界获得渴望已久的归属感，我们需要讲出自己的故事，不带畏惧，不求偏爱。特别是在南非学界黑人女性人数极少、缺乏代表、在专业层面几乎隐身的情况下，我们需要这么做。这种缺乏代表的情况，不仅体现在她们无法在课程设置和科研工作方面表达意见，而且还意味着她们没有机会去发表自己的观点和发挥自己的影响力，进而为这一群体的境遇谋求改变。这一小撮黑人女性学者，她们想要发挥个人的主观能动性尤为艰难，因为她们面临的风险要大得多。当大众缺乏批判性，那些本该突破女性升职障碍的人，会被迫变得畏惧风险，背叛理想，只求自保。如果我们不分享自己的故事，马丁·路德·金（Martin Luther King）在杰西·斯特拉托（Jesse Stellato）《不以我们之名：美国1846至今的反战演说》（*Notin Our Name*：*American Antiwar Speeches* 1846 *to the Present*）中所说的话将会成为我们这一代人，以及后代人不争的现实："如果我们不行动，将注定被拖进漫长、黑暗和耻辱的时间长廊，在那里，人们拥有权力但没有同情心、拥有威力但没有道德感、拥有气力但是没长远观。"如果我们屈服于那些显而易见又厚颜无耻的行径，无论是通过给我们打上愤怒的黑人女性标签，说我们易怒、过度敏感来让我们闭嘴，还是通过欺负我们，逼我们离开学术界，我们都不能屈服，否则，"光荣"将永远也不会到来，而只是停留在约翰·莱珍德和科蒙（John Legend & Common）那首名为《光荣》（*Glory*）的奥斯卡获奖歌曲而已。更严重的是，如果我们无法通过发表的方式来留存我们所知的事情——或者仅仅是被局限在发表符合特定思想内容的框框里（对此我已变得非常慎重），那么在这一代人的学术图谱中，将无法留下我们这些人的印记。

我认为我所分享的这些经历在如下几个方面构成转型动力的重要因素：

- 需要真实地承认，我们在白人优先、种族主义和缺乏转型方面存在着严重的不足和问题。学术界需要认识到，在应对种族隔离主义遗毒的问题上，我们有着不容推卸的责任，并且应该积极采取措施。

第四章 智识与情感中毒：无药可解的现状

- 需要承认种族主义和父权制是殖民主义和种族隔离制度的重要特征，这些依然在国家范围内深深地影响着学术成员的社会构成。
- 需要在本科层面和研究生层面更加积极地招收黑人学生。
- 需要创造具有包容度的体制文化，让**每一个人**都有归属感，拥有发展的空间。
- 如果要调整员工构成，需要在人才管理方面，尤其是拥有硕士以上学历的人才管理方面，奉行"培育栋梁"的初心。员工构成上需要体现出更显著和更高的黑人和女性员工比例。
- 如果要员工产出、人才稳定和职业发展有所保障，需要为黑人员工提供导师带领制和职业晋升路径。
- 需要严格监控转型障碍（体制文化、体制政策、推行种族主义的行为，等等），要在发现的早期就采取切实可行的干预政策。

在思考高等教育机构中这种中毒现象的应对策略时，大学管理方应该在机构评估之外和之上，认真对其学术人员进行风险利益比的评估。如果在他们的员工评估中，有人推行并坚持在体制中制造这种中毒现象（起到的作用其实是阻碍转型），那么，就应该认真衡量这类人员能够带来的利益和他们所带来风险的比重。跟应对耳毒症的情况一样，没有一种药物是完全没有风险的，这也是为什么食物和药品管理局愿意接受致命疾病（例如，艾滋病毒传染）的治疗药物具有严重的副作用。那么同样的道理，我们也可以说，这世界上不存在完美的学者。然而，一旦一种药物的毒性已经确定，其副作用也已记录在案（例如，这种药物会引起死亡、危及生命、需要立即收院治疗或长期住院治疗、会造成长期或者严重的残疾/能力丧失，等等），那么明确无误的干预策略也必须要予以实施。

有人或许会问，上述种种药物中毒的副作用，是否适用于我所假设的智识与情感中毒。许多黑人学者都曾根据他们在学术界受到排斥的经历，描述了相似的症状，包括校内外的学者。最近有人问我，是如何在学术界存活下来的——问我为什么在学术界待了这么久——我的回答是，"我已经死过一百万次了"。我一直觉得我在学术界的存在，每一天都受到威胁，我需要药物和心理治疗来缓解压力、焦虑、反胃、失眠、经常性头痛、惊恐发作，等等——而这些症状都是由我所处的有毒环境引发的。我经常在工作中感到一种彻底的无力和无能，原因就是我身处的学术界一直在对我的存在本身进行着残酷的攻击。这种感受和经历是我认识的许多黑人学者，尤其是黑人女性学者所共有的。

在药物中毒的情况下，一旦负面效果确认，则需要立即分析相关的可能性方案。此时需要确定并列出应对药物中毒的所有相应操作，还要描述每个方案的优点和缺点以及可能造成的后果（效果分析）——此时还需提出对所选方案后果的监督和评估方法（FDA 2013）。同理，高校的管理在遇到类似的中毒人群以及有毒环境时，也应采取相同策略。我们不得不承认，很显然，同所有的利益风险比评估一样，这些举措会受到许多因素的影响。例如，在药物中毒中（CIOMS Working Group IV 1998），包括像经济因素、医疗问题性质、药物使用说明、接受治疗的人群、有利害关系的人等此类因素都会包含在内。同样，传统上，在进行智识与情感中毒的利益风险比评估时，也要考量国家的劳动法规因素。对这些影响因素进行细致的考量，将会十分有助于创建一个关注边缘群体需求的学术环境。

基于上述的环境适切因素，做出相应的利益风险比评估之后，如果大学的管理方还是不果断采取措施，那么我只能认为，校方可以被看作是学界谋杀黑人学者的同案犯。在药物中毒的情况下，有一种叫作"维持现状法"的方案（CIOMS Working Group IV 1998），这是可行的方案之一。然而，该方案只有在所用药物十分安全的情况下才可以采用。正如媒体所曝光的那样，当下的高等教育界由于转型和去殖民化而处在一种躁乱的环境之中，在这种情况下，维持现状法则应被彻底从备选方案中去掉。不幸的是，是否做此选择，恰恰取决于造成中毒的那些人——我的情况就是如此。原有的规定都是引发中毒的根结，所以如果不大力度地来根除之前的规定，那么维持现状就成了，而且会一直是默认的做法。

另一个从药物中毒情况借鉴来的中毒应对方案是"观察等待法"。这种方法用于需要监控中毒个体后续情况的案例（CIOMS Working Group IV 1998；Khoza-Shangase 2017），通常都是因为现有证据不足或需要进一步的数据收集才能采取措施。同样地，我认为智识与情感中毒的情况也不该考虑此方案。证据太充足了。我们的国家在实行民主制24年后，学术界转型缺失，对黑人学者的吸纳和融合极度匮乏，这些都是人尽皆知的事实。

如果说上述两种方案都不适用学术界的话，那么剩下的，就只有那些大力度的方案：直接对体制本身或体制功能进行修订，包括限制毒素的存在（例如，开除反对转型的员工），同时要在体制内推行以鼓励学术人群多样化为主题的培训活动。

根据我的亲身经历，如果智识与情感中毒无法被治愈，那么南非的高等教育界将继续鼓励并且纵容那种由来已久的强势话语，这将无法代表所有南非人（而且这样一来，将会更加有针对性地排斥黑人）。在课程设置、权力共享和空间共享等方面，黑人将继续感到被排斥，研究计划和研究产出将继续无法表达自我的真实想法和世界观（而主流的认识论和本体论与我们的又相去甚远）。现有的体制文化将继续影响学生们的学习、进步和成功（与此同时异化黑人学者）。而且，学界这种缺乏新生代学者，尤其是缺乏黑人女性学者的现状也将继续。如果说智识与情感中毒无法被治愈，那么预防就是至关重要的——同时应该对已确诊的中毒症状进行积极的干预。

在预防当中，早期的确认和干预对于有效应对智识与情感中毒至关重要。这包括确定已表现出的中毒症状及其监控手段，确保后续的干预都会有效。然而，为了日后的预防，需要找出引发中毒的因素，并且详细列出相关的风险人群、风险因素，以及风险环境。在风险人群之中，黑人、黑人女性和普通女性恐怕是学术界的高危人群。风险因素包括年龄（尤其是前述人群中的年轻学者）、个体对毒性的敏感程度（应对能力和抗压力，等），是否日复一日地长期接触有毒物质。最后一种情况应该被看作需要首先干预的。最后，风险环境体现在学术界的体制文化、制度支持、规定和政策等。这些也应成为初步干预的主要对象。

管理方拥有强烈的政治意愿非常关键。公开表达了转型的迫切性却不作为的管理作风应该被谴责。顶层管理者就转型而进行的种种令人厌倦的公开辩论必须停止！设立几个转型工作办公室、发表几条使命宣言就万事大吉的做法，大可以被看作管理方的拖延策略。白人至上主义一旦被确认，就应被抵制和消解，取而代之的应该是新的权力结构和体制文化，能够反映出包容共处以及有错必改的精神。高等教育界一再保护和强化白人利益和立场的时代必须结束，需要立即这么做——因为继承了"前1994"风气、对黑人学者加以排斥的学术界，仍然有那么一群人致力于阻碍黑人学者的成功，而这世界上已经没有什么能够阻挡南非黑人学者对这些不公即将爆发的集体反抗。这世界上也没有什么能够镇压雨果·肯纳姆（Canham 2017）所提出的"黑人怒火的迸发力"（the generative potential of Blackrage）。我的职业是研究言语—语言/交流病理，在我的行业领域，现有的状况持续表现出严重的伦理和临床特征（受全球健康状况数据支持），也就是说，弱势群体的健康状况比优势群体要差（Flood & Rohloff 2018）。研究者们认为，采用病患的语言所设计和制定出的健康方案，往往更为有效。我认为，在我的行业领域，如果不考虑本文提出的情感和智识因素，那么对语言障碍进行的实际诊断和治疗则不可能在伦理上站得住脚，也不可能准确地实施。

致　谢

#我是温妮·麦迪基泽拉·曼德拉（I am Winnie Madikizela Mandela）
#她没有死去，她生生不息（She Did Not Die, She Multiplied）

注　释

1. 邦加尼·恩科西："转型的"把戏"（"trickery" in transformation），《邮卫报》（Mailand Guardian）2015 年 3 月 6 日。网站访问时间：2016 年 11 月，http：//mg. co. za/article/2015-03-06-brazen-trickery-in-transformation.

2. 辛娜·奥康奈尔："开普敦大学向一年级学生隐瞒的事情"（What UTC's not telling their first-years），《开普艾格斯报》（Cape Argus）2015 年 1 月 15 日。网站访问时间：2015 年 12 月，http：//www. iol. co. za/capeargus/what-uct-s-not-telling-their-first-years-1. 1806441#. Vly41a9O7DA.

3. 珀特·霍奇金（Perter Hocking），布朗大学，为回应"企业服务国家"座右铭而写的文章《成事》（Getting Things Done）。网站访问时间：2017 年 3 月 20 日，https：//dept. washington. edu/ccph/pdf_files/CES%20Quotes. pdf.

参考文献

Campbell, K. C. M. （2007） *Pharmacology and ototoxicity for audiolo-*

gists. Clifton Park: Thomson/ Delmar Learning.

Canham, H. (2017) Embodied black rage. *Du Bois Review: Social Science Research on Race*, 14 (2): 427 – 445.

CIOMS Working Group IV (1998) Benefit-risk balance for marketed drugs: Evaluating safety signals. Accessed November 2016, http://www.cioms.ch/publications/g4-benefit-risk.pdf.

FDA (Food and Drug Administration) (2013) Draft PDUFA V implementation plan: Structured approach to benefit-risk assessment in drug regulatory decision-making. Accessed November 2016, http://www.fda.gov/downloads/ForIndustry/UserFees/ PrescriptionDrugUserFee/UCM329758.pdf.

Flood, D. & Rohloff, P. (2018) Indigenous languages and global health: Comment. *The Lancet.* 6 (2): e134 – 135.

Ghossaini, S. N. & Wazen, J. J. (2006) An update on the surgical treatment of Ménière's diseases. *Journal of the American Academy of Audiology.* 17: 38 – 44.

Gqola, P. D. (2004) Language and power, languages of power: A black woman's journey through three South African universities. In R. Mabokela & Z. Magubane (Eds) *Hear our voices: Race, gender and the status of black South African women in the academy.* Pretoria: University of South Africa Press.

Guy-Sheftall, B. (1995) *Words of fire: An anthology of African-American feminist thought.* New York: The New Press.

HESA (2014) South African higher education in the 20th year of democracy: Context, achievements, and key challenges. HESA presentation to the Portfolio Committee on Higher Education and Training.

Khoza-Shangase, K. (2010) Is there a need for ototoxicity monitoring in patients with HIV/AIDS? *African Journal of Pharmacy and Pharmacology.* 4 (9): 574 – 579.

Khoza-Shangase, K. (2013) Ototoxicity in tuberculosis treatment in South Africa: Views from healthcare workers involved in the management of TB. *African Journal of Pharmacy and Pharmacology.* 7 (30): 2141 – 2145.

Khoza-Shangase, K. (2017) Risk vs benefit: Who assesses this in the management of patients on ototoxic drugs? *Journal of Pharmacy and BioAllied Sci-*

ences. 9 (3): 171 – 177.

Magubane, Z. (2004) Introduction. In R. Mabokela & Z. Magubane (Eds) *Hear our voices: Race, gender and the status of black South African women in the academy*. Pretoria: University of South Africa Press.

Mignolo, W. D. (2009) Epistemic disobedience, independent thought and decolonial freedom. *Theory, Culture & Society*. 26 (7/8): 1 – 23.

Molefe, T. O. (2012) *Black anger, white obliviousness*. Johannesburg: Mampoer Shorts.

Seabi, M. J., Seedat, J., Khoza-Shangase, K. & Sullivan, L. (2014) Experiences of university students regarding transformation in South Africa. *International Journal of Educational Management*. 28 (1): 66 – 81.

Soudien et al. (2008) *Report of the Ministerial Committee on transformation and social cohesion and the elimination of discrimination in public higher education institutions*. Accessed April 2015, https://www.cput.ac.za/storage/services/transformation/ministerial_ report_ transformation_ social_ cohesion. pdf.

Stellato, J. (2012) *Not in our name: American antiwar speeches 1846 to the present*. Pennsylvania: Penn State Press.

第五章

以黑人的身份思考

格雷丝·穆西拉

一

2015年6月的时候,我跟一位年轻的黑人学者在社交媒体上进行了一段颇为不易的对话。这位年轻学者当时问我的问题,至今我还在寻找答案。下面是我们两人对话的一部分,也是我仍在寻找答案的部分:

朋友:您好,格雷丝,我想问您一个比较私人的问题——在这样一个以白人和男性为主的学术空间里,您是怎么自处的呢?

我:这个问题不好回答。我真希望自己有一个现成的说法。说实话?其实我还在寻找答案,同时也在寻找力量(听我的同事们说,他们也和我一样)。"奥普拉式"(Oprah)的正能量答案?在策略外交和忠于自我信念之间寻找平衡。策略,是因为我们还是学术界的客人,有客人的优待,但这也意味着优待随时会被收走。所以,就算你很激进,也要防备着,因为体制可能以此作为对付你的把柄,这样一来对谁都没有好处——不论是你自己还是所有黑人。后半部分,信念,是因为这条路很难走,只有你知道自己想要什么,才能坚持走下去。也就是说,要知道做一名黑人和做一名女性意味着什么,无论个体之间差异如何,黑人和女性整体的境遇仍有待提高。如果你明白了自己的想法,就会搞清楚哪些事不能退让,哪些事不能妥协,因为这种妥协会磨灭你的精气神。一旦你找到了这种平衡,再慢慢学着去智慧地展开斗争——但并不是所有斗争都有必要。有些斗争可能是没有任何意义的浪费精力和自我放任，而另外一些斗争则需要进行到底，哪怕你知道自己会失败，因为这样的斗争让你更明白利害所在、让你明白哪些事你不会轻易退让。我想，我对自己的答案作了这么冗长的注解，其实是在说：我也还在想，该怎么办……

这个问题自2015年以来一直跟随着我。我的这位朋友在问这个问题的时候，其实是同时问出了好多问题。她在问：我们黑人女性学者是如何在南非学术界——从广义上讲，全球学术界——生存的呢？她在问：如果一个环境给黑人加上了——套用让-保罗·萨特和弗朗茨·法农（Jean-Paul Sartre & Frantz Fanon 2000）的用词——"欲加之罪"（overdetermined from without），那么我们要怎样在这种环境中发展、接纳以及培养自己。她所暗示的意思我一直都明白，但我还在试图寻找一个合适的说法去把它说出口。她在暗示：我们并不只是代表怒火、反抗和挫败。可是要怎样表达这些东西？我们怎样培养黑人主张？我们怎样才能创造出一种健康的、有尊严的黑人特质，因为这是一个黑人需要批准才能说话的世界，黑人都要表现得乖乖的，在白人周围踮起脚尖，小心翼翼？我们怎样讲出小亨利·路易斯·盖茨（Henry Louis Gates Jr.）的"我一生都是个黑人，是个［女］人，但我开始怀疑，这并不是故事的全部"？（1998：XXVII）。在一个把黑人贬低得只剩愤怒，并顺势以黑人过于脆弱以及黑人毫无底线为说辞，将这种说法合理化的世界里，我们要怎样说到并且做到雨果·肯纳姆（Hugo Canham 2017：6）提出的"黑人怒火的迸发力"？出于自爱？这些问题我也在问自己。目前为止，我能做的只是去解释，为什么在一个黑人占多数的大洲、一个黑人占多数的国家里，黑人学者却会面临这些问题。

我常常对自己说——半开玩笑式的——南非的保险业缺乏一个险种：为在传统的白人大学工作的"黑人同胞"（blackfolk，借用杜波依斯的措辞）保一份灵魂险。黑人的灵魂健康对这个险种是有需求的。但是，在等待保险业开发出这一险种的过程中，我们还得找到各种各样的办法保持神智健全，还要敢于以黑人的身份思考：我们受困于主见的诅咒——我们没有能力看穿表象及其说辞，有色人种都缺乏主见、缺乏人文性，黑人天然就被亚历克斯·阿尔斯顿（Alex Alston 2015）在克古罗·马卡利亚（Keguro Macharia）之后所说的"人类共有的术语"（vernaculars of the human）

排除在外。多文化、多语种和多种族都只是说辞。人人都有尊严也只是说辞。政治正确的说辞永远都有新花样，而这些，往往吞噬掉了许多原本有意义的争论和概念。

跟我的同事们一样，我也为我的灵魂健康尝试了各种思想和精神套餐。我最喜欢的一项就是黑人写作，尤其是黑人离散主义写作。我开始思考我最喜欢的黑人诗人之一保罗·劳伦斯·邓巴（Paul Laurence Dunbar）的一首诗，名叫"我们戴着面具"（*We Wear the Mask*）。这种思考，在一定程度表现了我对这个写作团体的感激之情，因为它滋养了我作为一个黑人的人文意识。《我们带着面具》这首诗，描述了美国历史上黑人处境的致暗时刻，邓巴（Dunbar 1992）这样写道：

> 我们带着会笑会撒谎的面具，
> 它藏起了我们的脸庞、遮住了我们的眼睛——
> 这是我们为人类的阴险而偿还的债务，
> 心在滴血却面带微笑，
> 嘴里说着万种花言巧语。
> 这世界为何如此聪明过头
> 为何要清点我们的泪水和哀叹？
> 不，让他们就这么看待我们吧，可是
> 我们戴着面具。

许多黑人同事都和我一样，深切地了解这些面具。在某种意义上，我的这篇文章——其实是我们这本书里的所有文章——都是要做一件事，那就是卸下这些面具。这些面具无须对黑人读者解释，因为他们知道"成为"黑人是什么意思。

黑人文学对我而言很重要。我一生所钟爱的东西就包括这些作品里的人物。这些人物身上有着赤裸裸的愤怒、胆量、幽默、勇气还有叛逆——有一种"南非主义"（South Africanism）——他们身上这种浓烈的人性气息让我为之欢喜、为之啜泣。其中一个我最喜爱的角色是詹妮·斯塔克斯（Janie Starks），她是佐拉·尼尔·赫斯顿（Zora Neale Hurston）《他们眼望上苍》（*Their Eyes Were Watching God*）一书的主角。我喜欢詹妮的原因太多、太复杂，这里无暇细谈，但她与白色人种之间那种复杂的关系让我联想到自己进入南非学术界,"成为"黑人的这段旅程。詹妮是一个由奶奶带大的孩子——奶奶是南部刚解放的黑奴——她和奶奶住在白人雇主家里。她从小和这家的孙子们一起长大,淘气的时候都一样受罚,也都没少挨罚。詹妮童年时的一件事情让我印象尤为深刻,原文是这样的:

> 俺老是和白人小娃在一块儿,从来不知道自己不是个白人,直到六岁那年。要不是有一天来了个照相的,俺还是不知道呢!那天,男娃里的老大谢尔比(Shelby),谁也没问,就把大家叫着一起去拍照。大概一周以后,照相师傅把照片送到了沃什伯恩太太(Washburn)那儿去领薪水。钱是给了师傅,但我们都被一顿好揍!然后就去看照片,大家都看到一个留着长头发、很黑的小丫头站在埃莉诺(Eleanor)旁边。那是俺站的位置,但俺也认不出那个黑娃娃是俺。所以俺就问:"俺在哪?俺看不见自己。"大伙儿都笑了,连沃什伯恩先生、内莉小姐(Nelie)都笑了。他们指着那个黑娃娃说:"那个就是你呀,奥尔夫贝特(Alphabet),你连自己都认不出来啦?"俺盯着照片老半天,认出了俺的裙子和俺的头发,然后就说:"噢,噢!俺是上了色的!"结果他们笑得更厉害了。不过,在看到照片之前,俺原本以为自己跟他们长得都一样。(Hurston 1986:12)

对于詹妮小时候发现自己是个黑人的经历,我也有着一种复杂的共鸣。虽然她本来就是黑人,但她却是在跟白人的对比中才"成为"黑人的。这个成为黑人的过程,让我想起法农对白人注视下的黑人体验进行的思考。或者,用他的话来说,"黑人不仅必须是黑人,而且黑人必须跟白人对比才算是黑人"(2008:82)。但是,反过来的情况却不同,这一点法农也早就提醒过我们。在《黑皮肤、白面具》(*Black Skin, White Masks*)一书中,法农还提到了黑人的身份已经被先入为主地定性了,而不仅仅是因为在白人的注视之下产生了一个新的黑人——我觉得,在白人看来,不是有了一个新的人,而是有了一个新的物种。为什么呢?怎么是个黑鬼!(Fanon 2008:87)——因为,根据萨特的观点,黑人,和犹太人一样,也已被先入为主地定性了。在发现自己受到的注视已经带上了刻板印象中犹太人或者黑人的特点之后,他们面临的选择十分尴尬:如果认可这种刻板印象,等于让这种思维方式复活;如果积极反抗,又恰恰证明了刻板印象的一部分是有道理的。又或者，按照索尼娅·克鲁克斯（Sonia Kruks）的观点，法农揭示了深植于法国社会集体观念与特例观念之间的那种矛盾关系：

> 犹太人要么融入新的"文明"社会规约（意味着认可自己作为犹太人的特性应该被消除），要么坚持自己的风俗传统（意味着证明了反犹分子所说的话是对的）。(Kruks 1996：116)

在一定意义上，詹妮·斯塔克斯的童年经历，验证了法农提出的"成为黑人"的说法。

虽然，对于法农而言，重要的是找到方法，来消解这种先入为主的定性和随之而来的白人注视对黑人的妖魔化。因为，作为对萨特的回应，他认为：

> 在黑人自己的眼中，黑人意识是固有的。我不会成为谁，我就是完整的自己。我不需要寻找共性……我的黑人意识不会表现出缺失。它在。它就是自己的追随者。（Fanon 2008：103）

这就是法农提出的解决犹太人/黑人困境的方法。这也是法农对萨特思想的回应，而后者采用的是一种黑格尔式的种族主义逻辑。如克鲁克斯所认为的那样，黑人概念"隶属一种特定的话语体系（即，欧洲人对历史目的性的看待方式），最终黑色人种会融入一个不存在种族和阶级的社会"（Kruks 1996：117）。根据萨特的逻辑，克鲁克斯写道："黑人和犹太人的概念都是在带有种族偏见的殖民者/反犹主义者的注视之下被构建的，离开这种注视，这两个概念并没有本体论上的依据。因此，只要消灭了反犹主义和种族主义，这种概念注定要消失。"（Kruks 1996：117）在法农看来，这不过是"另一个版本的西方启蒙运动对人的设想：认为种族概念都是狭隘主义和文明倒退的表现，必须在追求自由的过程中清除掉。［此外］，［萨特所持的］黑格尔哲学也暗中背书了一个欧洲之'我'（注视者）的存在。"（Kruks 1996：118）

萨特、法农和克鲁克斯三人都致力于解决一个问题，那就是找出消除种族差异的方法。尤其是在种族差异出于歧视的时候，原本正常的种族差异或民族文化特性就被妖魔化了，同时带来了隐形的压力，似乎小众文化一定得融入霸权文化，即白人文化不可。在法农看来，种族差异问题靠着黑人融入白人文化这种方案是无法得到解决的，这只是粉饰太平地营造出一个正常的、没有种族歧视的大一统。这种融入霸权白人统一规范的豪言壮语，意味着黑人必定要挣扎着去接受一个假性规范的白人文化，这也是对最近进行的"黑人的命也是命"（Black Lives Matter）运动的一个回应，该运动提出了"所有人的命都是命"（All Lives Matter）口号。同样，作为对美国近期所发生的反对黑人暴力事件的回应，阿尔斯顿（Alston 2015）就黑人是否值尊重的问题表达了十分雄辩的观点，认为关键在于，"尊重与否，取决于将黑人生活方式纳入西方人文理念的可能性，而西方人文理念却是建立在将黑人非人化的基础之上的"。

此外，萨特、法农和克鲁克斯还关注"成为黑人"的问题。或者更具体地讲，是成为黑人的两种方式：其一，在白人的注视下被种族化；其二，固有的黑人意识觉醒，接纳并践行这种意识，哪怕这个世界选择的是前者。我认为，前面讲到的詹妮·斯塔克斯的照相事件，就是她成为黑人的开端——尽管她在小说中的故事是以黑人内部的种族、性别和爱情为主线展开的。我个人踏上南非学术界的旅程以及进入学术界之后的经历，就是在上述的两种方式之间往复纠缠。

二

尽管我从小在黑人社区长大，上的是黑人学校，周遭接触的都是来自整个非洲大陆，乃至全世界的泛非文化和黑人思想。然而，直到我开始在金山大学读研究生，我才"成为"一个非洲人——而直到我搬到斯泰伦博斯大学城，我才"成为"一个黑人。

那么，我说自己那么晚才成为非洲人和黑人是什么意思呢？为什么我读了研究生才成为黑人呢？而之前，我在肯尼亚读高中和本科的时候，也学过历史和文学，也的确知道种族主义、殖民主义、种族隔离、黑人文化认同运动以及南非作家们的抗争文学，包括拉尔夫·艾里森（Ralph Ellison）、詹姆斯·鲍德温（James Baldwin）、乔治·拉明（George Lamming）和理查德·赖特（Richard Wright）对种族主义尖锐的批评。我在进入学术界之前就读到过这些。而为何我在金山大学非洲文学系接触到更多这方面的知识、作品和思想时，却没有成为黑人呢？答案很简单：因为我在肯尼亚读高中的时候，种族并非我切身体会到的身份定义——很可能因为那所学校基本上是一个黑人学校，只有极少数来自其他种族的学生和老师。在肯尼亚读大学的时候，情况也是一样。更重要的是，我读的是文学系的本科——我理所当然地认为，书里写的都是些老掉牙的、纸上谈兵的事，或许社会学系和历史学系的学生也有类似的想法。

从课表内容来看，在中学，我们先学的是一类课程（8年级），共16门课：数学、生物、化学、物理、英语、斯瓦希里语、德语、地理、宗教学、社会伦理、历史、家政、艺术、音乐、农业和体育。二类课程压缩到了13门课，而到了最后的三类和四类课程阶段（11年级和12年级），就只剩下8门课。这意味着，不论是通过哪种方式，学生们总有机会接触到全世界的各种知识、观念和历史——虽然我们承认很多内容都并不相关。在英语和斯瓦希里语的文学部分，我们被指定学习的戏剧作品，多出自于诸如英国的莎士比亚（William Shakespeare）、挪威的易卜生（Henrik Ibsen）、尼日利亚的沃莱·索因卡（Wole Soyinka）和坦桑尼亚的易卜拉欣·侯赛因（Ebrahim Hussein）这样的剧作家；小说作品都选自西方作家和非洲南部；诗歌作品则来自整个非洲大陆。这种课程内容设置的好处，在于可以让我们顺利地从彼得·阿伯拉罕姆斯（Peter Abrahams）读到贝托尔特·布莱希特（Bertolt Brecht），从约翰·鲁甘达（John Ruganda）读到娜丁·戈迪姆（Nadine Gordimre），从亚历克斯·拉古马（Alexla Guma）读到恩格鲁姆·阿历克斯·拉古姆（Ngrom Alex LaGum）。虽然知识不分阶层，但我们依然摆脱不了当时盛行的所谓硬科学优于艺术和社会科学的观念。

我在莫伊大学文学系读本科的时候，学校开设的课程让我们依然有机会徜徉在世界大师的文学和思想世界里。同样，无谓阶层。当你日常的学习从讨论希腊悲剧和亚里士多德哲学无缝衔接到思考约鲁巴人的宇宙论和索因卡的《死亡与国王的马夫》（*Death and the King's Horseman*）时，你会以为约鲁巴人的宇宙论是与希腊哲学平起平坐的，会以为它们之间只是理解世界的方式不同而已，谁也不比谁优越。而这，就是我对世界误解的开始。我从书上了解到了我们祖辈所遭受的种族歧视，了解到了南非历史上种族主义的种种，以及种族隔离最终解除后南非的今天——但是，要真正知道种族主义是什么,尚有待我自己去亲身经历。我还没有成为一个黑人。我长到二十多岁,都觉得自己的黑色皮肤不过是一个平平常常的现实,就像长在我肚子上的婴儿肥一样,二十多年了一直都长在那里。仅此而已。

在金山大学非洲文学系读研究生,我有两个收获:认识到自己是非洲人(不仅仅是肯尼亚人);更深地体验和沉浸在有关黑人的著作中,不论是非洲本土的还是离散作家的。这种沉浸式体验为我带来力量和营养。回头再看,正是这种体验使我免于经历其他黑人同事在学术界所经历的那种挣扎,而他们,或许无法像我这种非洲文学系出身的人,这么理所当然地就接受了自身的黑人特质以及非洲人特质。在20世纪初期,金山大学有大批来自整个非洲大陆的研究生在校学习。我们之间有一些联系,时不时在研究生会碰面,聊政治、聊足球,或者是对阿姆斯特尔啤酒品头论足一番——当然,我们也聊一些严肃的事情,比如研究的课题、各自家乡的情形。我成为一个非洲人、一个泛非人士,这要拜在这些业余时间里学到的非洲知识所赐,还要感谢非洲文学系开设的课程。这些课程的教学大纲,充满了理直气壮的非洲特色——而且还广泛地纳入了全世界有色人种的文学、生活和文化。这并不意味着这些课程彻底将白人文学和作品排除在外,而是,这些课程会很明显地去优先讨论有色人种的文学和著作及其相互之间的对话,以及有色人种作品与白人作品之间的对话。这样的环境进一步巩固了我之前对黑人学识和黑人思想地位所持的观点,觉得黑人的命也很重要。黑人的命当然也是命。黑人的思想当然也是思想。

从小到大,我都理所当然地认为,一个系的命名,谈不上政治,无论是叫英语系、文学系,还是美国文学系都一样(我为自己这种天真的想法负全责)。在全无任何思想准备的情况下,我开始在一个白人主导的大学的英语系工作。尽管也有同事跟我的科研和教学兴趣一致,也研究非洲文学,或者更广义地讲,是研究有色人种的生活和思想,然而,我一直以来认为文学领域里思想平等,可情况原来远非如此。我有生以来第一次在学术界遇到了学生抵制甚至无视非洲文学的情况。不止一次地,有学生反馈说他们"厌倦了读那些关于种族隔离和殖民主义的作品",但也是同一批学生,说他们惊讶于种族隔离那无聊透顶的做法——例如,他们觉得雇主和佣人餐具隔离这种做法就很无聊,因为既然雇主能放心把做饭的事交给佣人,那么为什么还在意餐具。我一直理所当然地认为——每一个学生都对世界抱有良性的好奇心，包括对非洲的好奇心——而这原来也只是我的幻觉。突然，我发现自己陷入了一种境地，就是需要解释为什么这些作品值得学习，为什么在阿伊·克韦·阿尔马赫（Ayi Kwei Armah）《好看的人还没出生》（*The Beautiful Onesare Not Yet Born*）里，恩克鲁玛（Nkrumah）总统家一个普通佣人的经历也是重要的，为什么奥科特·普比泰克（Okot p'Bitek）的《拉维诺之歌》（*Song of Lawino*）是值得了解和思考的。虽然学生们漠不关心的状态在整个非洲或者我们学校都不是个例，但是他们这种兴趣与求知欲分离的心，在我们学校却是绝无仅有的。莎士比亚和勃朗特姐妹要比齐诺瓦·阿切比（Chinua Achebe）或阿伊·克韦·阿尔马赫受欢迎得多。而这些学生也是非洲人，也会一个劲儿地抱怨他们出国旅行时，总需要费力跟别人解释自己是非洲人这件事。在我突然意识到自己是一个非洲人或者泛非人士的时候，我遭遇了一个全新的自己。我成了黑人。就像赫斯顿小说中的詹妮一样。我从小都知道——自己是黑人——而这一既定事实现在又被重新激活了，被赋予了新的意义、新的焦虑和一大堆随之而来需要我消化的东西，也是我新的负担。我开始让自己接受现实，我有时得给一个全是白人的班上课——一整个学期给16个白人学生上课，我发现对他们中的有些人而言，原来我是他们平生第一位黑人老师。上这样的课，我有三个选择：第一，当一个黑人代表、学生的内线，上课时代入我自己作为黑人，在求学之路上的感受。第二，当一个让人不适的黑人，把学生的注意力吸引到我的肤色上来，向学生展示我作为黑人，在这样一个白人主导的南非学术界所经历的难堪。第三，给自己的黑人特质"静音"。我经常都选择的是静音项——倒不是自我抹煞，更像是一种自我保护。我选择暂时不跟那些可能尚未准备好听我掏心掏肺的人推心置腹，或者，如果他们只是因为我要求他们这么做，才表现出准备倾听的样子，那么我也不会去倾诉。这是我对自己心灵的一种保护。

虽然我有静音项，而且已经做好了心理准备去面对学生对非洲文学的抗拒，但还是会震惊于他们对非洲大陆的无知程度。这让我想起2015年发生的一件事：当时我在教一门大三的研讨课，名叫"书写暴力：策略、伦理与审美"。课上选读的文本包括奇玛曼达·恩戈奇·阿蒂奇（Chimamanda Ngozi Adichie）的小说《半只黄太阳》（*Half of a Yellow Sun* 2007），还有她的散文《非洲的真相与比拉夫之行》（*African Authenticity and the Biafra Experience* 2008）。在她的作品中，阿蒂奇探讨了单方面的故事会带来的危险。在选读的这篇散文里,她讲述了自己与年轻的美国大学生们相遇的故事。那些美国大学生觉得很失望,因为阿蒂奇并不符合他们脑中对一个非洲人固有形象的设定。阿蒂奇的小说则从几个方面,尝试让人们从不同角度去看待通常只被单方面讲述的比拉夫内战。从更广义上来讲,她的小说试图让人们从不同角度去看待非洲的生活,其中的一个做法就是,她的作品中塑造了几位经济困窘却属于非洲中产阶级的角色。我有一项课堂测评任务,要求学生们概述阿蒂奇散文的主要内容并对其观点进行评论。有一个成绩很好的学生写了一篇论证有力的述评,结合小说对阿蒂奇的散文进行了饶有趣味的评价,但是在后来写个人感想的时候,她说,自己在看小说之前也对尼日利亚人持一种单方面的印象——所以,当她在小说里看到,尼日利亚人当中也有人是受过良好教育的时候,她感到颇为惊讶。这是一位思想比较开放的学生,居然连她都持这种观点,这令我相当忐忑。这是一位没剩几周就要毕业的本科生,她表达出这样的观点意味着什么呢?如果在2015年,非洲的大学生们无法想象尼日利亚人也能接受教育,这意味着什么呢?如果他们无法在2015年的时候想象会有受过教育的尼日利亚人,那么这些学生脑子里对尼日利亚,甚至对整个非洲的印象究竟是什么样的呢?

我自己"成为"黑人的旅程,还有我的学生对非洲(指林波波河以北的非洲)以及来自南非和整个大陆有关黑人的内容的普遍抗拒,这两件事让我惊讶不已。我惊讶于南非这个国家与黑人及其思想的渊源与肯尼亚是如此不同。在南非的公共话语界,有三位黑人学者可谓人尽皆知,最厉害的是,这三位学者打破了学术界与外界,以及不同年龄段人群之间的界限。这三位学者分别是史蒂夫·比科(Steve Biko)、弗朗茨·法农和恩古吉·瓦·提安哥(Ngūgīwa Thiong'o)。这些偶像知识分子们的思想在南非广为流传,很少听说有谁没读过他们的作品,大家也常常都言必称这几位。比科认为,压迫者手里最危险的武器就是被压迫者的思想;法农指出,本土状态就是紧张状态;恩古吉·瓦·提安哥提出了思想殖民说。这些都是南非人常常引用的言论。引用这三位学者的人当中,有一半人并不知道他们这些言论的出处。但这不是重点。重点是,这些观点在学术界之外也广为流传,说明反隔离主义斗争的方式,不仅包括学术界内部对种族问题的激烈争论,还包括学术界之外的热烈交流和呼应。这些言论,再加上"黑人意识运动""阿扎尼亚人民组织"以及"非洲国民大会"带来的思想和所做的工作，为黑人以及黑人在文化、政治和学术领域参与公共事务和公共话语讨论打下了坚实的基础。在我的经历中，2003年初到金山大学读书，随处可见自信满满的年轻黑人学生用祖鲁语、柯萨语、塞索托语等南非语言自由交谈——声音洪亮又充满愉悦——然后又自如地切换到英语。虽然我之前的所学，都是肯定非洲思想和非洲知识的，但是在实际的公共事务中，尤其是在中产阶层和学术界，人们还是坚持非洲语言界的传统教条，因此，在金山大学的所见所闻令我耳目一新，并且迄今都印象深刻。因为脑中带着这样的印象，我花了好长一段时间才注意到南非这个国家与黑色人种的复杂关系。其中，最令我困扰的是，非洲性（Africanness）在这里呈现的方式颇为纠缠复杂：有时可能是一句随便的日常询问："你来自非洲吗？"但有时可能就是非常严重的情况，会跟贫穷和种族主义等负面因素纠缠在一起，从而引起排外情绪的大爆发。

正是这些似是而非的纠葛，使得黑人在南非学术界的思考成了一件令人煎熬的事。在我看来，不仅是要发现这其中的矛盾，更应该寻求解决的方法，找到学生抗拒非洲以及黑人相关内容背后的原因，而不是随便地应付一句"不是每个人都这样"，而这句话正是我们在面对各种暴力和霸权逻辑时常常听到的。"不是每个人都是种族主义者/性别主义者/反同性恋者"，这句话背后是一种危险的逻辑，因为这样说，等于无意中给了霸权体系不断重复和再生的理由。这样不仅转移了我们对这些人（那些在现实生活中分别支持种族主义、性别主义和恐同主义的白人和黑人、男人和女人，以及反同性恋的人们）及其背后体系的关注，而且，这么做默认了少数霸权主义者合理的存在，促进了霸权逻辑的滋生，并且阻碍了另外一小撮进步分子就如何消除霸权主义进行的有意义的争论。霸权者用这样的话自我掩饰倒也是好的，但更重要的是，不能让这一小部分人在无意中打着进步的旗号反而促进了霸权——他们需要讨论的是如何取得进步本身。

要想找到学生抗拒黑人相关内容的原因，需要记住两件事。第一，他们生活的国家以及环境不断地告诉他们，非洲、非洲人的生活以及非洲人的学识没有什么经济价值。他们缺乏去了解并尊重非洲人的动力。认真学习非洲知识难以带来明显的经济回报。第二，从历史上来看，除了人类学家、历史学家，或者非洲研究学者，其他白人都不需要了解黑人的生活和思想。换言之，作为一个白人，你不用知道黑人的什么事情，自己的生活本来就挺好。但是，反之却不然。因为黑人从来都是尽心学习和阅读白人的东西，跟肤色无关——那是白人至上主义的模式——黑人学习白人是因为白人那些看似模糊了的规则一直都在。一直以来，黑人的生存都与是否读懂了白人规则的言下之意密切相关。而那些规则主要就是在鄙视和无视黑人文化。上述这两件事在很多黑人看来都是合理的。所以，我的白人学生是正确解读了历史以及当下社会；他们不需要知道或了解黑人的特点、黑人的生活、黑人的思想、黑人的历史。他们也可以选择这么做，很多人的确这么做了，但更多人并没有。

那么，总是需要为自己的研究领域、为自己的专业所学辩解意味着什么呢？在非洲、在一个非洲的国家，为研究非洲及其文化辩解又意味着什么呢？这就是南非学术界一个白人性质的大学给黑人学者出的难题。除了在研究领域上的差别待遇，白人大学对黑人学者的存在本身也有着种种的差别对待。这就是我所说的"黑人强制性例外"。黑人的政治领袖做出了一些不良决策，后果之一就是破坏了平权行动（AA）的效力，为这一政策的受益者（黑人和女性）带来了新的问题。因为他们面临着更加严格的考核标准，而且被认定无法达标。之所以被这么认为，不是因为每个人都有做不到的事，而是因为这些人是平权行动的受益者，所以天生就低人一等。现在的状况是，"平权行动"与"资质低下"成了同义词，于是，许多黑人和女性躲之不及，要表明他们不仅与平权无关，而且他们属于例外。

我很惭愧，多年以来，我也是那种努力向霸权注视（白人以及男性）证明自己是不需要平权政策支持的人。有趣的是，关于土地改革的争议让我看清了自己的想法。我看透了那些现在想来落后不堪的论调，这种论调认为，显然就不该进行土地改革，理由是分得土地的人没有把土地利用好——所以，言下之意是，从一开始就不该分给他们土地——这让我明白过来，其实这是在强制要求分得土地的人必须成功，对平权行动受益者的要求也是一样。正如法农所言，如果存在黑人例外的说法，那是因为刻板印象默认黑人都注定失败，而到了后隔离时代的南非，这种说法升级为，黑人必须成功。只要黑人出现在白人的领域当中，他们就不允许失败，因为一切早已被预先定性了。

这种逻辑让我想起了杜波依斯（DuBois 1989）提出的双重意识这一概念，只不过是换了种方式。这是一种自相矛盾的做法，一方面，因为肤色或性别不同，你会受到某种训练有素的礼貌对待，让你没什么好指责的；

另一方面,这种礼貌却带着既有成见,包括对黑人的看法、对平权行动的看法以及认为黑人的工作总是不合格的观念。之前提到的"例外说",可以使我们从另一个角度看到这种双重意识——如果你表现很好,那么你的学生(和同事)会愉快地表现出惊讶,这就是法农"例外说"的意思。但是,最微妙的是这种双重意识对你日常生活的影响。你已经习惯了走到哪里都要承受异样的注视。你已然预想到学生和同事们会如何看待你,所以每到一处,种族主义思维的苗头就已经严重污染了整个氛围。所以,最后的解决方法就是通过卓越的表现来向他们证明自己。

然而,我越来越憎恶这种认为黑人必须优秀的风气,我也总在思考失败以及失败的权利。没错,就是既要平权,又要有失败的权利。在我看来,要求黑人农民以及平权受益者必须成功,这种期待从方方面面来讲都不公平,其最大的问题在于,它是反历史的。首先,失败是人性的一部分,这件事不言而喻,而且失败是我们学习的一种方式。除此而外,我之所以反对这种觉得弱势群体以及黑人学者必须优秀的想法,是因为和土地改革时期一样,这种想法掩盖了白人学者(以及白人农民)更为漫长的失败史,他们的失败是以消耗公共资源为代价的,其中也包括黑人纳税者的钱。白人是经历了数代人的失败才有了今天成功的学者/农民。所以,要求黑人学者/农民必须成功,是反历史的,并且黑人学者/农民并没有历史上传下来的优越性可享。为此,我更想呼吁,请还给黑人学者以及所有弱势群体失败的权利。

最后,作为一名黑人以及女性,在南非学术界从事此类研究,有时会碰到一些跨领域的课题——各种矛盾会重复交错。在这种情况下,贝尔·胡克斯(Hell Hooks)在美国学术界的经历会引发我强烈的共鸣。她这样写道:

> 我在学术领域的各个边界游走,不时会涉足黑人研究、女性研究、传统文学研究,以及文化研究。让我沮丧的是,你会发现某一群学者反对某种形式的统治,但如果这种统治换一种形式,他们就会持支持态度——白人学者认真反对性别主义,然而却对种族主义视而不见,反之亦然:黑人男性希望结束种族主义,却不想挑战性别主义;白人女性想要挑战性别主义,却抱着种族主义不放;黑人女性想要挑战种族主义和性别主义,却又支持等级制度。要想建立一个更加公平

和人性的社会……我们必须拿出勇气，自愿远离那些我们个人或我们的群体能够享受优越的强制性等级体制。

在我看来，我们行走于世，如果换位思考一下各种纷争以及不同的利益方，会发现各人身上都带着某种霸权色彩，而这件事，没几个人承认。

与此同时，我们面临的问题是：如何在南非学术界创造出一个环境，可以支持并且保护那些敢于从这个角度思考问题的人，尽管她们是黑人、是女性。

在其名为"学术界的黑人女性：在阶层间求存"（Women of Colorin the Academy: Navigating Multiple Hierarchies）的那篇文章中，米格农·摩尔（Mignon R. Moore）这样写道：

> 如果我们关注一下边缘群体，会发现黑人女性的工作很难从传统的渠道得到公平的认可，因为那些渠道都由白人男性把守。黑人女性不断被分派的工作，有时是她们认为责无旁贷的事，而这些事往往无人在意、无人认可，甚至在很多时候，连直接负责的人都无从知晓。

三

黑人在全球学术界的比例普遍偏低，经常受到不公的待遇，遭到能力上的质疑。我们一直都是欧洲中心主义发泄焦虑和表达自恋的恒定对象。在欧洲历史的不同节点上，都有着关于"人类"定义的讨论。而当你想仔细推敲这些讨论时，往往会看到欧洲人在该定义里的自相矛盾。所以，不论是萨特对法农那代人愤怒的重新书写，说"你们所谓的人文主义，一方面声称人类大同，而另一方面，你们充满种族主义的做法却又将人类分为三六九等"（Fanon 2000：8）；还是西蒙·吉肯迪（Simon Gikandi）对这一矛盾的另一说法，认为现代性文化的讽刺之一在于"它致力于追求人类共同的自由与权利，却同时不顾一切地宣扬人人生而不同的意识形态"（2000：4）；又亦或是西尔维亚·温特（Sylvia Wynter 2003）所认为的，所谓人类就是西方资产阶级形象的同义词，因为所见之"人"全都是这种西方资产阶级形象。说到底，黑人在历史上一直被看作次等人。这在一定程度上解释了为什么黑人无论是作为研究对象还是学者,都会在主流学术界遭到不公的待遇。

在这种情况下,我作为黑人学者面临的一个主要挑战,就是怎样将亲身体验和学术思考密切结合起来。在漫长的历史当中,学术界的黑人成员,如同其他领域的黑人成员一样,遭受到各种形式的异化、文化轻视以及双重意识——借用杜波依斯的概念。跟这些结构性因素并行、阻碍我们将两者相结合的,还有我们在学术实践中碰到的问题,例如,作为研究者或教育工作者,我们如何在学术活动中自我定位?我们应该保护谁的利益?我们选择讲授或者选择研究的内容,可以在多大程度上体现出批判意识并帮助树立我们自己的人文性?

胡克斯提醒我们说,"黑人之所以能够从奴隶制这场浩劫中幸存下来,原因在于他们有着反向的思维模式,这种思维模式不同于统治阶层,后者要对自己的生活有高度的掌控"(Hooks 1990:2)。她的这一观点让我们明白,反向思维不是故作姿态,不是否认他人在结束奴隶制中所做的贡献,更不是大肆宣扬我们的反抗政治。它关乎我们的生存,是救命的东西。它关乎我们对自己思想和灵魂的滋养,关乎我们对未来的观点、看法和决定,让我们更加爱惜自己,进而不断提升,而不是减少自己的人文性。这就是为什么在胡克斯看来,批判性学术实践在于"共享知识和信息来改变社会现状"(Hooks 1990:5-6)。如同她所警示的那样,"大学在本质上是一个政治保守的体制,往往会扼制多样化视角、新鲜观点以及不同思维和写作风格的产生"(Hooks 1990:8),斯特凡诺·哈尼和弗雷德·莫顿(Stefano Harney & Fred Moten)也曾发表过相似的观点:

> 如今的知识分子与大学的关系是一种犯罪关系……人尽皆知大学是一个避难所,无人认同大学是一块启蒙地。面对这种状况,大家能做的只有溜进大学里,看看能偷走什么。滥用大学的优质资源、藐视大学的使命、把大学当成难民营和吉普赛式的聚居地,身在此处而心不在——这就是当代大学里那些反动知识分子的必由之路。(2013:26)

在这种境况之下,当务之急是填补学界与黑人之间的鸿沟,让黑人在当代大学里也有机会享受到优质资源,防止大学成为胡克斯所说的"统治阶层和被统治阶层之间的调停方",所谓的文化警察或文化工头(用南非土话讲,就是文化民兵,askaris)。

然而,在学术界以黑人的身份思考,意味着要跟各种机构打交道,为了生存常常需要妥协。举我跟某学术刊物审稿人之间的一件事为例。那是2017年的时候,我受某期刊邀请,写了一篇研究后记,是关于我自己一本著作的研究及其写作过程的,我的那本书名为"在真相与谣言中重述死亡:肯尼亚、英国,和朱莉·沃德谋杀案"(*A Death Retold in Truth and Rumour: Kenya, Britain and the Julie Ward Murder*, Musila 2015)。文章提交之后,一位审稿人十分赞赏并推荐发表。而另一位审稿人则十分不喜欢,认为应该拒稿。第二位审稿人提出的反对意见之一,是她认为我引用的斯瓦希里谚语"Suluhu mali ya uma"是编造的。可这句话是我从小就听妈妈、爷爷还有家里其他人都在说的。这位审稿人是这样写的:

> "Suluhu mali ya uma":我觉得这种情绪在肯尼亚是存在的,但是,但是,我在肯尼亚教书、生活了50年,从未听到过这句话。我丈夫在那里当了20年的公务员,也没有听说过。像比如"kula matunda ya uhuru"[享受独立果实——专门用来指乔莫·肯雅塔(Jomo Kenyatta)就任总统时初尝好处的人]、"toakitu kidogo"(小恩小惠,指贿赂)、还有"我们待在一起"(指同居),这类说法肯尼亚人都很常用。我的斯瓦希里语词典把"suluhu"解释为"和解。"(匿名评审人)

这句斯瓦希里谚语"Suluhu mali ya uma",翻译过来的意思是"没啥,要穷大家一起穷"。从小到大,只要谁浪费资源或者不爱惜家里的东西,我就会听到这句话。在我的书中,我引用这句话的目的,是要跟彼得·艾克(Peter Ekeh)就非洲的公共道德问题进行对话。他用尼日利亚例子,指出人们占公家便宜毫无愧疚,但是涉及家庭、家族,以及宗族公共资源的时候,他们又在道德上非常严格(1975:106)。我在自己的书中指出,在肯尼亚,这种浪费的风气已经是公开的,大家对公共资源的态度从"Suluhu mali ya uma"这句谚语中就可见一斑。这位审稿人和她的丈夫,认定自己对肯尼亚的了解是全面的、权威的、全局的。就因为他们两位没听过这句谚语,就认为我一定是在编造。他们不知道的,就一定是不存在的。

第五章 以黑人的身份思考

他们用在肯尼亚生活的50年时间和当公务员的20年时间外加一本斯瓦希里语词典，来证明我在撒谎，证明我自己编造出了一个假谚语，强行安到了肯尼亚人的头上。且不论我们家三代人，整天都在说这句话（我自己、我妈妈、我当时87岁的爷爷），我还特意跟两位肯尼亚同事确认过，我这样引用这句谚语，理解的是否准确，而他们都从未见过我的妈妈和爷爷，我也从未在他们面前用过这句谚语。所以，三代人的肯尼亚知识，全部都遭到怀疑，原因就是这位评审人和她的丈夫对此并不熟悉。

我当时觉得这位评审给的评语太傲慢，太令人气愤，所以接连几日都在考虑给编辑写信，打算撤稿。但后来我又想了想：我还没有准备好当个"扫兴鬼"（killjoy），这是萨拉·艾哈迈德（Sara Ahmed）的措辞，因为正如她所说，在性别主义和种族主义的语境下，"每暴露一个问题，就制造一个问题"（2017：37）。有时当一个"领域入侵者"（space invader，参见Nirmal Puwar 2004）进入一个并是不为自己而设的领域时，意味着要跟这种原本就不友好的体制妥协，只有先立足才能继续战斗——因为"适应体制可以获取一定的利益，虽然这个体制在另一个层面上委屈了个人能力，但却让整体环境更公平了一些"（Ahmed 2007：36）。我一边内心充满愤怒，想着要拒绝论文大修后重新提交的建议，一边权衡了一下，从这样一个没几个非洲学者能发表作品的学术平台撤稿会带来的损失，和消化这位评审的傲慢态度会带来的损失。最后，我还是选择了消化她的傲慢。我把那句让她不悦的谚语从文中删除了，并按照要求做了修改。后来文章发表了。

后来，我读到了马卡利亚的文章，名为"谈被区域化研究：一篇冗长的投诉"（On Being Area-Studied: A Litany of Complaint）。我真希望自己当时在应对这位同行评审的傲慢态度时，能够更富想象力一些、更大胆一些，而不是那么随声附和。真希望自己有勇气做一个性情不羁的本土人（特指黑人），可以剑走偏锋。按照马卡利亚的表述：

> 小学历史教会我如何看待非洲人。非洲人分两种：一种合作，一种反抗。后来，我认识了本土人中的内线，这个角色我扮演不了。佳亚特里·斯皮瓦克（Gayatri Spivak）有一个词，我可以用来描述他们，叫"同谋"。其他的本土人也逐渐有了各自的描述语：狡猾的本土人、骗人的本土人、充满渴望的本土人、圣贤的本土人、代理商本土人、

落后的本土人、同性恋本土人、古怪的本土人、被剥夺了权利的本土人。有一种云淡风轻的本土人，他们让我越来越感兴趣了。这种人在殖民档案里随处可见，如果你查一查，会发现非政府机构的报告中他们也无处不在。这种人不按套路说话，拒不回答问题，很少露面，就算露面也出人意料，谈论的事情都是些老生常谈——比如飞蚁之类的……或许这些云淡风轻的本土人从来无须说不，或许他们这只是剑走偏锋。（Macharia 2016：188）

也许，我这个本土人现在想剑走偏锋，还为时不晚。

参考文献

Adichie, C. N. (2007) *Half of a yellow sun*. New York：Harper Collins.

Adichie, C. N. (2008) African suthenticity and the Biafra experience. *Transition*. 99：42 – 53.

Ahmed, S. (2017) *Living a feminist life*. Durham：Duke University Press.

Alston, A. (2015) Arms and the man. *The New Inquiry*. Accessed October 2015, https：//thenewinquiry.com/arms-and-the-man/.

Canham, H. (2017) Embodied black rage. *Du Bois Review：Social Science Research on Race*, 14 (2)：427 – 445.

Du Bois, W. E. B. (1989 [1903]) *The souls of black folk*. New York：Bantam Books.

Dunbar, P. L. (1992 [1896]) *We wear the mask：Lyrics of lowly life*. New York：Ayer Company Publishers.

Ekeh, P. (1975) Colonialism and the two publics in Africa：A public statement. *Comparative Studies in Society and History*. 17 (1)：91 – 112.

Fanon, F. (2000 [1967]) *The wretched of the earth*. London：Penguin Books.

Fanon, F. (2008 [1952]) *Black skin white masks*. New York：Grove Press.

Gates, H. L. Jr. (1998) *Thirteen ways of looking at a black man*. New York：Vintage Press.

Gikandi, S. (2000) Africa and the idea of the aesthetic：From Eurocentrism to Pan-Africanism. *English Studies in Africa.* 43 (2): 19–46.

Harney, S. & Moten (2013) *The undercommans: Fugitive planning & black study.* New York: Minor Compositions.

Hooks, B. (1990) *Yearning: Race, gender and cultural politics.* Boston: Southend Press.

Hooks, B. (1994) *Outlaw culture: Resisting representations.* New York: Routledge.

Hurston, Z. N. (1986 [1937]) *Their eyes were watching God.* New York: Virago Press.

Kruks, S. (1996) Fanon, Sartre and identity politics. In L. R. Gordon, T. D. Sharpley-Whiting & R. T. White (Eds) *Fanon: A critical reader.* Oxford: Blackwell Publishing.

Macharia K (2016) On being area-studied: A litany of complaint. *GLQ* 22 (2): 183–190

Moore, M. R. (2017) Women of color in the academy: Navigating multiple intersections and multiple hierarchies. *Social Problems* 64: 200–205.

Musila, G. A. (2015) *A Death Retold in Truth and Rumour: Kenya, Britain and the Julie Ward Murder.* United Kingdom: James Currey.

Puwar, N. (2004) *Space invaders: Race, gender and bodies out of place.* Oxford: Berg Publishers.

Wynter, S. (2003) Unsettling the coloniality of being/power/truth/freedom: Towards the human, after man, its overrepresentation – an argument. *CR – The New Centennial Review.* 3 (3): 257–337.

第六章

既是黑人又是外国人：
南非学术界的异类

凯齐亚·巴蒂塞

南非转型现状

南非，与其他许多有着漫长种族隔离史的国家一样，在 1994 年结束种族隔离、开始实行民主制之后，依然没有摆脱其他形式的种族歧视现象。目前的当务之急，是进行机制转型，通过一体化进程来减少新民主制当中的种族歧视问题。为此，南非政府严厉谴责种族隔离行为，并根据《平等雇佣法案》(*Employmet Equity Act*, 1998 年，第 55 条) 和《高等教育法案》(*Higher Education Act*, 1997 年，第 101 条) 等推出了一系列的反种主义活动。例如，南非高等教育界通过合并大学的举措（Durrheimet-al. 2004；Wolpe 1995）进行体制改革，意在撼动南非教育体制中根深蒂固的种族主义，同时直面学界排斥黑人的丑陋历史。尽管如此，过去种族隔离时期遗留的二元对立的意识形态依然影响着整个南非的学术体制框架。黑人在南非学术界的各种经历（本书中有所描述），证明了这个国家毁灭性的过去如何在今天继续制造并强化着高等教育机构中的隔离领域，遑论整个民主制中其他的压迫性角落。

令人惊讶的是，学术界的这种排斥行为很少有传记记录，只是偶尔出现在一些文学作品当中。对于南非（黑人）学者此类经历的研究，早在民主制建立之初就已有相关分析，同时也存在关于高等教育领域急需转型的相关争议。类似的研究包括：莱特米兹·马博凯拉（Reitumetse Mabokela

第六章 既是黑人又是外国人：南非学术界的异类

2002)的文章《南非大学黑人女性沉思录》(Reflections of Black Women Faculty in South African Universities)、马博凯拉和马古巴尼（Mabokela & Magubane 2004）合著的《倾听我们的声音：种族、性别，南非学界黑人女性的境遇》(*Hear Our Voices: Race, Gender and the Status of Black South African Women in the Academy*)、马里兹·拉贝和布拉格纳·鲁古南（Marlize Rabe & Pragna Rugunanan 2012）合写的文章《论女性社会学家离开南非学界的性别与种族原因》(Exploring Gender and Race amongst Female Sociologists Exiting Academia in South Africa)，以及琳达·奈克尔（Linda Naicker 2013）的文章《南非女性学者职业生涯——以神学教育专业的女性学者为例》(The Journey of South African Women Academics with a Particular Focus on Women Academics in Theological Education)。当然，本书也隶属此列。在这些著作中，马博凯拉和马古巴尼的《倾听我们的声音》一书，揭露了"黑人学者在南非树起民主大旗之后在体制内所遭受的种族歧视和性别歧视"。[1] 用马古巴尼的话说，这本书的意义在于"把这些经历语境化和历史化——告诉人们，这些都不是孤立的事件，而是关乎深层的体制问题，进而希望在历史上寻求问题的根源"。[2] 简而言之，《倾听我们的声音》勾勒了黑人学者在开普敦大学经历的事情——不论是作为教师还是学生——他们既悄然无声又孤立无依。该书试图通过对这些经历的描述来厘清开普敦大学这些年来的转型历程。因此，对于马古巴尼而言，《倾听我们的声音》是"将这些经历公开"的一种主观叙事尝试，揭示了当时的转型现状及其存在的问题。[3]

非洲黑人（女性）学者的传记作品普遍匮乏，这个现象提出了一个问题："非洲女性是否是一个无声的群体？还是我们没有去努力寻找她们发声的地方、她们发声的场所和发声的形式？"（Ogundipe-Leslie 2001：139）。早期关于非洲女性学者的作品认为，听不到黑人女性声音，是因为传统研究常常轻视这类内容（Magubane 2004），认为这些内容"过于个人化，过于具体而不具备典型性"（Mbilinyi 1992：6，转引自 Ngaiza & Koda 1991）。这些女权主义学者将女性经历置于学术界的历史中进行分析——发现这就是一个女性遭受性别歧视和被边缘化的过程（Batisai 2013：61）。例如，马乔丽·姆比林尼（Marjorie Mbilinyi 1992）借用桑德拉·哈丁（Sandra Harding 1987）的启蒙作品，指出传统认识论是如何将女性在研究领域边缘化的。在传统的科研领域，这一点显而易见。传统科研将科学视为男性的领地，而女性则既不被看见也不被听见，更谈不上是"通晓知识的人和知识的代言人。""研究者"的形象是千篇一律的"男性"形象（Mbilinyi 1992：32）。作为对上述学术空白的填补，我的理论和方法论视角在很大程度上都受我的女性身份影响。女性身份首先使我懂得尊重个体的故事，尊重那些传统研究一般会置之不理的人生经验，并且，该身份使我懂得，主观体验（例如非洲女性的传记）对现存文献是具有贡献意义的。

本文通过自传的方式，对1994年后的体制改革及其问题为黑人学者带来的影响进行了理论化分析。我所探寻的核心问题是：在学术界做一名黑人学者意味着什么？这些个人经验能够揭示出高等教育机构转型的哪些特点？本章的内容在很大程度上基于我个人在学术界的经历和观察，希望能够有助于建立起某种具有指导性的平台，可以帮助废止种族隔离主义，从而最终起到推动南非高等教育界转型的作用。追溯自己在学术界寻求归属以及遭受政治排斥的经历，让我认真反思了自己在开普敦大学的整段历程。在这里，我一共度过了五年多的时光，包括高级研修和青年学者的岁月。

在这篇文章当中，我致力于将自己在学术界的经历——令人振奋的和令人不安的——以黑人和外国人的叙事方式进行展示，以求反映南非高等教育界在转型的相关领域所取得的成绩和面临的挑战。跟帕姆拉·古可拉（Pumla Gqola 2002：11）一样，我写这篇黑人女性学者传记，并不是要打笔战，不是写给"白人女权主义、殖民主义、父权制和种族隔离制——而是要写如何重塑这个世界，希望以令人振奋的方式让读者意识到，我们遭遇的问题并不是威胁，而是我们改变的动力"。如果把上述提到的黑人身份和外国人身份"拼接起来"，会发现它们并不仅仅是我个人传记的讲述角度，还是可以探查学术界多重体制的透视工具，据此，转型可以被具象化、被理解，从而被实现。接下来的内容将揭示，什么是"黑人和外国人"，并试图解答为什么这两种身份可以帮助读者了解南非学术界的排斥现象。

学术界"黑人加外国人"的一类

2013年，我从开普敦大学博士毕业，刚好是南非实行民主制20周年

第六章 既是黑人又是外国人：南非学术界的异类

的前一年。那时的我只是一名来自津巴布韦的黑人毕业生。回望当年，我问自己："不知我的那些南非黑人同学毕业后都怎么样了？"然后我马上意识到，我自己在学术界作为"他者"的存在经历，几乎就是南非高等教育机构漫长的转型史的缩影。从自传者的角度，我将自己的多重身份概括为——一个外国黑人学者——这就是我在南非高等教育界个人生存轨迹的核心特征。本文描写了作为学术界的他者意味着什么，论述了学术界是如何把归属感和排斥手段当成政治工具来利用的。为了这篇传记的写作，我重访了开普敦大学，试图分析自己，包括其他早期的黑人学者走上学术道路的过程，以及该过程中的两极化和等级化现象。

我的讲述采用倒叙的方式，以我"新近"的离职为时间起点，回顾自己这些年在开普敦大学这所高等教育机构的亲身经历。这种自我反观把我的种族、性别、国籍、阶层和社会经济身份统统打开审视，以期表明多重主体的身份对学术界的转型路径具有揭示作用。我的观点受到帕特里夏·希尔·柯林斯（Patricia Hills Collins 1998）交叉性概念（intersectionality）的启发，该概念是揭示个体多重身份的理论和方法论工具，这些身份包括种族、性别和阶层等，同时，这些身份的划分本身也体现着不平等。因此，通过关注我自己的交叉身份，本文以我在开普敦大学的整个历程为线索，描述了开普敦大学的意识形态和结构框架。

在描述开普敦大学的意识形态和结构框架的同时，我指出，在这样的学术环境里，我学会了不去被动接受自己是异类这件事，因为我会反抗那些对我设定的的限制，也会充分利用那些展现在我面前的微小的机会，并且主动去寻求机会。这篇传记采用自我反观式叙事的根据在于，我认为我在大学里的经历，是能说明问题的，包括我在课堂上遇到的事情、得到的"工作机会"、观察到的体制文化，还有那些看起来微不足道的与人打交道的事情，比如我在校园的某条主干道上散步时的偶遇，等等。在这篇传记当中，隐含了一个强有力的理论和方法论工具，可以诠释我作为他者的这些亲身经历，同时展示了学术界充满斗争的一面。除了讲述我在学术界得到归属感和受到种族歧视的事例，我的黑人和外国人视角也有助于说明，在已实行了20多年民主制的南非的高等学府里，转型最核心的问题是什么。

我充分认识到了《平等雇佣法案》（1998年，第55条）"各项规定不适用于来自非洲及其以外地区的黑人学者"，但同时也无法否认黑人（包

97

括非洲黑人学者、有色人种学者以及印裔学者）的集体贡献，所以我所持的观点是：那些外国黑人学者的经历是值得关注的。可能有人会问，在南非的高等教育转型当中，那些"外国黑人"及其经历有什么关系？有关系。因为如果南非高等教育转型对"黑人"的定义仅指"南非黑人学者"，那它就忽略了那些同样在该过程中不断挣扎和见证的外国黑人学者。通过亲身的经历和观察，我强烈认为，外国黑人学者在南非学界的生存经历，能够为南非高等教育转型提供富有洞见的讨论路径。通过我这种有争议的身份视角，会发现一连串的棘手问题，可以让那些对归属感和排斥政治感兴趣的人们都参与进来，共同探讨南非高等教育转型过程中的问题。

简而言之，我的观点是：那些不是南非本地人的黑人学者，他们的经历与南非黑人学者在学术界遭受的排斥政治之间存在一定的呼应关系。因此，下面一节的内容将以传记的方式，分析外国黑人学者在加入南非高等教育界之后所面临的困境，试图让读者对他们的境遇有一个大概的认识。我推断，该群体的成员在总体上都面临双重边缘化的问题，因为他们的身份本身就具有双重性（黑人和外国人）；而且我认为他们处理这种边缘化的方式十分能够反映南非的转型进程。为什么？因为在这种双重边缘化的背后根植着一个理念，即外国的黑人学者早期在南非寻求职业道路的过程，是南非本土黑人学者学术道路的一面镜子。这一理念反映了南非学术界根深蒂固的黑人政治（无论这个黑人的国籍如何），同时也指出，南非高等教育的进阶之路应以转型为名。下面的内容主要讲的是我作为一个外国黑人学者在开普敦大学的发展轨迹，尝试通过我的交叉身份，即不同的国籍、种族、性别以及阶层来体验并谈论该大学的各项管理特征。

外国黑人学者的轨迹

南非高等教育界黑人学者的归属感及其受排斥问题，使我开始反思自己这些年的学术生涯。大体梳理一下我的学术轨迹：首先是 2003 年在津巴布韦大学社会学系当研究生助教；2005 年 6 月，我成为大津巴布韦大学一名较年轻的社会学讲师；再到 2011 年 8 月，我或许有点"降级"地成为了开普敦大学的一名助教——这是我读博后争取让自己留在教学行列的一个策略，这个助教我当了两年。

第六章　既是黑人又是外国人：南非学术界的异类

　　需要明确的是，出国之前我已经在大津巴布韦大学担任过三年讲师，（和我的同事们一起）传道授业，培养出了一批优秀的毕业生，如今他们已是我们的光荣。他们中有的人后来去了金山大学、西开普大学、夸祖鲁—纳塔尔大学等高校去读硕士或博士。尽管我当时就很清楚，我到开普敦大学并不是去当讲师，但我依然踌躇满志，认为自己可以为南非的高等教育界贡献一份力量。全日制读博并未让我放弃自己的学术志业，我开始充分利用开普敦大学社会学和性别研究系（当时的性别研究学院）提供的一些小机会，跟他们签了助教协议。所以，对于一个靠不时参与助教工作而跻身开普敦大学学术圈的人而言，归属感就在于我如何好好利用自己的助教合同，继续留在教学领域。

　　这些小小的助教协议，还有我和院系打交道的过程，让我看到了深层的政治排斥问题。这使我在处理一些来自学生方面的问题时，一直相当费劲。比如，学生会夸奖我的教学理念，但与此同时，他们会问一些与此相关的、我无法回答的问题，因为学生并不是我适合去倾吐心声的对象，也无法给我创造这样一个平台，更何况我也不想让他们觉得我是一个又疯狂又不知感恩的非洲黑人女老师。他们说："您讲理论特别清楚，举的例子都特别贴切……您真是个好老师……为什么您只是个助教……为什么您不当讲师来正式教我们呢？"虽然我在刚读博的时候听到这些问题也没觉得什么，但是读完博士以后，我的感觉就有点不同了。尤其是我过去的学生，有的现在已经读研了（也是我的光荣），他们发现我还在当助教，就很替我操心，问出的问题常常让我觉得，自己在开普敦大学的整个学术生涯都是不对头的。学生们会提到我之前为开普敦大学在教学方面所做的贡献以及我在这里的前途，有的学生会问：

> 　　我们读本科那会儿，您在读博，所以我们能理解……您当时只是个助教……而且您把我们教得特别好……但是现在您都博士毕业了……为什么他们不给您一个机会让您当讲师，可以上课或者组织学术讨论？哪怕当一个客座讲师，开两周的课也行啊……就讲您专长的领域？

> 　　您为什么不申请讲师职位？我们读本科的时候，您给了我们很大的帮助，真庆幸遇到您。如果您离开这里，去了威特沃特斯兰德大学

或者约翰内斯堡大学……唉……这对开普敦大学会是个大损失。开普敦大学真应该做点什么,把像您这样热情又有学识的老师留住……对吗?

(2013年到2014年间,我之前的学生给我提的一些表扬性问题)

上述这些表扬性提问,一方面肯定了我的教学理念对这些学生产生的影响,另一方面也透露出我在工作上的用心程度。我的努力还表现在,我每年都会跟一帮新的助教一起工作,而这里面有的人在本科阶段就是我的学生。我之所以不长进,主要的原因是,每次提交的讲师晋升申请都无法得到批准。我被告知说,这些职位是留着聘用"资深"人士的。所以我是跟一帮比我年轻的人在一起工作,用心投入教学,也得到了学生的一贯好评,却无法得到正式执教的机会。尽管如此,这些都没有使我灰心丧气。相反,学生们问的这一连串问题,正是我动力的来源,因为我对两件事情很明确:第一,我想按时完成博士学业;第二,我想改写我的学术履历和学术道路。因此,我一如既往地忽视那些困难,只关注好的一面。在我的学术职责和学术身份之间寻找平衡,这是一项不论从长期还是短期而言,我都仔细盘算过的计划,虽然对于一个住校的全日制外国博士生和助教而言,这种平衡的代价很高,而且自相矛盾。作为一个自费博士生,[4]我的助教合同可以帮我赚取一些收入,解决实际的生存问题,除此之外,我把这些在开普敦大学获得的意见和经验,视为日后踏入南非高等教育界的内部通道。

从我的讲述中很容易可以看出,我并没未觉察到自己在开普敦大学所处的边缘地位,也没有意识到环境的压迫感。相反,我认为我一定会以各种不同的方式默默成长和变迁。在读博期间,我的成长在于刻意地忽视黑人和外国人的身份。等到毕业的时候,我的策略也是,不要在开普敦大学去试图证明自己。为什么?因为如前所述,我的生存策略就是仅仅把开普敦大学看作一个培训基地,一个进入学术界的通道。于是,我从方方面面开始努力,寻求开普敦大学以外的学术途径。我的生存策略起作用了。在2014年8月1日那天,也就是我降级为助教之后整三年的日子,我在开普敦大学的助教经历以及在津巴布韦的学术履历,让我成为约翰内斯堡大学社会学专业的一名全职讲师——2017年8月1日起,正式成为高级讲师。尽管后来的结果不错,但是我所经历的复杂的学术现实,至今仍令我不安。像下面会讲到的那样，我在读博期间所体验到的归属感和所遭受的排斥，塑造了后来的我。

在四年内读完博士对我而言意味着内外交困的时间压力。移民签证规定，我在南非的逗留时间是有限的，而从我注册为一名全日制在校博士生那刻开始，大学的时钟就从未停止过摆动。我疲于在全日制博士生的学业压力和繁重的助教工作之间寻求平衡，没有时间发表论文以及为自己创造一个良好的薪资收入证明——而这些都是大学入职、晋升以及提高待遇最核心的前提条件。如今，我明白了，对我的排斥，在于我是一个学术圈的新人、一个自费的外国博士生，需要数年如一日地从事数不清的助教工作赚取微薄的薪酬来谋生。英国的女性学者们所遭受的排斥与我的经历相类似。例如，据观察，这些女性学者往往：

> 从事一些不太重要的"学术民工"的工作，也不太会得到晋升或者加薪的机会。相比男性而言，她们中更多的人，担任的是行政"照管、支持和协调"的工作，而这些都会阻碍她们的提升。[5]

我的情况是，我是一名外国黑人，但我的经历也能在一定程度上反映南非黑人在大学里的境遇。在一个白人主导的大学里，从事初级学术活动（助教之类的工作）的大部分研究生都是黑人，这是观察开普敦大学转型政治的一面透视镜。对我而言，这一点不仅反映了开普敦大学研究生们的社会经济现状，也反映了他们的学术抱负。例如，我是毫无疑问想要在开普敦大学当一名学者的，但是，如前所述，我在这里唯一能得到的就是一个助教的职位，这与我的教学热情无关，更不会考虑我已经到了博士阶段。正是在这种背景下，我提出了下面这个关乎转型反省的问题：

> 如果我自己的学术轨迹与非洲（南非）这些年轻黑人学者的学术轨迹能带来什么启示的话，那难道不是说，大学应该本着"塑造可用之才"的精神，培养和支持这群踌躇满志的年轻学者，从而改进大学的现状和整个高等教育界的图景吗？

作为对上述问题的回应，大学可以鼓励南非黑人研究生还有外国的黑人研究生更多地参与教学，无论是作为客座讲师或者助理讲师，这样可以为他们日后踏上学术道路做一些准备。如前所述，全日制外国自费博士生需要不断应对那种内忧外困的时间限制（移民签证限制了他们在南非逗留的时间）。后者的压力并不是外国黑人学生才有的，但是当后者和前者相加的时候，尤其是对自费博士生而言，就会产生一种复杂的排斥政治以及归属感的缺失。例如，外国黑人如果是持学生签证从他们各自的国家来到南非——不同于持工作签证或者公务签证的人，这些人可以一边工作一边自由地在南非的高等教育机构兼职进修——持学生签证的外国黑人在南非的生活会非常拮据。一旦持学生签证来到南非，一个外国的全日制学生能做的事情将非常有限。例如，持学生签的人每周工作时间不能超过22个小时，再加上学生身份能做的工作又不多，收入对学费来说就是杯水车薪。这种情况并不限于南非，因为在包括英国在内的其他国家，国际学生的签证也使他们面临着工作时长的限制。

  然而，有一点值得注意的是，在南非读博的学费比较合理（对南非发展共同体成员国的公民而言）。因此，南非吸引了相当一批的留学生来此攻读博士学位。但是开普敦的生活成本又非常高，这就使得留学生面临的经济状况复杂了许多。所以，全日制外国博士生在南非努力读书或努力成为一名学者，想要尽量保持一种体面的生活方式，同时又能养活自己远在故国的家人，就意味着他们要不断地跟缺钱这件事做斗争。为了克服这些困难并完成博士学业，这些外国的高材生们想尽办法，把校园里的公共区域都变成了自己可以工作挣钱的地方。例如，研究生的24小时机房对他们中的一些人而言，变成了第二个或者第三个家，因为他们会在那里工作到天亮，也就是其他同学所说的"上夜班"或者"值夜班"。是的，他们依然会完美地完成博士学业，但是，必须承认的是，他们在读书期间一直要操心这些由于体制不完善而带来的困扰，这真是一种折磨。这些复杂的情况说明，高校应该努力使这些博士生在读书期间，免于承受这么残酷的情感和经济压力。

  上述建议可以通过为全日制在校博士生提供资助来实现。这样做，一方面可以吸引更多的黑人学生攻读博士学位，同时每年也会培养出更多的黑人博士，这些人可以进一步选择从事纯学术的博士后工作。我所提的建议，基于我充分认识到，博士生这个群体往往是学术界的代表，因为这些人注定要成为学者。为博士生提供全额资助，能够确保他们全身心投入学业，无须为学费和生存而奔忙于校园内外的兼职工作。而从长远来看，大学也可以实现自己的转型目标。

上述我对自己学术轨迹的分享,不仅可以让读者大概了解了一个外国黑人学生在南非高等教育界所面临的问题,更重要的是,这些经历会让读者更容易理解一个外国黑人学生在开普敦大学感受到的归属感和排斥感问题。

解读开普敦大学的归属感和排斥感问题

从我自己的切身经验和体会来说,我认为外国黑人学者的境遇绝对更能反映高校转型的迫切性,同样,南非黑人学者的经历也能说明这一点。例如,我在开普敦大学这些年生活上和在学术上的遭遇,以及我所观察到的这所大学的风气和作为,跟一个南非本土的黑人学者对这所大学的结构、意识形态以及跨种族的互动体验似乎并无太大差异。马克思·普莱斯博士(Max Price,开普敦大学校长)通过"罗德雕像必须倒掉"运动发声,触及的复杂问题是:"开普敦大学是否存在种族歧视?"在回应中,普莱斯校长指出,开普敦大学的黑人学者,相较其他的南非大学而言,会遭受歧视的两种代表性情形是:

切斯特(Chester):我们现在是在开普敦大学。在这所学校,有人向黑人身上撒尿,有人殴打黑人女性……开普敦大学是否存在种族歧视?

普莱斯:如果是向黑人身上撒尿(切斯特:是啊)、侮辱他们,那毫无疑问是种族歧视行为,但我觉得开普敦大学不太有这种事。而谈到这件事的另一面,确实有一种不明显的歧视,比如说刻板印象,比如说肢体语言,比如说认为跟你说话方式不一样的人就没有你聪明、没有你受教育程度高(切斯特:是啊)。这种形式的种族歧视我觉得是存在的,普遍存在。

切斯特:所以,可以说,您的答案是:是的?

普莱斯:是的,是存在的。

切斯特:赶紧让我把雨衣拿来……防止离开这里之前被人尿在身上。[6]

上述情形在许多关于非洲学界体制歧视和个人歧视的研究中都有所涵盖（Kivilu，Diko & Mmotlane 2010；Kotecha 2006；Moguerane 2007；Pattman 2010；Scott & Letseka 2010；Soudien 2008；Vandeyar 2010；Walker 2005；Wolpe 1995）。南非自由大学曾发生过一件事："四个白人学生让非洲黑人员工们喝掉一瓶啤酒、比赛跑步、比赛橄榄球、跪在地上吃一堆上面撒了尿的泥糊状的东西。"（SAHRC 2012：14）尽管我个人 2008 年在这所大学的时候，没有受到过这种明确的种族歧视，但却真实地感受到了普莱斯所说的那种不明显的歧视。这些年来，无论我是走在开普敦大学的主干道上，还是走过校园里那些四通八达的曲径小路，都可以看到校园里潜在的种族分隔现象，表现在校园里的人群缺乏跨种族的互动。我注意到，这种在公众和私下场合都只跟自己本族人聚在一起的风气，限制了跨种族互动的机会，而且让大家在开普敦大学的归属感体验打了折扣。虽然这一点在学者中比较隐晦，但校园里正规的学生社团活动显著地表现出了以阶层和种族为特征的分类现象，只有背景相似的学生才会聚在一起。

我充分意识到，要打破这样的种族界限需要每个人的努力，同时也认为，在体制层面，杜绝这样的种族分隔也会在一定程度上为那些受到排斥的群体带来一定的归属感。我还认为，学校需要投入大量努力，去实现普莱斯之前说过的"一个让黑人学生感到自在的、开放包容的大学"[7]，通过体制改革，在正式和非正式层面提供平台，组织更多的跨种族活动，应对并解决排斥政治问题。尽管如此，明面上和暗地里的种族歧视行为都在告诉我们，想要在南非的高等教育界及其以外的领域实现转型还有很长的路要走。在这种情况下，当务之急是直面最难缠和最尖锐的白人优越性和父权制问题——正是在这种架构之下才滋生了身份政治（尤其对女性而言）（hooks 1994：88）。

此外，我将近五年的助教或研讨课堂教学经历，让我看到了黑人学生和白人学生之间的紧张感以及他们两极化的体验——这些都是在讨论种族、阶层，以及性别等与身份相关的问题时表现出来的。一方面，黑人学生直指白人优越性影响了他们在校园内外的归属感；另一方面，白人学生也表达了他们对这种肤色负担的厌倦。我自己对黑人学生和白人学生两极化感受的观察与开普敦大学的实证研究发现类似。这项研究"有 24 位来自 7 个院系的黑人学生和 4 位员工参加，名为'声像工程'，参与者将通过拍摄照片和讲故事的方式记录他们在开普敦大学的经历"（Kessi & Cornell 2005：1）。研究发现：

> 转型过程中的种族化现象，以实际的或象征性的排斥行为，严重影响到了学生们，影响了他们的自尊、归属感，以及学业表现。（Kessi & Cornell 2015：1）

提到交叉身份，学生们感受到排斥，有时是与性别（而非前文讨论的种族）相关的。这让高等教育领域的黑人女性学者无法获得归属感。种族和性别问题之所以是转型的核心课题，是因为，就在我写这篇自传文章之时，不论是开普敦大学还是南非其他的（传统白人）大学，都还没有几位女性教授。尽管有一些学术研究（Kessi & Cornell 2015；Mabokela 2002；Mabokela & Magubane 2004；Naicker 2013；Rabe & Rugunanan 2012）也可以拿来质疑那种认为南非高等教育界已经消灭了种族和性别歧视的主观论断，但是来自南非卫星电视5台（eNCA）对普莱斯就"罗德雕像必须倒掉"运动进行的一段采访更能充分说明问题：

> 切斯特：据称，贵校没有非洲黑人女教授，连一位都没有。不知贵校……是谁在负责人事工作呢？史蒂夫·霍夫迈尔（Steve Hofmeyr）？
> 普莱斯：我猜您是说南非黑人吧，我们其实是有三位南非黑人女教授的。
> 切斯特：三位？可真多！天哪，贵校员工人数是多少呢？
> 普莱斯：我们的非洲黑人女教授人数要更多，不过我觉得这不是一个问题……而是一个严重的问题。
> 切斯特：来自整个非洲的？你们有多少名教授呢？
> 普莱斯：大概200名。
> 切斯特：200……天哪，我简直……我简直喘不上气儿了……[8]

对应地，亚泽德·卡马尔迪安（Yazeed Kamaldien 2014）写了一篇文章回应之前肖斯·凯西和约瑟芬·康奈尔（Shose Kessi & Josephine Cornell 2015）的研究。在这篇文章中，参与访谈的白人学生表达了他们在课堂上和校园里其他场合的感受和体验。谈到开普敦大学的转型问题，基根·史密斯和丹尼尔·托马斯（Keegan Smith & Daniel Thomas）——两位工程系一年级的（白人）学生——分别说道：

> 史密斯：大部分讲师都是白人，我们的黑人讲师没几个。
>
> 托马斯：开普敦大学的确需要改变。所有重要岗位上都是白人，因此这所学校就成了一家白人机构。应该有更加多样化的权力分布。[9]

普莱斯承认，开普敦大学非洲人和有色人种的全职男女教授数目之少，反映出南非的整个高等教育界在转型上所面临的问题。尽管这些关于性别和种族的数据已司空见惯，但对我而言，这些数据意味着学术界的深层归属感问题，并且亟须出台解决方案，改良全国的高等教育总体状况。为实现这一点，转型方案需要努力吸引并且留住更多的黑人学者。开普敦大学和其他大学都一样。由于在总体上缺乏转型方案，种族和性别等交叉身份问题使得整个校园环境呈现等级化现象，黑人，尤其是黑人女性仍然不得不在这样的环境中谋求生存。我提的一个核心转型问题是：

> 如果说体制内已有所建树的黑人学者在努力提升自己在等级序列中的位置，那么处于该等级制度末端的那些人能做些什么——比如说，像我这样的学术起步者？

该问题源于之前提到的开普敦大学晋升制度的许多弊病，它的晋升程序也存在争议。据悉，有的大学降低了标准，让黑人学者有更易升迁的机会。[10]然而，现有的转型问题并非一概否认普莱斯提到的大学为实现平等雇佣而付出的努力。这些努力包括：

> 一些特殊活动专为帮助学者们的职业发展而设。［这些活动］在过去的10年里，［见证了］600余名学者［参加］"入门研究者项目"，帮助他们从零起步开始从事研究，为他们提供培训、指导和监督，并且在不要求前期成果的基础上为其提供科研资助。

应对包括开普敦大学在内的高校种族和性别不均问题之所以十分重要，是因为现有（女性）黑人学者匮乏这一问题已经为黑人学生所注意，于是，在这个过程中，黑人学生会怀疑他们自己在课堂上的表达和贡献是否被人重视。这说明，我们需要宏观的转型政策来关注黑人学者对课程设置和改革做出的贡献，尤其是那些专门针对南非黑人群体生存复杂现状的课程。除了让黑人学者受益之外，这样的转型政策也能够惠及黑人学生，因为他们在这样一个去殖民化的转型进程当中，常常觉得受到排斥，从而无法有效地参与辅导课和正规课堂的学术讨论。卡马尔迪安指出，这种受排斥的经历往往被归因为"大学的'白人性质'"。[11]高等教育部出台的有关高校转型管理委员会消除公共高校歧视现象的报告也显示如此（Soudienetal. 2008）。我认为，在这种白人至上的背景下，如果一位既是黑人又是外国人的博士生拥有加入学术界并最终成为讲师的潜力，如果他在课堂上和在校园里的存在能够让某些特定群体感到自在，那么这位博士生对于大学转型而言也是很重要的。

为什么民主制实行20余年后出现了"罗德雕像必须倒掉"运动

黑人群体之间的交流以及我个人一直以来的观察，都表明开普敦大学多年来那些细枝末节的歧视行为，多么严重地加剧并助长了根深蒂固的两极化体验和立场，以及排斥政治。的确，我在学术界的黑人同事们会聊到他们在开普敦大学（以及整个南非，对外国人而言）的遭遇，校园里的白人群体对他们的存在本身以及他们的学术能力都造成了严重的困扰与影响。然而，由于担心会惹来更多麻烦，他们都不敢发声，而且也没有一个平台可以让他们来表达自己的不满，有的只是私下里在走廊相遇时的抱怨，或者是在校园里那些政治正确的场合下不同种族之间互动时所说的官话。这些外国人有一个共同之处堪称讽刺：他们都在自己的国家与种族主义进行过抗争，结果来了南非之后，倒不能面对这种挑战了。尽管从表面上来看，现在黑人只是把这么复杂的一个困境当成了闲聊的话题，但我确信，这种被遮蔽又没有得到妥善解决的种族不公问题，是一股隐匿着的巨大暗流，终究有一天会不可抑制地爆发。除了我个人持这种看法之外，普莱斯也曾分析过黑人学生为何直到现在才表达对开普敦大学罗德雕像的不满，他承认说：

> 在1994年及其之前……这所大学[开普敦大学]是白人主导的。而我们现在的黑人学生占比已经超过60%，因此我们需要成为一所能够让他们感到自在的、开放包容的大学……如果他们通过对罗德雕像还有其他雕像、对校园建筑的命名，以及对这所大学的某些工作方式表达不满来向我们传达他们觉得自己在这里像是局外人……那么我们就需要解决这些问题。[12]

在卡马尔迪安之前那篇文章的对话中，普莱斯承认说：

> 黑人学生认为白人学生更会跟白人上级打交道，说他们更容易跟白人教授拉近关系。黑人学生说，白人学生跟教授说话，就像跟自己的爸爸说话一样。于是黑人学生在课堂上不再发言或提问。一位黑人女生说她不想在课堂上向白人同学求助，她认为这样会更加巩固他们认为她水平不行的刻板印象。[13]

与其他学者和分析人士一样，我也认为，如果把开普敦大学"罗德雕像必须倒掉"运动的部分原因归结为长期存在的种族不公状况，并不为过。古可拉（Gqola 2004）——金山大学非洲文学系教授（本文撰写之时），后到福特海尔大学任教，同时也是《倾听我们的声音》（Mabokela & Magubane 2004）一书的章节撰写者——表达了与普莱斯所述一致的情况。古可拉首先指出了校园里学生人群构成比例有所改变这一现象，接下来立刻转而讨论该现象带来的不同于以往的挑战。古可拉要讲的，其实是民主制实行20多年来转型节奏滞缓的问题。她表示：

> 21年的时间，足够长到让我们可以改进大学里的许多问题，而不是让校园内外的年轻人为大学的转型不到位而付出代价……2015年了，我们梦想中大学在转型后本该呈现的图景，依然模糊不清。我们的希望不断破灭。这21年来，大学的转型除了学生人数变动，剩下的就只是巨大的失败和一些微不足道的作为。（Gqula 2015）

简而言之，罗德雕像的倒掉是象征性的。这一运动创造了一个平台，让黑人学生可以与开普敦大学长期存在的种族分隔和排斥行为正面对抗。

第六章　既是黑人又是外国人：南非学术界的异类

黑人学生不分国籍，都参与了这一抗议活动，这也证实了我的理论，即南非黑人学生以及其他国家的黑人学生在校园里面对的排斥问题不分彼此。换言之，肤色带来的歧视也不分国界。于是，只要是校园里黑皮肤的人，就会团结起来去抗争并推翻这个种族歧视体系。因此，我们需要一个更加无所不包的"黑人"定义，来确保南非大学的改革全局不会漏掉任何一方。另外，我也认为，非洲黑人的这两个群体之间（南非黑人与其他国家的黑人），存在着天然的紧张感，这只会使得一个更加无所不包的"黑人"定义的产生变得愈发艰难。

除了外国黑人学者不受现有平等雇佣条款（下文会提到）保护这点之外，前面提到的紧张感，还源于一种"优等黑人"的流行说法，指的就是外国黑人，而且特指津巴布韦黑人。例如，我注意到，这种"津巴布韦黑人论"是如何使得南非黑人在学术界和其他公共领域，被莫名打上了无能和懒惰的标签。其实，争议主要是关于：为何学术界的南非黑人在人数和智力上都被外国黑人，尤其是津巴布韦人压倒，为何后者总能按时完成他们的博士学业，并且可以加入学术界及其相关行业。在我看来，这一问题并不难回答。因为大家并没有考虑到，南非黑人学生在想要成为学者的这条路上会遇到多重社会经济阻力。我特别注意到政策落实明显不到位的问题——诸如《平等雇佣法案》（1998年，第55条）和《高等教育法案》（1997年，第101条）等立法文件都没有落实到位——我还特别关注到20余年的民主制下许多南非黑人的真实生存状况。所以，要想让南非黑人对所谓民主毫无微词，还有很长的路要走。南非黑人还需要持续对抗目前存在的不公现象，直到有一天，可以通过高等教育界等各界的转型而实现真正的民主。

学术界的南非（外国）黑人同仁们的声音

这部分的讨论已经超出了我原本设计的主题、观察和分析，转而去关注学术界的南非（外国）黑人同仁们的声音，尤其是关注他们如何应对学术界的归属感和排斥问题。古可拉把目光投向的是开普敦大学"罗德雕像必须倒掉"和"开普敦大学必须转型"运动，以及"金山大学必须转型"和"罗德可真白"这几项新近发生的事件。她认为出现了"一种新语法"，意指高等教育界一浪高过一浪的抗议之声。她说：

> 大学师生们的焦虑不会消失。在高等教育界和政府都出现了一种新语法。如果我们能够培养出理解这套语法并参与其中的人才，那对我们是会有好处的。

也就是在这时，我开始寻找在转型过程当中，非洲黑人学者有更多作为的地方，并试图把他们的声音放在古可拉上文所提的新语法当中来考量。古可拉提醒我们要培养人才，要理解并参与这种新语法。在我看来，这种人才不仅可以是一名南非黑人学者，也可以是一名外国黑人学者。我认为应该在转型中涵盖所有黑人，不分国籍。带着这样的思路，本文所讨论的话题可以参考卡罗琳·恩库比（Caroline Ncube）的一篇文章，名为"罗德：一位开普敦大学黑人副教授的视角"（Rhodes：Views from a Black Associate Professor at UCT）[14]。在这篇文章中，恩库比发出了自己关于转型这件事情的声音，她说：

> 在要求开普敦大学针对种族问题进行转型的众多呼声中，许多声音都渴望被听到。它们必须被听到。我也觉得不吐不快。我是一个非洲黑人，不是南非黑人，是一名开普敦大学的女性副教授。作为一个外国人，我可以毫不犹豫地说，我的存在对于推进这所大学的平等雇佣规定起不到任何作用，只有雇佣指定的（正规定义的）南非人士才能做到这一点。不过，我的使命，是在这所大学里促进大非洲一体化（Afropolitan），因为我的存在增添了这所大学的多元性。我认同南非的黑人学生和同事们，也热切地希望他们能觉得跟我有共鸣，因为我们遭受的是类似的种族歧视。[15]

上述内容传达出一个观点：外国黑人学者已经证明了，他们对南非的整个高等教育界是同样重要的，而且他们的存在为南非黑人学者和学生创造了某种归属感，和一个他们很容易参与的进步学术共同体。这其实也在某种意义上反映了南非整个高等教育界黑人学者在人数上的问题。然而，一些南非黑人学者却强烈反对转型进程应不论国籍地涵盖所有黑人。开普敦大学的索莱拉·曼库（Xolela Mangcu）和萨赫拉·布隆古（Sakhela Buhlungu，本文写作时任教于开普敦大学，后调至福特海尔大学）援引《平等雇佣法案》中对于指定人群和非指定人群的明确界定，反对将南非以外的外国黑人学者纳入受益人群体。这两位分别如是说：

> 曼库：外国非洲学者和学生的存在给转型制造了一种虚假印象。[16]
> 布隆古：让那些恰好也是黑色皮肤的外国学者在南非的法案中作为同等受益人是站不住脚的。你会发现这是最——不诚实、最虚伪以及最讽刺的事了。[17]

开普敦大学经济学教授麦克·莫里斯（Mike Morris）指出了这种转型中对黑人定义的狭隘化及其带来的边缘化后果。他说：

> 谈论身份政治的人都关注到了"黑人"和"非洲人"共同遭受过的潜存"种族压迫"。然而，怎么现在津巴布韦黑人的遭遇就突然无所谓了？为什么南非的黑人学生就不能跟我们其他的非洲黑人同胞分享自己的经历，或者向他们不同的经历学习呢？[18]

尽管恩库比表达了跟曼库和布隆古一致的观点，认为自己在开普敦大学的存在并没有，也不应该在任何形式上适用现有的平等雇佣规定，但是她开始质疑并开启了对学界内外黑人定义问题的思考。对她而言，做一名黑人并不意味着种族或者国籍。她是这么表述的：

> 并不是我的国籍，而是我生来如此的肤色，让商场的保安一直盯着我。是我的肤色加上我的种族，让学生怀疑我的学术能力。然而，在其他一些场合，我的国籍的确让我成为仇恨和暴力的对象——而这就是我今天写下这些话的原因。今天，我写下这些话，就是要在开普敦大学转型的呼声中，公开地发出自己的声音。[19]

我们都知道，转型的适用对象是南非黑人，他们才是《平等雇佣法案》所指定人群。然而，本着团结的精神（Biko 2004），我们也需要想办法考虑到外来的黑人学者——更何况开普敦大学和诸如约翰内斯堡大学这类高校，一向都推崇和宣扬国际化和多元化。我们需要创造一个平台，让南非的外国黑人学者可以发声和被听到。这能够在一定程度上确保他们（南非的外国学者）不再是转型进程中的无关变量，而是成为南非黑人的兄弟姐妹。在为转型事业而奋斗的过程中，南非黑人与外国黑人共同的经历和处境都很重要，而不因他们各自不同的国籍而异。只有这样，才不会无端抹煞了这整个过程中，外国黑人学者为南非高校及其转型做出的贡献。因此，我认为，在南非的高等教育体系中，外国黑人学者的存在，促成了一个学术共同体，而这个学术共同体随时欢迎南非黑人学者和学生的加入。接纳南非的外国黑人学者，而不是把他们当成与南非黑人不同的异类。这样做，可以消解学术界毫无必要且令人不安的黑人等级体系。

超越南非/非南非的二元划分

在南非的一些大学里，也会有某些时刻和情境，让人心生归属感。例如，有人这样说："南非大学帮我成为一个更好的学者、一个更好的人。在南非大学，我感到了真正的归属。"这是威廉·奥马利·米勒（William Omari Miller），[20]一位美籍非裔学者谈论他在南非大学的体会时所说的话。[21]尽管如此，他认为在南非学术界做一名黑人本就很难，无论是南非本土黑人还是外来的黑人学者。说到在南非的高等教育界做一名黑人这件事，的确颇有意思，因为这种身份标签其实根植于殖民和种族隔离体系的身份类别意识形态当中。这种意识形态赖以滋长的种族理论，是那种在南非还处于殖民和种族隔离阶段的时候，将黑人分作印裔人、有色人，以及非洲黑人的理论。而这样的种族理论，在后殖民/后隔离时代的今天，依然继续划分着非洲黑人，而现在是分成了南非黑人和非洲大陆其他地区的黑人。所以说，本文探讨黑人定义的目的，是要充分警示，不要让黑色人种内部狭隘的等级主义，对南非乃至整个非洲大陆黑人的团结造成破坏。

在这样的背景之下，本文刻意跨出南非/非南非的二元划分模式。这在某种意义上呼应了齐米特里·伊拉斯谟（Zimitri Erasmus 2001, 2010, 2017）对种族理论的批判。我们批判的是承袭自国家分裂时期的种族分类方式——以及受全球历史影响的种族分类方式。类似地，我提倡的是国家主义之上的、整个非洲大陆的团结。这呼应了比科（Biko 2004）的那部启蒙之作，强调黑人集体主义的重要性，目的是把黑人从长期以来基于种族

第六章 既是黑人又是外国人：南非学术界的异类

的等级体系和排斥政治当中解放出来。本着黑人应该互相团结的精神，我希望读者在这里能把黑人学者当成一个集体来关注。当我把所有黑人学者框为一体的时候，我其实是在用殖民主义和全球文化矩阵的认知方式，惯常地把所有非洲人都看作一个同质化的群体，抹煞其异质性、个体性和多样性。（Arnfred 2004；Tamale 2011）我承认，在权衡同质和异质之时，我所采用的理论、方法论和分析视角以及我所输出的知识（通过教学和科研），都与我个人在学术界受到的异化和排斥经历不可分割，而我相信，那些采用女权主义立场进行研究的黑人学者们，也会对此予以认同。例如，我曾在一篇发表的作品当中承认道：

> 早在 2008 年，我就开始分析多样性、包容性与排他政治。当时我向自己提出了一个内省式的问题："我是谁？我跟别人有什么不同？"在寻找答案的过程当中，我回溯了自己作为一名从 2008 年开始就在南非生活的津巴布韦黑人女性、学者、文化激进主义者、女权主义者这样的多重交叉身份。于是，我发现，并对自己作为"他者"，在异国的时区及地理空间生存的经历赋予了意义。（Batisai 2016：122）

对我而言，"作为他者的自我"这一构想所提出的，是本体论和认识论的问题。这些问题让我拥有了强有力的现象学透视工具，来想象和探索身份及差异政治——这对我输出的知识至关重要。我的本体论问题，关心的是集体身份，采用的形式是追问我的自我及人格。而我发问的基础，是我已经主观赋予了自己的经历以意义，那些我作为一个异类的经历，以及我作为他者在一个又一个的环境中——包括学术界——谋求生存的经历（Batisai 2015）。

然而，必须注意到，在实际情况中，黑人学者之间就算有再大的差异，总有一点是一样的，那就是他们是作为一个集体在学术界被定位的，而这种定位又会进而影响他们对机会和资源的获取——也会影响他们所输出的知识。例如，团结精神是我所采纳的理论、方法论和分析视角的核心——也是我最终输出的知识的核心。在我教书和写论文的时候，我采用集体主义精神对我的"非洲特质"进行评判和重新界定，这"让我可以从内心去直面困扰自己的身份危机压力，同时排除万难地去全面接纳自我以及自己的非洲身份"（Batisai 2016：124）。这种非洲身份不在乎国籍、语言以及肤色的差异，而是认为"外国的黑人也是兄弟姐妹，他们是什么国籍并不要紧，要紧的是大家都是非洲黑人的身份。正是因为这样的'接纳'，非洲特质不再是区域化的、不再仅仅局限于一个人的国籍"（Batisai 2016：127）。从这样一个集体主义的进步立场来看，学术界不再是一个黑人内斗的场所，因为南非的本土黑人学者以及南非的外国黑人学者都会意识到，种族主义自带分裂性（如所谓的优等黑人论），而这一点常常在他们为了各自的领域和认可度而互相竞争时被忽略。

结　语

值得重申的是，传记式学术作品很少谈及学术界的排斥问题。这样的现象绝不会贬低马博凯拉（Mabokela 2002）、马博凯拉和马古巴尼（Mabokela & Magubane 2004）、奈克尔（Naicker 2013）、拉贝和鲁古南（Rabe & Rugunanan 2012）的作品，以及本书的价值。我个人尤其感兴趣的事情跟《倾听我们的声音》一书所讲述的黑人学者故事很像。和我一样，书里的这些学者在开普敦大学（无论是作为教师还是学生），经历了失声和边缘化的过程——也讲述了他们这么多年来，如何去搞懂并参与这所学校的转型。今天，我的这篇传记，与这本书里的其他文章一样，都是在推进马博凯拉和马古巴尼（Mabokela & Magubane 2004）当初所开启的话题。我们公开讨论黑人学者是如何认同自己的身份与差异的，无论他们是功成名就还是尚在奋斗；最重要的是，我们公开讨论黑人学者是如何为了在学术界得到应有的地位，抑或与体制正面抗争，抑或在体制中迂回求生。

往往，归属感都关乎黑人学者作为个体或群体在学术界求生存的那些战斗。这些或小型或大型的战斗，它们永不停息的动力在于追求最终的胜利；而胜利，源自黑人学者们经年累月地在这样残酷的环境下取得的不俗成绩，以及排除万难、力争上游时所磨炼出的坚韧精神。概言之，这篇传记奉行的是转型精神，通过特别关注黑人学者的主体经历，最终想要实现的客观目标，是推动南非高等教育界的转型进程。

第六章　既是黑人又是外国人：南非学术界的异类

注 释

1. 与扎恩·马古巴尼的一对一访谈，《人文消息》（Humanities News），2015年4月24日。网站访问时间：2015年4月，http：//www. humanities. uct. ac. za/news/one-one-zine-magubane#sthash. cWVGBqDX. dput.

2. 与扎恩·马古巴尼的一对一访谈，《人文消息》（Humanities News），2015年4月24日。网站访问时间：2015年4月，http：//www. humanities. uct. ac. za/news/one-one-zine-magubane#sthash. cWVGBqDX. dput.

3. 与扎恩·马古巴尼的一对一访谈，《人文消息》（Humanities News），2015年4月24日。网站访问时间：2015年4月，http：//www. humanities. uct. ac. za/news/one-one-zine-magubane#sthash. cWVGBqDX. dput.

4. 我这么讲，并无意否认我所在的院系（当时的非洲性别研究所）和我的家人给我的支持。

5. 格罗夫（Grove 2016）：《女性学者"为学术公民的身份付出代价"》（Female professors "pay price for a cademic citizenship"），《高等教育时报》（Times Higher Education），2016年12月14日。网站访问时间：2018年3月，http：//www. timeshighereducation. com/news/female-professors-pay-price-academic-citizenship.

6. 南非卫星电视5台（2015）：《切斯特·米森在开普敦大学报道罗德雕像危机事件》（Chester Missing reports on Cecil John Rhodes Statue crisis at UCT），2015年4月8日。网站访问时间：2015年4月，http：//www. enca. com/media/video/lnn12-ep11-chester-missing-reports-cecil-john-rhodes-statue-crisis-uct.

7. 南非卫星电视5台（2015）：《切斯特·米森在开普敦大学报道罗德雕像危机事件》（Chester Missing reports on Cecil John Rhodes Statue crisis at UCT），2015年4月8日。网站访问时间：2015年4月，http：//www. enca. com/media/video/lnn12-ep11-chester-missing-reports-cecil-john-rhodes-statue-crisis-uct.

8. 南非卫星电视5台（2015）：《切斯特·米森在开普敦大学报道罗德雕像危机事件》（Chester Missing reports on Cecil John Rhodes Statue crisis at

UCT），2015 年 4 月 8 日。网站访问时间：2015 年 4 月，http：//www.enca.com/media/video/lnn12-ep11-chester-missing-reports-cecil-john-rhodes-statue-crisis-uct.

9. 亚泽德·卡马尔迪安（2015）：《开普敦大学"疏离黑人，巩固白人地位"》（Cape Town University "alienates blacks, perpetuates whiteness"），网站访问时间：2015 年 6 月，https：//yazkam.wordpress.com/2014/08/24/cape-town-university-alienates-blacks-perpetuates-whiteness/.

10. 参见开普敦大学转型系列研究中多名学者的文章（Visseho Adjiwanou, Adelene Africa, Floretta Boonzaier, Barbara Boswell, Mbongiseni Buthlezi, Yaliwe Clarke, Victoria Collis-Buthelezi, Reza Daniels, Roshan Galvaan, Shose Kessi, Progress Njomboro, Nkuuleko Mabandla, Zethu Matebeni, Daniel Munene, Jay Pather, Elelwani Ramugondo, Vimal Ranchhod, Rael Salley, Kevin Thomas）。

11. 亚泽德·卡马尔迪安（2015）：《开普敦大学"疏离黑人，巩固白人地位"》（Cape Town University "alienates blacks, perpetuates whiteness"），网站访问时间：2015 年 6 月，https：//yazkam.wordpress.com/2014/08/24/cape-town-university-alienates-blacks-perpetuates-whiteness/.

12. 南非卫星电视 5 台（2015）：《切斯特·米森在开普敦大学报道塞西尔·约翰·罗德雕像危机事件》（Chester Missing reports on Cecil John Rhodes Statue crisis at UCT），2015 年 4 月 8 日。网站访问时间：2015 年 4 月，http：//www.enca.com/media/video/lnn12-ep11-chester-missing-reports-cecil-john-rhodes-statue-crisis-uct.

13. 亚泽德·卡马尔迪安（2015）：《开普敦大学"疏离黑人，巩固白人地位"》（Cape Town University "alienates blacks, perpetuates whiteness"），网站访问时间：2015 年 6 月，https：//yazkam.wordpress.com/2014/08/24/cape-town-university-alienates-blacks-perpetuates-whiteness/.

14. 卡罗琳·恩库比（2015）：《罗德：一位开普敦大学黑人副教授的视角》，《人文消息》，开普敦大学转型系列。网站访问时间：2015 年 5 月，http：//mg.co.za/article/2015-05-14-uct-and-transformation-the-academic-staff.

15. 卡罗琳·恩库比（2015）：《罗德：一位开普敦大学黑人副教授的视角》，《人文消息》，开普敦大学转型系列。网站访问时间：2015 年 5 月，

http://mg.co.za/article/2015-05-14-uct-and-transformation-the-academic-staff.

16. 基层员工（GroundupStaff）（2015）：《学界员工》（The academic staff），《邮卫报》，2015年5月14日。网站访问时间：2018年11月，http://mg.co.za/article/2015-05-14-uct-and-transformation-the-academic-staff.

17. 基层员工（GroundupStaff）（2015）：《学界员工》，《邮卫报》，2015年5月14日。网站访问时间：2018年11月，http://mg.co.za/article/2015-05-14-uct-and-transformation-the-academic-staff.

18. 基层员工（GroundupStaff）（2015）：《学界员工》，《邮卫报》，2015年5月14日。网站访问时间：2018年11月，http://mg.co.za/article/2015-05-14-uct-and-transformation-the-academic-staff.

19. 南非卫星电视5台（2015）：《切斯特·米森在开普敦大学报道罗德雕像危机事件》（*Chester Missing reports on Cecil John Rhodes Statue crisis at UCT*），2015年4月8日。网站访问时间：2015年4月，http://www.enca.com/media/video/lnn12-ep11-chester-missing-reports-cecil-john-rhodes-statue-crisis-uct.

20. 美国伊利诺伊州普林西庇亚学院（埃尔撒）社会学/人类学副教授、华盛顿大学圣路易斯分校布朗社会工作学院兼职教授、伊利诺伊州路易克拉克社区学院（戈弗雷）兼职教授。现在人文科学学院丹尼尔·马特吉拉（Daniel Matjila）教授指导下攻读非洲语言文字博士学位。

21. 奈杜·霍夫迈斯特（Naidu-Hoffmeester, R. 2015）：《种族隔离仇恨言论在南非被制度化了吗？》（Has apartheid hate speech been institutionalized in SA?），《南非大学新闻》（*UNISANews*），2015年9月1日。网站访问时间：2015年9月，http://www.unisa.ac.za/news/index.php/2015/09/has-apartheid-hate-speech-beeninstitutionalised-in-sa/.

参考文献

Arnfred, S., ed. (2004) *Re-thinking sexualities in Africa*. Uppsala: The Nordic African Institute.

Batisai, K. (2013) Body politics: An illumination of the landscape of sexuality and nationhood? Re-seeing Zimbabwe through elderly women's representations of their sexual and gendered lives. PhD. Thesis, University of Cape Town.

Batisai, K. (2015) 'Self as other': Ontological and epistemological questions of identity and difference. Paper presented at the 3rd Annual Conference of the Centre for Phenomenology in South Africa: Identity and Difference, 27 – 29 March 2015, University of Johannesburg, South Africa.

Batisai, K. (2016) Interrogating questions of national belonging, difference and xenophobia in South Africa. *Agenda.* 30 (2): 119 – 130.

Biko, S. (2004 [1978]) *I write what I like.* Johannesburg: Picador Africa.

Collins, P. H. (1998) It's all in the family: Intersections of gender, race and nation. *Hypatia.* 13 (3): 62 – 82.

Durrheim, K., Trotter, K., Piper, L. & Manicom, D. (2004) From exclusion to informal segregation: The limits to racial transformation at the University of Natal. *Social Dynamics: A Journal of African Studies.* 30 (1): 141 – 169.

Erasmus, Z. (2001) *Coloured by history, shaped by place: New perspectives on coloured identities in Cape Town.* Cape Town: Kwela Books.

Erasmus, Z. (2010) Confronting the categories: Equitable admissions without apartheid race classification. *SAJHE.* 24 (2): 244 – 257.

Erasmus, Z. (2017) *Race otherwise: Forging a new humanism for South Africa.* Johannesburg: Witwatersrand University Press.

Gqola, P. D. (2002) Ufanele uqavile: Blackwomen, feminisms and postcoloniality in Africa. *Agenda: African Feminisms.* 50 (1): 11 – 22.

Gqola, P. D. (2004) Language and power, languages of power: A black woman's journey through three South African universities. In R. Mabokela & Z. Magubane (Eds) *Hear our voices: Race, gender and the status of black South African women in the academy.* Pretoria: University of South Africa Press.

Gqola, P. D. (2015) *Transformation and decolonising universities.* Accessed September 2015, http://www.wits.ac.za/alumni/27024/alumni.html.

Harding, S. (1987) *Feminism and methodology: Social science issues.* Bloomington: Indiana University Press.

Hooks, B. (1994) *Teaching to transgress: Education as the practice of free-*

dom. New York: Routledge.

Kessi, S. & Cornell, J. (2015) Coming to UCT: Black students, transformation and discourses of race. *Journal of Student Affairs in Africa.* 3 (2): 1 – 16.

Kivilu, M., Diko, M. & Mmotlane, R. (2010) South African's attitudes to social integration in schools. In B. Roberts, M. Kivilu & D. Davids (Eds) *South African social attitudes. 2nd report: Reflections on the age of hope.* Cape Town: HSRC Press.

Kotecha, P. (2006) In name only? The case of the university. *Kagisano: Ten years of higher education under democracy* (Issue No. 4). Pretoria: Council on Higher Education.

Mabokela, R. O. (2002) Reflections of black women faculty in South African universities. *Review of Higher Education.* 25 (2): 185 – 205.

Mabokela, R. & Magubane, Z. (Eds) (2004) *Hear our voices: Race, gender and the status of black South African women in the academy.* Pretoria: University of South Africa Press.

Magubane, Z. (2004) Introduction. In R. Mabokela & Z. Magubane (Eds) *Hear our voices: Race, gender and the status of black South African women in the academy.* Pretoria: University of South Africa Press.

Mbilinyi, M. (1992) Research methodologies in gender issues. In R. Meena (Ed.) *Gender in southern Africa: Conceptual and theoretical issues.* Harare: SAPES Trust.

Moguerane, K. (2007) Post-apartheid politics of integration at a residential student community in South Africa: A case study on campus. *African Sociological Review.* 11 (2): 42 – 63.

Naicker, L. (2013) The journey of South African women academics with a particular focus on women academics in theological education. *Studia Historiae Ecclesiasticae.* 39: 325 – 336.

Ogundipe-Leslie, M. (2001) Moving the mountains, making the links. In K Bhavnani (Ed.) *Feminism & 'Race'*. New York: Oxford University Press.

Pattman, R. (2010) Investigating 'race' and social cohesion at the University of KwaZulu-Natal. *South African Journal of Higher Education.* 24 (6): 963 – 971.

Rabe, M. & Rugunanan, P. (2012) Exploring gender and race amongst female sociologists exiting academia in South Africa. *Gender and Education*. 24 (5): 553 – 566.

SAHRC (South African Human Rights Commission) (2012) *Commentaries on equality: Race, gender, disability and LGBTI Issues*. Johannesburg: SAHRC.

Scott, G. & Letseka, M. (2010) Student inclusion and exclusion at the University of the Witwatersrand. In M. Leseka, M. Cosser, M. Breier & M. Visser (Eds) *Graduate destination: Higher education & labour market access and success*. Cape Town: HSRC Press.

Soudien, C. (2008) The intersection of race and class in the South African university: Student experiences. *South African Journal of Higher Education*. 22 (3): 662 – 678.

Soudien et al. (2008) *Report of the Ministerial Committee on transformation and social cohesion and the elimination of discrimination in public higher education institutions*. Accessed April 2015, https://www.cput.ac.za/storage/services/transformation/ministerial_ report_ transformation_ social_ cohesion.pdf.

Tamale, S., ed. (2011) *African sexualities: A reader*. Cape Town: Pambazuka Press.

Vandeyar, S. (2010) Responses of South African teachers to the challenge of school integration. *South African Journal of Education*. 30 (1): 343 – 359.

Walker, M. (2005) Rainbow nation or new racism? Theorizing race and identity formation in South African higher education. *Race Ethnicity and Education*. 8 (2): 129 – 146.

Wolpe, H. (1995) The debate on university transformation in South Africa: The case of the University of the Western Cape. *Comparative Education*. 31 (2): 275 – 292.

第七章

咄咄逼人之人

雨果·肯纳姆

"你很咄咄逼人,你知道吗?"她问我。即使是笑着问的,我依然感到震惊,很难接受她的评价。我也不知怎么写这个故事才好。萨拉·艾哈迈德(Sara Ahmed)曾说过:"当你整个人都曝露在外,极为惹眼,那你想让自己的观点立住就很难了。"(Ahmed 2009:41)她说,跟别人不一样恐怕是一个人的痛点。我已经领悟到了,但现在讨论这个话题还为时尚早,我先来说说其他的故事。

本文开篇,我想着重强调的是,"我们的身体都刻着带有含义的记号"(Puwar 2004)。此刻,我想知道,在学术界,我的黑人身份会如何影响我对自己的认识。就算我并没有意识到,自己的身体是一个带有多重意义的记号,别人也会对我的存在赋予含义。忽略别人的看法并不可取。即使你不想知道别人怎么看你,人们还是会窃窃私语,传播小道消息或是背地里大嚼舌根。从艾哈迈德和其他学者的分析视角来看,我需要直面别人的"流言蜚语"。当他们说我咄咄逼人的时候,我很好奇,想知道他们为什么会这么说,如果深究下去,会不会发现更多的东西。

弗朗茨·法农(Frantz Fanon 1963)曾记录下他在巴黎街头如何被人当作一个可怕的黑人。无独有偶,奥德雷·洛德(Audre Lorde 1984)也曾讲述过,她带孩子外出时,一个白人小女孩指着她的女儿说:"瞧,一个女仆宝宝。"我是黑人,但我的男性身份可以保护我,例如,当我重新进入主流学术界时,我的"中立"身份让我如鱼得水。我的肤色是无法否认的事实,但我的性别身份却缓和了种族身份,因为在学术领域,黑人女性要比男性黑人更可怕(Gqola 2004;Tufvesson 2014)。作为黑人男性,我可以和来自南非不同种族的人自如交往。但如果说黑人女性的日子不好过,黑人男性也有他们自己需要面对的挑战。以前,我在白人女性面前很不自在,意识到症结所在后,我开始消解自己的黑人男性身份。我相信这样做可以让我更加融入他们的群体,变得不那么可怕。我尝过那种不被接纳的滋味,很折磨人。

白人排斥黑人,这件事稀松平常,所以人们似乎都忘了其中的恶意。除非黑人把博士的资历挂在自己的脑门上,否则白人都会对他们心生恐惧和厌恶之情。哈佛大学的知名教授亨利·路易斯·盖茨(Henry Louis Gates)就曾亲身遭遇过此类事件。那天晚上,他正要进家门时被捕了。在学术界,黑人要消解自己的黑人身份需要这样做:在电梯里,他们要把手放在人们看得见的地方;排队取钱时,他们要和白人保持一定的距离;开会时和要白人女性保持安全距离;听到种族歧视的笑话时不能笑,要表现得局促不安;提问时要选对提问对象;授课时要让声音柔和(Shelby 2005)。在此类情况下,即便我这样做了,也依然可以感受到自己心跳加快、眼神呆滞、游离于当时的情形之外,丧失自我。我在美籍非裔作家詹姆斯·鲍德温(James Baldwin)、拉尔夫·艾里森(Ralph Ellison)、佐拉·尼尔·赫斯顿(Zora Neale Hurston)的作品中读到了这样的感受。当鲍德温讲述在餐厅里亲历的种族歧视事件时,我有一种强烈的认同感和反感。他的表述如下:

> 在美国……没有哪个黑人不曾感受过那种仇恨,有的是短时间的,有的会一直耿耿于怀。仇恨带来的痛苦,有的锐利,有的钝重,仅仅是程度不同而已。它是如此地简单、赤裸、板上钉钉。没有哪个黑人不曾想过,向遇见的白人的脸上砸去一拳,出于最残忍的复仇动机,侵犯白人女性,打断白人的腿,让他们跪下,把他们踩到尘埃里,以牙还牙,就像白人对待黑人一样。(Baldwin 1970:30)

即使种族多样性(Ahmed 2010)看起来其乐融融,但庐山真面目总有揭开的一天。这可能需要很久,但也可能在不经意间。那天我们在餐厅招待一位客座教授,不是工作会议,大家都喝了酒,变得无所顾忌。突然,晴天霹雳般,有人问我:"你知道自己很咄咄逼人吗?"啪!这个问题就像一堵墙一样,横在了我们中间。它就像裸露的性器官一样不合时宜。长久

第七章 咄咄逼人之人

以来我苦心营造自己的中立人设,尽力消解我的黑人身份,结果在同事看来,我成了咄咄逼人的人。多年来被排斥的苦,我都白吃了。或许我消解身份的努力只是一厢情愿,并没有起到任何作用。但我必须回答这个问题,于是我这样说:"我也没指望自己是别的样子。我的教学必须有独立的观点,而且要为社会公正服务。"说完,我心虚地笑了。我的反驳很弱,因为我并不知道他们说我咄咄逼人的理由是什么。难道是我在会上表现得很强势吗?还是她知道我上课的方式,如果知道,又从何而知?我有时候会在博客这个私密又公开的空间里说一些真话,难道是她看了我的博客?这些都是我事后的猜测。就像鲍德温在1949年写的那样:

> 每个人都被迫不断更新自己的履历,但后来的作为又抵消了这些成绩。正是这一点让所有人都感到抓狂,白人和黑人都一样。每个人都必须在截肢和疽坏之间进行抉择。(Baldwin 1970:94)

我至今仍然很困惑,一直以来我不断进取,可他们说我咄咄逼人,我觉得自己的努力都白费了。我很好奇,什么样的人是咄咄逼人的。我需要再好好地审视一下自己,虽然我一直在被审视。我是个路跑爱好者,所以体型较瘦。我不高不矮,留过三个月的非洲爆炸头刘海,其他的时候头发都是很顺的。中学时我在寄宿学校上学,因此有城市黑人口音,带着些许"种族色彩"。我的肤色其实是棕色,不是黑色,我觉得我并不可怕。但是在我工作的大学和院系,大部分学者都是白人,所以我会看起来跟别人不一样。我更像是学生、门卫,或是技工。和他们一样,我没有话语权,甚至在学生面前,我也只是一个默默无闻的路人甲。因此在大家眼里,我要么是不稳定的,要么是咄咄逼人的。当一位年长的终身教授说我咄咄逼人时,这意味着我并不是前者,而是后者。这个词内涵丰富又荒诞离奇,多年来我受的教育功亏一篑,成了被中产阶级绝弃的聒噪的激进分子。

这个词变成了我的一部分,我常常念叨它,和我的朋友们聊到它。几天后,我做了一个梦,在梦里我咄咄逼人,醒来后我查了它的近义词:"慷慨激昂的""大胆的""善于表达的""有争议的""毫不妥协的""充满激情的""有说服力的"。我想挑出其中积极的意义,但我的目光停留在"有争议的"和"毫不妥协的"这两个词上。我在大学管理岗位上干了五年,没有人用这两个词形容过我,相反,在这个岗位上,我显得太温顺了。有一件事情可以证明我确实人畜无害，这件事至今对我还有影响，因此我就用现在时来讲述：

　　我需要对接的设计顾问换人了。在市场营销系的开放式办公室进进出出三年来，我从未跟她说过话。我惴惴不安地走近她，在她旁边晃来晃去，希望引起她的注意。她盯着电脑屏幕看，知道我在她身旁，但并不打算理我。我尽量隐藏自己，不让她觉得有个庞然大物在靠近，但上司半路把这个项目交给我，事情紧急，我急需她的帮忙。我觉得自己打扰到她了，满怀歉意地跟她说了我的需求。她转过来，两眼放光，脸颊通红，咄咄逼人地冲我吼道："你看不到我在忙吗？走开！别烦我！你来了我就得扔下手头的工作帮你吗？"我被吓得像个孩子一样，魂儿都快没了。整个周围好像都空了。

　　我察觉到自己身体的变化。我的腋窝出汗了，下腰背部隐隐作痛，脑子发热，双腿发软，只能坐下来。屈辱感写在我的脸上。我环顾四周，知趣地忍住了眼泪，整个人都瘫了，不知道说什么好。我傻傻地看着她的同事们，他们也如梦中惊醒般地看着我，有的人调整了一下坐姿。我嘀咕着向大家说不好意思，然后跌跌撞撞地走到以前的那位设计顾问那里，靠在他的办公桌旁，这样我就不用躲到洗手间里去了。他表情关切，他的同事用南非祖鲁语，说那个女的太不像话，对大部分客户都很凶，还向我道歉，他俩一直在安慰我。

　　我想马上离开，但又想到这个项目紧急，我们已经邀请了嘉宾，宣传册也做好了，截止日期已近在眼前。我调整好呼吸，再次来到她的办公桌旁。她的白人身份让气氛变得令人窒息。我的脸依然通红，但声音却变得清晰。我解释说，上司派我来给她送宣传册，如果她不想接待我，也应该考虑到我代表的是上级的权威。其实，我在整个官僚等级体制上，要比她高好几级，但我的黑人身份却让这个优势荡然无存。她听我说完，没有任何反应。我只好把这份工作重新分配给之前负责的同事。他有点不高兴，但还是同意了。出来之后，我低下头，感觉灵魂脱壳，仿佛看到了一个小男孩，从令人眩晕的高度摔了下来。我被打倒在地，被封住了嘴。[1]

第七章 咄咄逼人之人

其实我对上面讲到的这位女士很客气了。后来我给她的上司说了这件事，但她的上司也是白皮肤蓝眼睛，敷衍我，说要等，不能马上帮我处理。亲戚朋友都说我应该狠狠地回怼她才对，但这是我的软肋，尤其是当我遇到白人女性的时候，会舌头打结。我和其他人都能正常交流，和她们却不能。我早就发现这个问题了，怀疑自己身体里还留着过去的伤痛。我竭力以女权主义的视角去看问题，却发现父权制依然盛行，统治着所有女性。有的男性习惯用暴力"教训"女性，拒绝性别平等。我不想成为那样的人。和白人女性相处，我如履薄冰；但是和黑人女性相处，我却从容自在。我很熟悉黑人女性的特点，因为是她们生我养我、爱护我。和白人男性相处，我也比较放松，并不惧怕他们，也不会在他们面前不知所措。可能因为我们有同样的父权待遇，相处甚欢。当然我也会在必要的时候要求平等。我的观点有点儿混乱，因为有多种可能的解释，我的心理学同事或许可以帮我诊断出症结所在。

我在自己的博客上公开发表了上述的内容选段。我经常会想，如果白人女性看了这篇博客后会如何看待博客的作者，又如何看待作为被写对象的自身。我只能靠猜。但我想问，白人女性在读到这种经历时，会有什么感受呢？在这里，我真正感兴趣的是：有的白人教师拒绝通过"种族透视镜"看问题。他们不愿谈论种族问题，但在读完这篇博客后会被卷入其中。因为，如果他们拒绝承认种族现象，等于把故事里的黑人又再次歧视了一遍。而就算这位黑人遇到的问题在别的场合也发生了，那也只是他自己的问题。艾哈迈德（Ahmed 2009）说过：如果你代表着种族问题，那么"他们"恰恰会在你身上借题发挥。因此，他们并不关心我在白人面前大脑空白、浑身无力的样子，也不关心这件事背后的白人优越感，而是把我物化成一个对象——一个"咄咄逼人"的对象。

一位白人女性说我咄咄逼人。那一刻，我意识到自己并不属于我所身处的学术界。我是格格不入的。（Puwar 2004）我愚笨无知、资历尚浅，从历史上讲，就没有进入学术界的背景。难道是我好高骛远了吗？我怎么就好高骛远了呢？我只是带着黑人的身份，用自己的研究方向和人生经验教书。我教的是集体心理学，和我的白人同事们一起化解心理情结。我们不断探究个体杂乱无章的内心，继而拓展到集体心理研究。学生们在本科四年，都把研究目光锁定在中产阶级白人身上，到了研究生阶段，他们试图将视野放宽。他们抗拒以社会学的视角看问题，尤其反感被盘问自己的身份和特权。我的教学方式既不柔和，也不挑衅。但某些教学内容可能会让我变得激动。我无法想象保罗·弗莱雷（Paulo Freire 1972）会认为讲授良知这件事可以不激动。我也不觉得当史蒂夫·比科（Biko 2004）思考黑人之死与白人自由主义的问题时，是把它当作摇篮曲的。当法农（Fanon 1963）写《全世界受苦的人》（*The Wretched of the Earth*）这本书的时候，也不是为了安慰谁。就从事心理学学科的人而言，我的性情或许并不常见，因为，除了极个别例外情况，我们一般不会去教一门"生气"的课。所以我是咄咄逼人的。或许我应该收敛一些。

学生对我的评价莫衷一是。写这篇文章之前，我一直都回避看学生的评价。在这里，我节选了一些。有的学生说我上课"显得高高在上，并没有起到支撑学生的作用"，"有时候并不重视学生的观点"，"时常让学生感到自卑，认为他们的观点错了"，但这只是小部分人的看法，大部分学生的评价都是好的。我可以只关注好评，但此刻我只想让自己待在悲伤的情绪里。这些评价都没有涉及我的专业水平，而只是指出了我身上的毛病，我让学生在课堂上感到了不愉快。我是课堂的主导，这些反馈可以帮助我今后的教学，因此我应该收敛一些。但与此同时，我想说，对社会霸权的挑战让既得利益者不舒服了。此外，有一些学生的反馈也恰恰表明，在我的课堂上，各种观点都是平等的。我倾向于反驳某些观点，因为我认为，在这样一个以社会公正为价值观的课堂上，有的观点应该好好地辩一辩、驳一驳。我觉得大家是由于我的上课方式而认为我咄咄逼人，因为很可能那些没见过我上课的人，听信了私下流传的话，背地里议论我怎么上课、教些什么。

所以，我可能是咄咄逼人的。这让我不断想到自己的身份。我隐匿在自己所教的课程内容之中。我的黑人特质与佐拉·尼尔·赫斯顿、鲍德温、法农，以及比科所写的毫无二致。我的肤色特征被放大，消弥了我的其他特征，唯独体现了我的黑人身份。大家很难将我认定为中性，即使我带着中性面具，同事和学生们依然会认为我是一个易怒的黑人。换句话说，我别无选择，就是咄咄逼人。

我教授大三学生集体心理学课的时候，情况变得更糟了。本科生的班级人数要比研究生的多，因此我没有时间和学生联络感情。第一年教这个课的时候，我忽略了这一点，再加上课程内容本身比较混乱，我又没有和学生逐一互动，这个课就变得有些无序。有一位学生对我的评价是这样的:"这个老师很吓人,和他交流让人感到不适。"但这位学生并没有具体说明,我哪里表现得比较吓人。我的课堂内容对他们的阶层、种族、性别、性取向和社会地位都提出了挑战,他们长期以来的知识架构和了解的权威观点被撼动了。我看到了学生说我吓人的评价后,心里一直很难受,但那晚我被称作"咄咄逼人"时,我仿佛突然想通了。以前我认为学生的评价指出了我的教学还有瑕疵,但现在我明白了,这些评价并不是针对教学的。我承认自己不是一个大师,我也没有那样的野心。我对社会公正更感兴趣,更希望学生在讨论中保持良知。我的目的是把不同的观点带到课堂上,在思想的碰撞中,促使学生摒弃那些想当然的看法(Kiguwa & Canham 2010)。

这是我从事学术工作的原因。根据艾哈迈德(Ahmed 2009)的思路,我在想,人们是不是指望我应该感恩自己拥有了教书这个职业?系里聘用我这样的黑人,是不是为了证明他们已经"转型了"?艾哈迈德(Ahmed 2009)提醒过我们,代表多样化身份的人来了,这意味着改变。我想问,我们进入了并不是为我们而建的神圣殿堂,我们是否就应该感恩戴德(Puwar 2004)?但是聘用我并不是系里做过的最具革命性的事情,我并非不感激他们,但我也认为自己是有价值的。用商业语言来说,我觉自己也有价值定位。可是我入职的时候,并不是用自己的价值去交换的。事实上,我加入这个行业,是因为我可以在写作和教学中表达我的不满。在这一点上,艾哈迈德的观点又一次具有启发意义,她写道:"我们对种族主义的认识被解读为固执、偏执、抑郁,就好像我们紧紧抓住某事(白人特权)不放。就显得只要我们来了,白人问题就不存在了。而且我们一旦聊白人特权这件事,就会被解读为没有感恩之心。"(Ahmed 2009:41)

当我们如此强烈地感到自己的身份时而被曝露,时而被遮掩时,怎么可能跳出黑人的身份去思考呢?我们并不奢望,也丝毫没有机会可以跳出身份来思考问题,只能带着这个身份附加的意义活着。

我咄咄逼人。有了这个新的认知,我突然意识到,有些事情发生时看起来毫无恶意,但其实却并非如此。有一次,一位黑人同事告诉我,有些白人同事比较怕我,她不愿意说是谁,我也没有逼问。从某种程度上来说,我并不想知道是谁,只是惊讶于有人害怕我。我从未和谁发生过争执,再绞尽脑汁,仔细搜索,也想不到和哪位同事因为课程大纲、考试、工作量、停车或学生问题发生过口角。从未有过。我又从别的渠道听说,我不说话的时候，眼睛会说话，或许他们看到了我眼角闪过的未及隐藏的愤怒。我被迫回到黑人的身份中，或许我的存在就是招人嫌弃的。只有保持沉默，我的闯入才能被原谅。是我走在过道里的时候，太昂首阔步了吗？还是我在会议上的大声发言，表现得太自信了？又或者是我的文章写得太苛刻了？我需要收敛一些吗？这样才可以让我看起来不那么咄咄逼人？这样，那些害怕我的人就会不害怕我了吗？并不会。黑人自和白人共处的那一刻起，就是令人恐惧的象征。只有我和其他黑人一起离开这个神圣的学术界，白人才能重获心理上的安全感。

谈到离开，我曾经离开过，但我现在不想离开，我要留下来。而我能理解，为什么多年来那么多黑人都离开了，因为这个圈子排斥黑人。我之前在《城市出版》（City Press）的一个报纸专栏里写过这样的故事，讲的是我在一个任职委员会工作，一位黑人女性的资质符合应聘要求，但她被拒绝了，而我，在她还没提出申请的时候，就知道会是这个结果。像苏珊·斯特姆和拉尼·吉尼耶（Susan Sturm & Lani Guinier 1996）以及马克戈巴（M. W. Makgoba 1997）指出的那样，我想说，优点是有颜色的，但不是黑色（Canham 2015）。从性别角度来看，黑人女性想要得到教授或高级管理职位，会被认为是咄咄逼人。我说从性别来看，是因为和男性相比，黑人女性毫无疑问是咄咄逼人的。黑人女性进入面试房间，是有一定的扰乱性的，她们可以选择保守，但她们的身份就代表着极端主义。她们的出现打乱了这个神圣空间的心理平衡状态。她们不适合这份工作的原因都大同小异：她们可能会让学生觉得无法接近；培养她们需要更长的时间；她们太强势；或者太懦弱了，会被欺负；或许更适合基层的岗位。最后一个选项让面试官心理上更舒服一些，因为他们给出了一个乐观的承诺，并没有说不雇佣黑人女性。然而，据我所知，那些被雇佣的黑人女性，要么是在女性和人权协会找到了些许的归属感，要么是离开后去了黑人员工更多的大学。但离开并不能解决问题，歧视无处不在，只会再次陷入泥沼。

咄咄逼人之人的命运如何，陪审团尚无定论。我留下来的原因是，我参加了当时举办的一个"多元化"的研讨会。在经年累月的（我当时才刚来系里四个月）紧张气氛之后，整个学院，包括三个系在内，鼓励所有老师都去参加那个研讨会，专门让问题浮出水面再加以解决。一些处在风口上的同事没有去，而我们这些参加的人，简直像是开了一场尴尬的回避大会。我们中的很多人，都深谙在这种场合说话的禁忌。我们知道黑人绷着劲儿让自己保持冷静,也都知道丑话说出来的后果。因此,我避免和一些人眼神接触。我压根不知道自己已经被定义为了"咄咄逼人",还以为自己已全然表明了中立立场。对黑人同事,我报以会心的微笑;对白人同事,我报以安心的微笑。很明显,这个多元化的研讨会是要把所有人都调节到一个平衡状态,而不是分出个是非黑白,说清楚谁的感受被压制了,谁又受到特权待遇了。院系史上的那些去留、那些沉默、那些留下来的人,都不会被讨论到。在这种情况下,那些没有归属感的人会怎么做?他们保持沉默。然而,复杂的是,就连他们的沉默都显示着他们的格格不入。有人把这叫作咄咄逼人。

公平地讲,研讨会的组织者和成员,并非想让我们用沉默去维持一个平衡,我们的沉默是迫于那些霸权者的情感能量。本·安德森(Ben Anderson 2009)说过:不同的人产生不同的气场。气场不是一个人决定的,当我们感知到强势群体想让我们沉默时,我们就会内化这个情感能量,变得沉默。我之前谈到过气场的概念,气场是我们可以洞察到的,"当你进入一个气场强大的群体场合,它可以让你立即意识某些经历和现实"(Canham 2014:46)。我并不是说,一个场合不能有相互竞争的氛围,但是,在不平等的场合,占主导地位的人就已经决定了气场,客人不能喧宾夺主。

气场的模糊性令人费解,但格诺·博姆(Gernot Böhme 2006)指出,语气可以缓和气场。主导语气的人用语言传达言外之意,作为观众,我能感受到长久以来占据学科霸权地位的人,有意无意地在宣告着自己的地位。当白人表达出身份的不确定性、害怕被指控为种族主义者时,黑人会立即安慰他们,说他们有多么伟大,只是误解了黑人同事而已。那些被白人压迫得狼狈不堪的黑人,倒反过来去安抚白人的情绪。多种身份的人共处一室,多样化变成了一个可爱的词,用来帮助维持现状(Ahmed 2009)。帕特丽夏·麦克法登(Patricia McFadden 2003)说过:支持白人的黑人就是右翼分子。

接下来的研讨会讨论课程改革,所以没有之前那么可怕。我之所以这么说,是因为作为学者,我们可以假装课程只是一个客观事实,和我们的身份没有关系。讨论中,没有人愿意冒险,没有提到黑人的话题,所以研讨会还算进行得不错。作为黑人,我同意鲍德温的观点。他说黑人一直都被历史遗忘,然而从权力的角度讲,白人存在于历史的每一个角落,从未被疏远。历史将他们神化成但丁、莎士比亚和米开朗基罗这样的经典人物。"倒回去几个世纪,你会看到他们的光环熠熠生辉,而我却在非洲眼睁睁地看着侵略者的到来。"(Baldwin 1970:140)如果知识是这样被定义的,那你怎么能说自己掌握了呢?我被告知说,非洲的知识产出体系是持久而稳定的(参见 Mamdani 1998; More 2014)。但是,我工作的心理学系,常年在模仿生物科学,那么我又怎能得出如上结论呢?而同时心照不宣的是,那些没有教心理学主课的老师们,都在自己的课上悄悄地讲法农、比科、胡克斯、蒙甘侬、曼达尼、希尔·柯林斯、弗莱雷、普瓦等人的著作。会上本应该讨论这些话题的,但我们意识到了风险,所以并没有说出那些咄咄逼人的观点。可他们其实已经认定了我们是咄咄逼人的,即使我们不说来,他们也知道我们怎么想的。这是一个悖论。

现在,我抛开"有争议的"和"毫不妥协的"这两个词,看看"慷慨激昂的""大胆的""善于表达的""充满激情的""有说服力的"这几个词。"咄咄逼人"本身是有积极含义的,正如我重新回到学术界,以这里为归属一样。如果我慷慨激昂、大胆、善于表达、充满激情、有说服力,就会更有归属感。这个世界怎么待我,我就怎么待它。在同事的眼里,或许我并不完全具有这些优点,但我在教学和写作中的确是这样的。即便我当他们是开玩笑地突然说我"咄咄逼人",我也并不觉得那是褒义。而我现在必须具备这些优点。

为了寻根究底,找出我在学术界的位置,我要翻出自己在大学任教时的经历。来大学之前,我在国际艾滋病捐献中心工作,刚到大学时还是合同工,三十岁才拿到终身制的协议。刚开始执教时,我还不确定自己是否适合这个职位,因为我们家没有人在大学搞学术。我朋友从事银行工作,赚了钱,我也想跟着他们一起赚钱,但发现自己并不适合。我被调到课程改革办公室任项目经理,那里的同事都咄咄逼人。相比之前基层的学术岗位,我在这个行政岗位上赚得更多,也能做一些"真正"改变他人生活的工作。在我眼里,课程改革中心是冲突的缓冲地,人们在改革过程中无法做到的事,都能在这个中间地带得到缓冲,从而使改革负责人免于责罚。同时,它也可以引起负面情绪,让人不适。保守派把它当作降低标准的工具。因为我在此任职,我就代表了体制内咄咄逼人的形象。我的同事们尽职尽责,但很快元气大伤,因为我们面临的都是些棘手的问题:有关种族、性别、性取向和其他社会不公问题。我负责把资助金分配给黑人和女性学者做研究，因此麻烦来了，即使我不说话，别人也会认为我充满激情、善于表达。现在我可以理解，为什么有些人对我充满恐惧了，因为他们将我划进了"问题人群"。即使十年后我离开课程改革委员会，又回到心理学系任教，他们还是会觉得我很可怕。有些人不知道如何跟我打交道，看到我走过来，总是躲着我。

这是权力的场所。我身边的保守派失去了权力，但学校里很多激进的黑人学者将我拉为同盟。虽然我一直身处"野兽的肚子里"，但他们知道我对学校情况的了解并不狭隘，至少他们认为我可以共情。我们在交流之后达成了共识。有时候，我们在学生活动中心或停车场偶遇，就会谈一些事情，当然我们不会和白人同事说这些。在这些相对安全的地方，我们会袒露受过的旧伤，看着长期备受折磨的同事，共鸣的光会闪烁。我们讨论的话题包括：学生如何和白人同事议论和诋毁我们；白人同事抱团，背着我们做一些重要的决定；找出那些民间的白人核心成员。我们相互理解，体会到了自由和凝聚力，这让我们各自的那种疯狂都变得不足为奇，也可以在学术界更好地生存。我们跨系建立同盟会、编书或者写论文的过程，不仅是思想的汇集，更是对学识和情感的支持与肯定。这些项目让我们可以跨校、跨系合作。我参与这本书的过程就让我变得更敏感，更能体会到学术界黑人的喜怒哀乐，让我从前人那里学到了生存的方法。在孤独的学术写作生涯中，当我写的句子可以让他人有共鸣时，我也备受鼓舞，会觉得痛苦不再难熬，也更容易感受到快乐。慢慢地，我开始冒险，开始站进黑人的队伍里，这让我清晰地意识到，有的黑人学者被排挤到了边缘。我越有这种归属感，就越会强化来自不同国家的黑人学者之间的凝聚力。

如果想理解身处复杂多变的环境是一种什么样的感受，尼拉·尤瓦尔－戴维斯（NiraYuval-Davis）提供的这个思路很管用：

> 归属感是一种自我认同或被他人认同的感觉，可以是稳定的，也可以是被质疑的或转瞬即逝的。这个过程永远都是动态而非固定的，这只是一个权力关系中霸权形式自然建立的过程。（Yuval-Davis 2006：199）

我感到自己一会儿属于这里，一会儿又格格不入。它变化多端的特点可以解释我转瞬即逝的归属感。就像我在黑人女性同事中会有归属感，但我的性别优势有时也会让我觉得，自己并不属于她们这个群体。我是南非人，所以在学术界有着局内人的优越。这意味着，学术界排斥那些来自其他国家和我有着不同经历的人，我就得接受这个事实。因为归属感并不固定，所以和那些支持我利益的、和我有相同学术兴趣的白人在一起，我也会有归属感。尤瓦尔-戴维斯指出，社会角色是理解归属感的三大分析视角之一。这些社会角色包括黑人、白人、美国人、非洲人、男性、女性、不同阶级。但她也提醒我们，就算是最稳定的社会角色，也"绝不是沿着一条单一的权力轴来建构的，即使是官方数据——以及身份政治——往往这么认为"（2006：200）。这一点及时地指出了性别的复杂性（Lemke 2008），尤其是在我们生活的这个世界上，权力决定一切，影响着我们的归属感和被排斥感。性别优势所带来的复杂的视角，让我能够和白人男性融洽相处，和白人女性却不能。

归属感的第二个特征是认同感和情感依恋。尤瓦尔-戴维斯指出，"原则上来说，当人们自我身份和情感的构建变得很重要时，他们更容易产生恐惧和不安全感"（Yuval-Davis 2006：202）。在种族隔离的大背景下，黑人很容易对他们的种族产生强烈的依恋。社会舆论和大众媒介通常将黑人定义为能力欠缺（Canham 2015）、情绪不稳定、易怒、污名化他人、疾病缠身、爱抢占白人地盘。[2]在高等教育界及其之外的领域，这些说法都是鲜活的。例如，有人悄悄在背后说一名黑人同事的教学不合格，但实际情况是他的业务能力很强，所以这位同事知道后，愤怒地对我说，仅仅因为他是黑人，人们就制造出这样恶毒的谣言。无谓的谣言让他蒙受冤屈。在黑人受委屈时，我们在情感依恋中会增强黑人群体的归属感和黑人的凝聚力。如此说来，在被压迫的环境下，与权力挂钩的社会角色和社会关系会让被压迫的人凝聚在一起，抵抗压迫。

在我们因为归属感而自发形成的圈子里，大家讨论到了哪些资深的黑人学者可以为我们提供支持，但一谈到培养我们的人都去了哪里时，就会卡住。在我们的交谈中，我意识到之前招聘我的负责人也招了其他黑人学者进来，如果没有他保护我们，我们可能像其他黑人一样就中途辞职了。他后来去了另一所大学，那里更需要他。他在那里负责培养黑人学者，但我们继续留在这里，相互取暖。在他的影响下，我们试着帮助彼此成长。私下里，我们也会扶持年轻的黑人学者；互相提醒如果遇到保守派上司时要绕道而行；从白人同事身上学习他们的长处；给对方推荐有培养前途的

第七章 咄咄逼人之人

研究生。我的导师一直都很信任我，他还给我推荐了我的第一个博士生。我知道他这样做，是为了公开表达对我的信任。和他一样，我也想公开帮助"咄咄逼人"的黑人学者，让他们可以公开表明自己属于我们的行列，因为我们是真实存在的（Puwar 2004）。

我们这些选择留下来的人，意识到我们需要建立自己的归属感。我不再想成为曼纽尔·卡斯特（Manuel Castells 1996）所说的防御身份团体（defensive identity communities）的一员。我们被排斥的集体经历已经充分证明：想要提高生产力和归属感，不能只依靠体制结构和文化。我们被白人定义为"咄咄逼人"，但我们可以创造属于自己的文化。我们可以肯定彼此的工作和个人价值、和进步的白人学者一起建立联盟、给彼此建议、冒着政治风险去支持那些被胁迫的同伴、一起写作，享受其中。咄咄逼人也可以指大胆的人，如果让我来定义我这个咄咄逼人的身份，我会巧妙地将它认定为，可以去保护那些更有价值的人，从而那些害怕我的人就不再会排斥我、攻击我。我想贡献自己的一份力量，能够让加入我们的人可以足够安全地建立属于自己的归属感。

我在私人博客里会记录一些生活中发生的有意义的事情。我天真地以为只有一小部分朋友会看，现在才发现同事们也会时不时地浏览我的博客。他们看到了我内心那些咄咄逼人的想法，这让我觉得自己完全曝露在外，随时会受到伤害，感到自己的黑人身份和阴暗的思想已经暴露，必须想办法澄清。我清醒地意识到，如果黑人看到了我的经历和诚实的想法，至少有一个人能受到启发，那就能产生积极的作用。但我也必须承认，有的人看了我的博客会更加认定我是危险的、是咄咄逼人的。我意识到，我的博客由黑人的愤怒（Canham 2017）而引发的恐惧，反倒为我带来了一个自由表达的空间。我会想，那些因为我的博客内容而感到恐惧的人，可能也会因为这份恐惧，选择最好不来打扰我，让我干自己该干的事。作为一个咄咄逼人的人，有人接纳我，有人害怕我，但我可以安静地教书、写作。或许这个特点会让我在追求一个更加公平的社会时，变得更大胆、更有说服力，也更有激情。

在本文结束之时，我的身份已经很明确了。我可以删了稿子，因为如果这篇文章发表，我就完全袒露了自己的心路历程，成了咄咄逼人的异端。但是写完之后，我想明白了一些事情。最重要的是，不管文章发表与否，我都是咄咄逼人的。因此，我把它发给了编辑。我知道自己会赤裸裸地呈现在读者面前,但我提醒自己,我早就已经袒露无余了。认识到自己是咄咄逼人的,这是我的一个顿悟。从开始写这篇文章起,这个词就不再困扰我了。或许以后这个困扰还会回来,或许再也不会了。我写这篇文章的第二点领悟,就是找到了自己的归属感。我之前也和其他的黑人学者说起过,对他们也产生了一些影响。我们的归属感取决于身份政治,有时也取决于社会如何看待边缘群体。黑人的归属感需要我们去抵制歧视、找回尊严。我的故事中的每一件事,都是在讲述学术界的黑人学者们那难以言表的痛苦与快乐。

注　释

1. 《我如何被封住了嘴》(How I was shut up),《雨果·肯纳姆》,2013 年 7 月 28 日。网站访问时间:2015 年 11 月,http://hugokacanham.wordpress.com/2013/07/28/how-i-was-shut-up/.

2. 《关于难民的评论萦绕齐勒的心头》(Comments about refugees haunts Zille),《邮卫报》,2012 年 4 月 20 日。网站访问时间:2015 年 11 月,http://mg.co.za/article/2012-04-20-comment-about-refugees-haunts-zille.

参考文献

Ahmed, S. (2009) Embodying diversity: Problems and paradoxes for black feminists. *Race Ethnicity and Education.* 12 (1): 41 – 52.

Ahmed, S. (2010) *The promise of happiness.* Chicago: Duke University Press.

Anderson, B. (2009) Affective atmospheres. *Emotion, Space and Society.* (2): 77 – 81.

Baldwin. J. (1970) *Notes of a native son.* London: Corgi Books.

Biko, S. (2004) *I write what I like.* Johannesburg: Picador Africa.

Böhme, G. (2006) *Architektur und atmosphäre.* München: Wilhelm Fink Verlag.

Canham, H. (2014) Baldwin in South Africa. In A. S. Henderson & P. L.

Thomas (Eds). *James Baldwin: Challenging authors*. Rotterdam: Sense Publishers.

Canham, H. (2015) The color of merit in a Johannesburg bank. *Sociological Imagination.* 51 (1): 70 – 108.

Canham, H. (2017) Embodied black rage. *Du Bois Review: Social Science Research on Race.* 14 (2): 427 – 445.

Castells, M. (1996) *The information age: Economy, society, culture* (3 vols). Oxford: Blackwell Publishing.

Fanon, F. (1963) *The wretched of the earth.* London: Penguin Books.

Freire, P. (1972) *Pedagogy of the oppressed* (trans. MB Ramos). New York: The Seabury Press.

Gqola, P. (2004) Language and power, languages of power: A black woman's journey through three South African universities In R. O. Mabokela & Z. Magubane (Eds) *Hear our voices: Race, gender and the status of black South African women in the academy.* Pretoria: University of South Africa Press.

Kiguwa, P. & Canham, H. (2010) Creating a culture of thinking? Reflections on teaching an undergraduate critical social psychology course. *Teaching of Psychology in South Africa: Acta Academica Supplementum.* 2: 62 – 90.

Lemke, J. L. (2008) Identity, development and desire. In R. Iedama & C. R. Caldas-Coulthard (Eds) *Identity trouble: Critical discourse and contested identities.* New York. Palgrave Macmillan.

Lorde, A. (1984) *Sister outsider.* Berkeley: Crossing Press.

Makgoba, M. W. (1997) *Mokoko: The Makgoba affair: A reflection on transformation.* Florida Hills: Vivlia Publishers.

Mamdani, M. (1998) Is African studies to be turned into a new home for Bantu education at UCT? *Social Dynamics: A Journal of African studies.* 24 (2): 63 – 75.

McFadden, P. (2003) Standpoint: Sexual pleasure as feminist choice. *Feminist Africa: Changing Cultures.* 2: 50 – 60.

More, M. P. (2014) The intellectual foundations of the Black Consciousness Movement. In P. Vale P., L. Hamilton & E. H. Prinsloo (Eds) *Intellectual tra-*

ditions in South Africa: Ideas, individuals and institutions. Pietermaritzburg: University of KwaZulu-Natal Press.

Puwar, N. (2004) *Space invaders: Race, gender and bodies out of place*. Oxford: Berg Publishers.

Shelby, T. (2005) *We who are dark*. Cambridge: Harvard University Press.

Sturm, S. & Guinier, L. (1996) The future of affirmative action: Reclaiming the innovative ideal. *California Law Review*. 84 (4): 953 –1056.

Tufvesson, I. (2014) The politics of loyalty: Accountability, transformation and redress in South African higher education. *Australian Critical Race and Whiteness Studies Association*. 8 (2): 1 –23.

Yuval-Davis, N. (2006) Belonging and the politics of belonging. *Patterns of Prejudice*. 40 (3): 197 –214.

第八章

归属：这个词究竟属于谁？

雷内·科兰

那是多么开心的一天啊！人力部通知我被录取的时候，我简直喜出望外。这意味着从2009年1月开始，我将是西北大学法学院波切夫斯特鲁姆校区的一名讲师了。四五年的实战（作为一名检察官）下来，我已经做好了准备，去迎接新的挑战。我觉得自己能干好这份工作，因为也不知为什么，我一直都想成为一名讲师。我还相信，是上帝给我打开了这扇门。在以前工作的地方，我感到很不顺心，投出了许多简历，但都杳无音信。这扇门——成为一名讲师——就是注定要为我打开的那扇命运之门。回到我接受高等教育的地方，这让我感到害怕，但我知道自己回"家"了，回到了属于自己的地方，这又让我感到兴奋。学者这个新身份无疑给我带来了一些安慰，哪怕是面对那些质疑的眼光，好像在问"你是谁？""你在这里干什么？""你什么时候走？"这三个问号，即使是心情愉悦的时候，听起来也会觉得不顺耳。作为教工中仅有的两名黑人之一，我的确感到了外来的压力。我被任命的是一个平权岗位。[1]然而，这并不意味着我不能胜任自己的工作或是缺乏必要的资质。尽管我自己这么想，我也知道并不是每个人都同意。毕竟，黑人教师没有白人教师聪明这种观念，还回荡在母校教学楼的条条走廊之上。踏入这个对个人能力已先入为主带有偏见的竞技场，既充满挑战，又激动人心。

很快，我就见到了以前教过我的老师们，他们熟悉的面孔让我觉得自己受到了欢迎。"这不是小菜一碟吗？我能做到！"我幻想着同事们迎接我的样子，在心里这样激励着自己。我有一间独立的办公室，有自己的电脑，还有个人秘书。午餐邀约和咖啡邀约似乎每天都有。一时间，我与周围人不一样的感觉似乎消退了。我慢慢融入，一切都发展得很顺利，因为我就属于这里。其实，我内心的乐观忽略了一些事情。有的同事从我身旁经过也不打招呼，这有点打击我乐观的本性。也许他们不知道我已入职？也许他们知道，但不知道我长什么样子？几个月后，这种情况有所改观，尽管一些老师不喊我的名字，但起码会点点头，问候一声。这表明我在这里得到了认可。

我很兴奋，激情满满地准备好要迎接对讲师而言最重要的一步——上第一堂课。我参加了所有给新教师提供的培训课程，在课上细致入微地观察，决心要把自己的第一堂课上好。我进到培训课的教室，培训老师是用英语跟我打的招呼，但在跟其他同事打招呼的时候，却用的是南非荷兰语。我猜在这种情况下，老师可能是考虑到我的肤色，认为我不会讲南非荷兰语。除了跟我打招呼的语言，我还注意到，她的语气中有一种过度的兴奋。就好像为了跟我打个招呼，她还做了额外的努力。正因如此，我觉得自己应该感到"跟别人不一样"。我用南非荷兰语回应她时，注意到她脸上的神情露出一丝吃惊和羞愧。我想让她知道，我会讲南非荷兰语，通过这种方式证明我的语言能力。作为一名会讲南非荷兰语的黑人，我第一次真正感到自己是被区别对待的。尽管我相信这种行为只是出于礼貌，但还是禁不住地想，我被区别对待了。在这些课上，我是唯一的黑人，我尽量多听，少说。就这样，我依然在白人主导的空间里寻找着自己黑人的声音。适应"学术语言"很难，这仍是个渐进的过程。这是我第一次觉得自己是个"局外人"。

培训课的第二天，受训的讲师们被分成了几个小组。很快，大家都分到了组里，唯独我没有。我凑近其中的一组，尝试着打破僵局，于是我开玩笑地说："这组的平权行动去哪里了？"[2] 紧接着是一阵尴尬的沉默，一些人红了脸，勉强挤出笑容。我在沉默中坐了下来，分辨不出究竟是我不自在，还是组里的其他成员不自在。我那时的感受就是帕特里夏·希尔·柯林斯（Patrica Hill Collins 1986）所说的"内部的局外人"。这个概念是指一个人，这里指的是我，在权力不平等的群体间寻找自我的状态（Collins 1999）。"因此，内部的局外人身份是场景化的身份，是和特定的社会不公的历史连在一起的。"（Collins 1999：86）那一刻，我觉得自己不属于这里。现在这种想法看上去很不理性，但是当时当刻，一切都是非理性的。我心底有个骄傲的声音悄悄告诉我，我和这个房间里的其他人一样，有权

第八章　归属：这个词究竟属于谁？

站在这里。事实上，我自己赢得了站在这里的权利。那声音还在低语，但不久就消失了。不论如何，"这就是小菜一碟，我能做到！"这成了我日日要默念的话。毕竟，我遇到过更糟糕的情形，若是上帝也和我站在同一立场，谁能反对得了我呢？

　　第二天的培训课，让我想起了自己人生中的一个决定性时刻。那是十年级的第一天，是我第一年上 C 模式学校（之前的纯白人学校）。这一年，黑人学生得以首次进入之前排斥他们的学校学习。因为选课的关系，我是班里唯一的黑人学生。我还清楚地记得第一天走进教室时的情形，空气是那么安静，这加重了我的犹豫。我走进教室，看到了四排座位（两座一组的长椅）。几乎所有的座位都坐满了。我走到左边的第一排，坐到第三个还是第四个空着的座位上。我刚一坐下，挪动椅子的巨响、拉书包的声音和匆匆的脚步声都响了起来。我吓了一跳，环顾四周，发现椅子都空了。我自己坐的那一排，以及第二排、第三排的多数座位都空了。在第三、第四排，我看到所有的白人学生都像沙丁鱼罐头似的挤在一起，看着我，就好像我身上带着传染病毒。我无言以对，无法理解这种怪异的行为给我带来的侮辱和歧视。几周之后，我身旁的椅子开始慢慢有人坐了，但那是因为老师的"鼓励"。我想告诉他们，我并没有什么不同，也没有传染病，我也是一个普通人。日子一天天地过去，我想告诉他们，但是又胆怯，只能保持沉默。我能感觉到这种沉默让自己一反常态。奥德雷·洛德（Audre Lorde）说的没错：

　　　　当我们疲倦的时候，我们还学着工作和说话。同样地，当我们害怕的时候，我们也要学着这样做。社会化的过程，让我们的畏惧感胜过了自己对语言和自我认知的需求。我们在沉默中等待不再畏惧的时刻来临，这种沉默便扼住了我们的咽喉。（Lorde 1977：43）

　　对那个孤独地坐在教室角落里的女孩（也就是我），我深感伤怀。她独自坐在教室的一角，沉默地喘不过气来。尽管已经那么恐怖了，可这还不是我那年经历的最糟糕的事。

　　这件事过去几周后，我们被召集到礼堂开全年级大会。所有十年级的同学都要到礼堂去，但开会的缘由我现在已经忘了。一进大厅，我就看到一些我的（黑人）朋友们，我们自觉地走向对方。那时，十年级只有我们四五个黑人学生。大会要求所有的学生都要在礼堂的一侧排好队。在我眼中，礼堂很大，容纳一千人绰绰有余。可能是我觉得自己太过渺小，以至于面前的建筑物看起来那么庞大。我们几个在墙边排好队，一阵熟悉的声响吸引了我的注意。雷声般的脚步声从我们（黑人学生）排队的这边转移到了礼堂的另一边。我们（再一次）不可置信地站在那里，思索着我们是否也该随着他们一起移动。这面墙有什么问题吗？几秒钟之后，我就意识到不是墙的问题，而是站在墙边排队的人的问题。那一刻，面对着一面空空的墙，即使有几个黑人学生站在我身边，我也感到了从未有过的孤独和格格不入。即便是在班里，我也没有过这种感受。这呼应了尼玛尔·普瓦（Nirmal Puwar 2004）分析过的格格不入之身的感觉。大学入职的培训课又唤醒了我的这种孤独感。和十年级的时候一样，我在课上的大部分时间都保持沉默，发言时用幽默诙谐来缓解尴尬，尽量做到完美。

很快，大日子到了。那天我要正式去上第一堂课。我带着在培训课上搜集到的信息，带着同事们给予我的帮助，带着希望和信心踏进了课堂。面对着占班里多数的白人面孔（大约95%）——有的人脸上挂着好奇、不屑和"你以为你是谁啊？"的疑问——我选择堂堂正正地走进去，决不让任何一个人破坏我的第一堂课。情况还不算糟。我们讲了理论，我甚至还邀请学生们做了展示。这正是培训课上讲到的！我做到了！带着这次胜利，我走进了下一堂课，下下一堂课。

第三次课后，教学组长找到了我。此时，我的胜利变成了空洞。似乎是学生投诉了我的课。他们要求把我调走，因为他们认为我不知道怎么教书，指责我让他们把活儿都干了。一周后，由教学组长、一名资深教师、一名学术辅助人员组成的督导小组到我的课堂来听课，对我的教学能力进行评估。我从未感到如此底气不足，如此尴尬蒙羞。我不属于这里，因为学生们不希望我在这里。我的归属感取决于拥有这片空间的人，取决于他们对我的接受程度（Yuval-Davis 2006）。回首往事，带着现在我心目中对"归属感"的定义，我觉得自己不具备归属于这个群体（学术界）的必要资质。督导小组报告回复说，我的课堂并没有那么糟。受到他们的鼓舞，我又有动力继续展开教学了。有了这份对我能力的肯定，我知道自己能做好，并决心证明那些反对我的人都错了。

正当我再一次重整旗鼓，学生填写的评估表来了。学生们必须根据评估表提供的标准来评估教师，是以多选题的形式呈现的。学生们也有机会

第八章　归属：这个词究竟属于谁？

评价教师的优缺点。评估表会先送到教学组长那里，再发到教师手里。就算我也尝过灰心的滋味，但是没有什么比有些学生对我的评价让我更灰心的了。其中有一个评价，我至今记忆犹新，简直让我一口气上不来。正是这个评价把我拉回了现实。一句话，只有五个字，"回开普敦去"。在不了解当时背景的情况下，要真正理解这句话带给我的挫败感是很难的。这句话在不同层面都重创了我，因为我是有色人种。不知为何，人们认为有色人种都来自开普敦。我不理解为什么大家会这么想，但大多数情况下，人们能通过口音来分辨某个人是否来自某个地方。触及我的第一件事是我并不来自开普敦，我也没有开普敦口音！这个学生自然而然地把讲南非荷兰语和我的肤色联系在一起，以此来推断我来自哪里。这一瞬间，我面对的是一个冷酷的事实：学生们看到的是我的肤色，因为我是黑人，所以必须离开。我感觉被欺骗了。我甚至都没有得到公平的机会。他们并不了解我，也不知道我身上的潜力。他们认为我是因为肤色才能留在这里的？而不是因为我的能力吗？因为我是黑人，就意味着我能力不足吗？根据马德琳·海尔曼（Madeline Heilman）、卡林·布洛克（caryn Block）和乔纳森·卢卡斯（Jonathan Lucas）的说法，"谈到平权行动，大家好像都认为，女性和少数群体之所以被选择，是因为他们的身份，而不是因为他们的能力"（Heilman, Block & Lucas 1992：537）。我在想，是否我的肤色被认为是需要清洗的污渍。是我的黑色弄脏了洁白的布吗？毕竟，污渍是不受欢迎的，有时会带来难以预料的变色后果。

　　这是我在学术界首次面对种族问题。我联想到卡罗琳·特纳（Caroline Turner 2002）说过的话——被"定义出去"（defined out）很容易，被"定义进来"（defined in）很难。我尝试着去理解学生们对我的不满，想起了我在这所大学上学时，教过我的唯一的一位黑人老师。他的教学方法独特，当时班里甚至有一些黑人学生也不满他的教法。也许是因为老师经常旷工，教学方式散漫，这使他身上散发出一种"满不在乎"的态度。学生们也会这么看待其他黑人教师吗？那其他白人教师呢？学生们也会大胆抱怨有这种特征的白人教师吗？我无法回答这个问题，也没有胆量问出来。并不是所有的黑人教师都是一样的，白人教师也不都相同。大家都有各自不同的教学方式。这些评估让我感觉格格不入，再一次让我觉得没有归属感。就好像，我的肤色说明了我缺乏必要的能力，所以我无法成为这里的一员。突然，我意识到教学也许并不是一件容易的事，也许我做不到。我在学术界没有归属感，这个念头占据了我整个思想，我开始斟酌自己的选择，开始质疑上帝为我打开的这扇门。

这件事也让我想起十年级时人生的那段定义性时光。由于政治动乱，课堂经常被游行示威和抗议活动打断。有一次抗议活动时，老师们锁上教室门，把"我们"（白人学生）关在教室里，不受外面抗议的黑人学生干扰。外面的吵闹声和教室里的比起来根本不值一提。种族主义者的叫骂声简直让人难以忍受。教室门打开以后，我着了魔似的跑出去，没跑太远就撞上了一位白人男子。对于那时的我来说，他简直就像个巨人。我以为他看到我穿着校服，就会认为我们是同一个阵营的，会给我让路。但是他没有，还在我脸上啐了一口，冲着我骂骂咧咧地说了些种族歧视的话。我在恍惚中跑回了家。第二天早上，我回到学校，在满是白人的教室里找到一个位置坐了下来。很多年后，作为一名教师，我决定还是要这样做，在白人主导的空间里找到自己的位置。我不是这里的敌人，我也想拥有同样的位置、我自己的位置。

我身上的那股子韧劲儿让我拒绝放弃，我要把自己在学术界的路继续走下去。大多数同事都很乐于助人，鼓励我，让我有需要就随时找他们。尽管我知道自己可以向他们寻求建议，但我不愿意这么做。我不想让任何人觉得我能力不足，不能胜任自己的工作。我需要激励自己，扫掉所有的负面情绪。我是个坚强的黑人女性，决心要做些改变，实现梦想。我认真地想了托尼·莫里森（Toni Morrison 1977）提出的警示，她说黑人如果不是总想着要去证明自己足够优秀，也许会做得更好。如果我将自己比作污渍的话，也许什么样的化学试剂都没办法消除它。我决定改变教学方法。我想做自己，想向学生们展示我是谁，再想办法去激励他们做得更好。我反省了，思考自己为什么一开始想成为学者，回想自己在这所大学学习时上过的课，思考自己起初做教师是为了什么，是什么激励了我。

我想起一部一直以来都很喜欢的电影——《修女也疯狂2》（Sister Act 2）（Rudinetal. 1993）。这部电影的故事发生在一个社区，那里的年轻人面临着各种各样的挑战。因为他们处境悲惨，周围的人都垂头丧气，他们只好接受自己的命运。这种命运就是去做父辈们所做的工作，去做其他人认为应该要做的事，最终和社区的其他人一样。他们中的大多数人没有做大事的抱负，因为没有伯乐能看到他们的闪光点。后来，一个身着便衣的修女开办了一所学校，给他们上人生引导课。她在学生们身上挖掘出了别人

第八章　归属：这个词究竟属于谁？

都没有看到的闪光点。最终他们在黑暗隧道的尽头寻得了光亮。他们的未来变得与众不同，在本只有乌云的地方投射下几束光线。他们找到了自我，找到了信念。这部电影改变了我的人生，让我相信再糟糕的事情也有积极的一面。我知道班里的学生们也许不会面临这般可怕的环境，但我也知道他们中的大多数人在和某些事做抗争。也许是抑郁、家庭问题、同龄人竞争压力、学业困难、经济拮据、不适应环境，等等。我想让我的课成为一次愉快的学习经历，以此来帮助他们，想教给他们一些事，让他们有一个可以信任的人。我决定再试一次，而且我也这样做了。又一次，那句话冲进了我的脑海，"这就是小菜一碟，我能做到！"也许上帝选择打开这扇门并没有错。

我以《修女也疯狂2》中摘录的一句话作为课堂的开场白，"如果你想成为一个人物，想成就一件事情，那你最好保持头脑清醒和全神贯注！"自从2009年我成为讲师的第四周直到现在，我的每堂课都是这样开始的。第一年之后，我的教学生涯仍旧波折，学生们只不过是不得不接受我。我需要在一个信任的环境下工作，也想在这种环境下工作。如果学生们面对的是一个不喜欢的黑人老师，"我要怎样做他们才会信任我呢？""为什么他们会想要信任我呢？"我知道，想让他们信任我，就得让他们了解我。这样的想法很多时候看起来是不可能达成的。创建信任的环境并没有那么容易，而电影里的那句话就是起点。我向学生们解释了这句话的意义，但并没有止步于此。逐渐地，我分享了我作为一名法律从业者的经历、一名黑人女性的就业经历。我知道我必须付出才能有所收获，这和梅塔·哈里斯（Meta Harris）的观点相似：

> 创建信任的环境，需要教师迈出分享的第一步，分享对本人产生影响的个人经历，并探讨这件事的影响。创建信任的环境可以促进相互理解，还需要那些身处高位的人——教师们或是教授们——对所有学生敞开心扉，而不仅限于像他们一样的学生。（Harris 2005：49）

我还知道，我不能偏向黑人学生，必须对所有学生一视同仁（此观点不能和肤色大同混淆，这个问题我会在后面继续讨论）。这很有挑战性，因为班里百分之九十都是白人学生（我相信他们也不想让我在这里）。尽管学生抱怨，教学主任却似乎站在我这一边，一直在必要的时候帮助我。

这件事的关键，在于我要坚持做自己。我想始终如一，不论在课堂上，还是在菜市场偶然撞见，我都是一样的。我相信对人们来说，特别是学生们，他们能感觉到你的伪装，一旦他们质疑你的真诚，再想得到信任就困难了。我坚持自己的教学理念，不会放弃。

在这个过程中（我当讲师的第一年），我发现自己怀孕了。尽管这本该是我人生中感到快乐的时刻，我却担心，不知同事们知道了会怎么想。我才刚上岗，却想在一年中最繁忙的十月份去休产假。我决心要完成自己所有的工作，不麻烦同事们。我不想在孕期坐实了白人心目中对黑人的刻板印象。所以我做完了所有的工作，甚至在年底批改了期末试卷。事实上，是我自己坚持要这么做的。这对我来说这是一段艰难的时光，但我还是这么做了，没人能用"典型的黑人"来指责我。要不断地证明自己配得上这个职位，这是多么地令人沮丧。只是为了得到认可，我就要加倍努力地工作，这又是多么地令人疲惫。我的经历证明了艾拉·贝尔和斯特拉·恩科莫（Ella Bell & Stella Nkomo 2000）所说的黑人女性在职场上的情感负担。

结束了第一年的教学，我渴望着新一年的到来。我充满干劲，壮志满满，也非常坚定。我想改变学生们的学习体验，让他们对法律产生热情。相信每个人都能看出来，我爱上了教学。教学生涯的第二年年末，我获得了"循循善诱奖"，我的一位同事获得了"最佳教师奖"。我能感觉到大家的惊讶，这让我有了更多的动力去坚持做自己想做的事情。这是否意味着，我最终还是属于这里的？这种从局外人到局内人的转变进展缓慢，但也有所进展，尽管没人真正注意到。再一次，这唤醒了我十年级的记忆。英语课上，老师让我们写一篇文章，并在课堂上大声朗读出来。我很努力地写，想把文章写到完美。我知道班上很多同学从小学开始就上课外班（一系列的课程），他们在学习上远强于我，这所学校也比我之前上的学校要求高得多。学校期望我能跟得上进度，任何落后都会招致鄙视，"想在这里留下，就要努力跟上，如果你想发言，就应该有能力做到白人学生能做到的全部"。老师们这种伪装出来的肤色大同理念（color-blind notion），本该是提倡包容性的。但雨果·肯纳姆（Hugo Canham）解释道，肤色大同就是"认为肤色和与肤色有关的社会结构并不重要，肤色不同对世界并不产生影响"（Canham 2015：72）。

谈到肤色大同，我同意以下这段话的观点：

第八章 归属：这个词究竟属于谁？

> 为缩小主流经验和少数经验之间的差异，更贴近机会公平的理想，我们认为，学校和课堂不应该推崇肤色大同的观念。相反，他们应该致力于承认群体间的差异，即承认少数族裔的学生和非少数族裔的学生在相同环境下所经历的差异。如果这种差异可以在大的背景下被广泛认同，这会有利于达成彼此间的尊重和理解，以及对所有学生的重视。(Markus, Steele & Steele 2000: 251-252)

推崇肤色大同的老师，看不到我的种族和社会背景，因此他们考虑不到我的经历或者我身上的不足。[3]虽然整个学年已经近半，但是，那是我第一次在课堂上发言。我站起来，凭借记忆背出了一整页的作文。我发言结束之后，教室里一片寂静，紧接着爆发出一阵突如其来的掌声。每个人都为我的作文鼓掌。那时，我真是既高兴又惊喜，尤其是想到了几个月前他们对我的态度。我也很困惑，不知道他们为什么鼓掌。是因为他们发现我会讲英语？还是因为我的作文写得好？我把这些问题都抛开，让自己沉浸在久久盼望的认可当中。我需要这种自信，这才能让我真正在班里有一席之地。我不比其他学生差，但我必须非常努力地展现这一点。努力去向别人证明自己的感觉并不陌生，遇到的困难也都只是挑战。

作为一名学者，尽管我的前脚已经迈进了教学领域，但是我的后脚仍然在研究领域挣扎。我之前做的是实践工作，在2005年取得了硕士学位，但是，一旦涉及研究，我还是缺乏积淀。渐渐地，我真正感到了发表论文的压力。我知道在不久之后，我终究要开始做研究，别无选择。我们的规定是，每个月，两名学者必须跟同事们讨论自己的论文。很快就要轮到我了，我得开始做研究了。我既紧张又焦虑，极度需要找到自信，但却无处可寻。时间一点一滴地流逝，无法完成任务的想法很快在脑海中浮现。这对我来说是个挑战，但我发现了一个有趣的话题可供讨论。我觉得这个话题很好，相信它有重要的意义。我用自己的方法做了调查研究，因为时间过去很久了，我都忘了自己是如何进行的。再一次，我非常努力地想要完美呈现自己的论文。我请求一些同事参与我的调研，他们的反馈也帮了我很多。我依然很紧张，但是感觉已经为论文讨论做到了万事俱备。

我做了论文陈述，觉得第一次的尝试很成功。话题是有意思的，大家问了我几个问题，我都可以自信对答。讨论结束之后，一位有资历的同事找到我，表扬了我流利的南非荷兰语。那种居高临下的口吻让我大吃一惊。我做教师已经有两年了。语言流利，用南非荷兰语进行教学，这都是分内的事。可是我分享的内容呢？我自以为有意思的话题、内含很多信息的展示，得到的反馈竟然只是我"流利的口语"？如果我是个白人的话，这位同事还会不会这样讲？我觉得不会。我是不进反退了吗？我头脑中涌现了很多问题。我还是感觉自己是个局外人，花了很多功夫努力做研究，结果我流利的南非荷兰语却成了亮点。我感到非常失望。我知道这是我第一次做论文展示，确实还不算真正地开始做研究，但是在那一刻，听到这样的评价之后，我甚至不知道自己还有什么理由去继续尝试。

我还没准备好做研究，依然集中精力在提升自己的教学技巧。教学的第三年，学生们通过投票，把我选为了学院的最佳教师。尽管我知道自己工作非常努力，但这个奖项还是让我着实吃了一惊。我的第一反应是，他们数错票数了吧。我甚至觉得学生们一定是混淆了我和另一位老师。在某种程度上，我发现要接受这个赞赏非常困难。这就是"冒充者综合征"（imposter syndrome）（Bremsetal. 1994）。赫斯（G. F. Hess）对这个概念的解释如下：

> 许多老师感觉自己像是冒充者，因为他们觉得自己不像其他人所认为的那样有能力、有才华。他们活得担惊受怕，害怕自己的无能和无知暴露在同事或是学生面前。这些老师会把学生给出的正面评价价值最小化，却"给负面评价冠以重要的意义"。（Hess 2002－2003：138）

这就解释了为什么"回开普敦去"这句话会对我产生如此深刻的影响。这也说明，早在这次得奖之前，我身上的"冒充者综合征"迹象就已经很明显了。

我发现了自己的优势，将这些消极思想都赶出大脑，努力保持自信。我想，我明白了上帝为何为我打开这扇大门，因为我生来就是教书的料。这个奖项引来了一些同事的怀疑，他们认为这是教师在学生中的人气竞赛，而不是扎实优秀的教学能力的反映。上一年，一个白人教师获奖时，大家都表示可喜可贺，可当我获奖时，就突然变成了没有价值的人气竞赛。无论我听到什么样的负面评论，任何人、任何事，都不能剥夺这个奖项对我的意义。这已经不是我第一次受到能力上的质疑和批判了，一股似曾相识的感觉涌上心头。

在我此生最重要的十年级那年,还发生了一件事情,我至今铭记于心。那是在一节南非荷兰语课上,我们要讨论一系列真实事件,模拟法庭上的案件审理过程。班上最聪明的学生自告奋勇扮演律师,老师问有没有人自愿扮演检察官。没人想和最聪明的同学对决,因为显而易见是要占下风的。让大家惊讶的是,我愿意扮演检察官。庭审开始之前,我们有几分钟的时间做准备。那时,我在班里有几个"朋友",因为我要对抗最厉害的学生,所以他们都来鼓励我。我在教室前面的位子上坐下来,面对着对手。她的神情洋溢着自信,带着胜利者的微笑。为什么我要这么对自己?我不知道。逆流而上一直都是我的黄金信条。我总是想做其他人都不敢做的事,或是其他人都觉得做不到的事。庭审开始了,她表现得很好,但我也决心要展现我的价值。你来我往的尖锐辩论在热烈的结案陈词中结束了。被告被判有罪——这意味着检察官方胜利了!虽然掌声和喝彩声转瞬即逝,但是对我来说,那一刻不仅代表我第一次赢了官司,更表明了我把不可能变成了可能。这是一个黑人学生在白人讲台上对自身价值和潜力的发现。第二天,大家跟我打招呼都比之前热情了一些,但我依旧是班里的黑人学生,坐在没几个白人和我一排的座位上。

这次的教学奖来自学生,它对我的意义比许多同事想象的还要更大。我知道自己已经很努力地在工作,但因为脑海中那些扰乱我的想法,我仍然难以享受这一刻。什么时候我才能足够优秀,真正属于这里呢?我感觉自己好像仍然不被接纳。我总想讨好别人,但是随着时间的流逝,我发现要想让人人都满意是一件不可能达成的事。我需要认可自己,对自己所做的事情和做事的方式都感到满意。这种认识让我度过了自我怀疑的时刻。得到了学生的认可,却开始被同事排斥,这种感觉是多么地奇怪。

学院给每位讲师安排了一个临时助手,协助讲师完成行政方面的工作、组织测验之类的,如果需要,还可以让他们提供课程帮助。然而,临时助手是不允许正式上课的。我的临时助手(白人)和我当时的助教(学生)之间闹了些不愉快,于是我把两人都叫到了我的办公室。谈话之中,临时助手非常沮丧,断断续续地吐露了他是多么想教刑法课(是我教的课),以及一旦我离开,他将会取代我的想法。这话着实把我吓了一跳,于是不由自主地问了一个问题:"那你让我去哪里呢?!"我试着理解他的话,理解他认为可以取代我的那种自信。当然他的解释很简单,他只是假设我会离开教学岗位。这次会面之后，这段对话一直萦绕在我的脑海。我在想，这是否是因为人们普遍认为黑人教师不会在教学上有所建树。从2009年我任职到这次谈话期间，学院又聘用了另外三名黑人教师。有两人已经离职，还有一个在积极寻找出路。有人猜想，我会跟他们一起离职，这并不牵强，尤其是鉴于学校的氛围又是那么不友好。即便如此，临时助手对我大言不惭地说出他的计划时，我还是备感苦恼。为什么他认为可以用那种冒犯的口吻跟我说话？我再一次问自己："他会跟白人终身讲师这样说话吗？"也许这就是黑人教师离职的原因之一。一些白人对黑人说话时不敬又伤人的方式，本身就让黑人觉得不受欢迎，让他们觉得自己不属于这里。

也有好的方面。事实证明，2013年是富有挑战性的一年。尽管我一直都教刑法课，那年的第一学期，我被要求接手法律概论和法律技巧课。对此，我很开心，因为我想通过更实用的教学手段来改进这门课程。我一贯喜欢挑战，特别是需要用到我与生俱来的丰富想象力时。我想做事情，追求完美，但更重要的是，我想让教学对所有学生来说都成为很棒的体验。当我展示自己的想法，想在大学里搭建一个有启发性的犯罪现场，配上警察、交警和急救人员时，我（再一次）感受到了大家对我能力的质疑，虽然从未有人直接告诉过我，说我这是胡闹，根本行不通。但是，这并不妨碍我教这门课的第一个学期成为有史以来教学情况最好的一个学期。我要自然而然地逆流而上，无须等待外界因素的激励。这是很多年前，在十年级的时候，我从跟白人同学共享的长椅上学到的。

我得到了大多数教工的支持，他们相信我有能力给这个课程模块带来生命力。这给了我目标，让我觉得有所归属。我第一次得到同事的认可，觉得自己配得上这个职位，同时也给自己注入了一种归属感。我这样想，不是因为体制文化变了，而是因为我找到了自己的位置，并且在某种程度上为自己创造了一种归属感。我心怀想法，但随之而来的，还有实际操作上的挑战。单是这一点就很难了。然而，一名黑人教师，想要渗透进白人的权力结构中，更是难上加难。我天真地以为，人们想要改变现状，帮助我实现提升学生学习的愿望，但是很快，我就遇到了困难。这是我的抱负，我要亲眼看它实现。虽然繁文缛节足以让所有人泄气，但是，这只会激起我心底的动力。教学办公室开始向我索要材料、（不止一次）地发给我错误的文档、叫我到办公室签收文件，就好像我是后勤人员。我还被告知说，我应该自己想办法去搞清楚怎么办，还嘲笑我，就好像我在追求奇迹。这就是我要面对的情况，但我依然没有放弃。我总在想，他们是否也这样对待白人教师，白人秘书是否也会把白人教师叫到办公室去收文件。幸运的是，虽然有这么多不好的事，但还是有人希望看到我成功、愿意帮助我。安排会议、制订计划，做这些事给了我一种掌控感。我觉得自己对这个项目有掌控力，这也给我创造了一种归属感。经过几个月的规划后，模拟现场最终实现了，而且获得了巨大的成功。学生们不仅享受着这种激励，还觉得很有教育意义。在他们的求学生涯中，这是一股他们能够凭借的力量，甚至在日后的实践中也会对他们有所帮助。

2013年底，我再次被评为学院最佳教师。这向我证实了，我所做的事情是正确的，即使冒充者的想法仍潜伏在我的脑海中。在那段时间，我并不关心那些质疑的目光。我不在乎自己是否符合标准。我已经在这里了，这肯定了我的确在此拥有一席之地。现在，我面临的挑战是，我要弄清楚自己身处的地方是什么样的，以及我是否对这个地方感到满意。2014年是我担任讲师的第六年，我又开始教刑法课。这是新的一年，有一批新的学生，我非常期待。自从我开始任教以来，聘用的黑人讲师就无法融入我们学校的文化和角色，至少我是这样想的。我是学院唯一的黑人讲师，但我对此并不感到困惑。我在这所大学当过学生，了解它的文化，会用自己的方式去适应它。现在回想起来，我认为这里面有一部分原因是因为我的家庭。由于父亲的工作，我们不得不时常搬家。无论走到哪里，我都能适应下来。一旦适应了，那里就变成了家。很快我就接纳了自己的肤色。在我看来，是人们不公地误判了这个肤色。

在实践中，我可以认识到学生们遇到的挫折。我想在这方面帮助他们。因此，2011年的时候，我发起了一个模拟庭审大赛。大二或大三的学生都有机会参与，这也能给学生提供他们所欠缺的实践机会。我曾经也是个大四学生，知道实际操练有多么困难，不知道在上庭时什么时候该坐，什么时候该站。模拟庭审可以让学生们了解法庭的基本设置，教给他们基础的知识，培养他们的自信心。比赛是自愿报名，只有五十多名同学参与了。这次模拟庭审花了很多的课余时间，比赛安排也费心费力，但我并不介意，因为这会帮到学生们，而我只是在做自己力所能及的事。这项提议并未受到阻碍，但也没被当成要紧的事，毕竟没有人为此耗时花钱。可以理解，任何空余时间都应该投入到研究中去。发表文章能够保证职位晋升，其他的事情都应该为此让路。这种话我听了很多次，心里也明白这个道理。可是只要是有关于研究的讨论，我都感到置身事外，而这是我自己的选择。我是在抗拒"不发文，就走人"（publish or perish）的心态。我充分认识到，要是我把大部分的时间都投入到教学上，这对我的职业发展不会有什么帮助，但我依然选择这么做。我对教学的热爱以及我抱有的心态，阻挡了我做研究。可这是我自己的决定，我也知道这只是暂时的回避。总有一天，我会不得不把重心转移到研究上来，不过不是现在，因为我还没有准备好。

模拟庭审活动取得了巨大的成功，学生们的兴趣日益增长，从2011年的50名同学参与增加到2013年的150名同学。我还为比赛联系到了一家官方赞助商。再一次，我灵感迸发，想把模拟庭审比赛扩展到西北大学的其他校区。我想让所有校区的学生都有实际操练的机会，可以互相合作与学习。我希望学生们能接触不同的文化和不同的思考方式，我想让他们看到，虽然彼此之间有差异，但也能找到相似点。我想告诉他们，仅仅因为某个人跟自己不同，他坐某一排，其他人就要挪到另一排，世界上没有这样的道理。即使我知道推广这个活动会带来额外的工作量，我也从未怀疑过自己的决定。在这种环境下，你不得不相信一些更超脱的人或事，相信上帝。我仍然相信，上帝为我选择的那扇门是对的。

在几个同事的帮助下，所有的事情都进展顺利。2014年，首届校级模拟庭审大赛成功举办。我想让全世界都知道，我们的学生有什么能力，我有多么为他们骄傲。我想让法律界认识到，作为一个整体，我们做了能提升法律专业学生质量的事。在2011年、2012年和2013年，我设法得到了市场传播办公室的帮助，他们帮我们做了适当的宣传。我必须把人脉都动员起来，以这种方式获得一些曝光度。这件事是多次职工会议上讨论的重点，甚至在市场传播办公室也进行了讨论。情况是，我们得循着正规的渠道进行宣传，但他们向我保证，会在必要时为我们提供支持。在校级模拟庭审大赛中，我要确保的是模拟庭审按照正确的步骤进行，他们向我保证的是会有足够的宣传。我对此深信不疑，觉得自己做了该做的事情。可不幸的是，这又是一次空头支票。如果他们没有对我许下这些承诺，或许我不会感觉这么糟糕、这么生气。我觉得自己无足轻重，觉得参与庭审的学生所取得的成绩对于学校来说也无足轻重。为什么就连校园里走失的流浪猫都比我们的活动获得的曝光度更高？而这是有史以来第一次，三个校区共同参与一项活动，而且，这次是所有教职工真正地在一起合作。促进不同校区间的联系一直都是整个大学最重要的事情之一，而我们现在是真的在做这件事，可是却不被认可。我不禁想再次发问，如果模拟庭审是由白人同事组织操办的，也要这么费力地去获取宣传吗？我很失望，想知道为什么没有关注度，为什么得到的只是空头许诺。这种无足轻重的感觉激起了我心中熊熊的怒火。我压着"反驳回去"（Hooks 1989）的冲动，决心第二年绝不再重蹈覆辙。我目睹了这种消极应付的态度，正如俗话说的，"愚我一次，其错在人；愚我两次，其错在我"。

在我的职业生涯中，2014年的模拟庭审大赛是最具挑战性的事情之一。这一年终于结束了，2015年带着匆匆的脚步和更多的挑战悄悄走近，做研究就是其中的一项。在2014年，学校公开遴选对资助项目的申请，用于改善研究现状，条件是要提交或发表论文。这是在研究方面让我的事业有所提升的好机会。这就是我开始做研究的时刻。我想要为了自己这样做，而不是为了取悦他人。做自己想做的研究，就好似一桩美满的婚姻。我申请到了资助，在2014年7月启动了我的项目，研究的是模拟庭审活动对学生运用刑法的理论和实践影响。项目计划于2015年年底完结。对此，我感到很激动，终于觉得自己在研究上有所进展了。不知怎么，后一句话听起来有点不切实际。尽管我觉得学院已经不指望我发表什么，但我也知道，我需要为自己发表，我需要为此做好准备。

2014年，我获得了年度最佳教师奖。这再一次激发了我的干劲。在选最佳教师的时候，学生们只被问了一个问题，"这学期，哪位老师对你的激励最大？"我刑法课的班里，学生大多数都是白人，但大部分人都给我投了票。几年前，他们还对我心怀怨念，申请换老师。这难道不讽刺吗？归属感的意义是主观的，不是他人告诉你的，或是字典上的。归属感是你所感受到的东西。如果你是一名黑人教师，任职于白人主导的领域里，学生大部分都是白人，你还能感到舒适自在的话，那这就是你以自己的方式获取的归属感。或者应该说，我发现我在自己的课堂上和模拟庭审活动中为自己创造了归属感。在某种意义上，我是自己归属感的创造者。尽管这听起来很简单，但有时却是不可能完成的挑战。索尼娅·杰斐逊（Sonya D. Jefferson）将自己人生中发生的事情比作祖母的被子，她说：

> 但是，随着我继续把被子和自己的生活进行比照，我意识到，这

是一个错误的观察。从远处望去，背景变得明朗，被子的图案和我生活的主题都变得明朗。被子拼布之间的衔接，我生活中的片段，都给我一种整体中的部分之感。仔细阅读我分享的故事，会发现我生活中的模式和联系。我开始明白了自己是谁，又如何成为今天的自己。带着这种理解，我从一个受恐惧支配、沉默不语的黑人小女孩，变成了一个有能力的黑人女性，能够给黑人孩子们的生活带来意义。（Jefferson 2006：14）

鉴于我十年级时在学校与白人学生共享长椅的经历，再加上后来发生的其他事情，我无法不同意杰斐逊上述的感受。毋庸置疑，这是一个考验心灵的过程。通过参与创造，我们开拓并拥有了自己的一席之地——甚至敢于打破白人体制文化那种无形的堡垒。所以说，如果归属这个词不属于我、不属于你，那么，它究竟属于谁呢？

注　释

1. 立法规定，必须为实现平权或照顾弱势群体而设置一些岗位。由于雇主们是被法律强制设置了这些岗位，因此"平权行动"或"平权"一词常常被认为带有负面含义。
2. 这是一项法案，用来照顾易受歧视的人群，特别是在就业和教育方面。它也被称为"正面差别待遇"（positive discrimination）。
3. 更可能的情况是，老师们并不想注意这些，因为这样会产生额外的负担。
4. 舒适自在的感觉包括被欣赏或被重视。对我来说，它是一个更加综合的概念。这种感觉也有主观性。某件事让某个人感到舒适自在，却并不一定会让另一个人也有相同的感觉。

参考文献

Bell, E. L. & Nkomo, S. M.（2000）Refracted lives: Sources of disconnection between black and white women. In M. Davidson & R. Burke (Eds) *Women in management: Current research issues* (Vol. 2). London: Sage Publications.

Brems, C., Baldwin, M. R., Davis, L. & Namyniuk, L. (1994) The imposter syndrome as related to teaching evaluations and advising relationships of university faculty members. *The Journal of Higher Education.* 65 (2): 183 – 193.

Canham, H. (2015) The color of merit in a Johannesburg bank. *Sociological Imagination.* 51 (1): 70 – 108.

Collins, P. H. (1986) Learning from the outsider within: The sociological significance of black feminist thought. *Social Problems.* 33 (6): S14 – S32.

Collins, P. H. (1999) Reflections on the outsider within. *Journal of Career Development.* 26 (1): 85 – 88.

Harris, M. Y. (2005) Black women writing autobiography: Autobiography in multicultural education. In J. Phillion, M. Fang He & F. M. Connelly (Eds) *Narrative and experience in multicultural education.* Thousand Oaks: Sage Publications.

Heilman, M. E., Block, C. J. & Lucas, J. A. (1992) Presumed incompetent? Stigmatization and affirmative action efforts. *Journal of Applied Psychology.* 77 (4): 536 – 544.

Hess, G. F. (2002 – 2003) Learning to think like a teacher: Reflective journals for legal educators. *Gonz. L. Rev.* 38: 129 – 153.

Hooks, B. (1989) *Talking back: Thinking feminist, thinking black.* Boston: South End Press.

Jefferson, S. D. (2006) *Stitched from the soul: An auto/biographical inquiry into one black woman administrator's voice and vision.* Accessed 1 April 2018, https://digitalcommons.georgiasouthern.edu/etd/1026.

Lorde, A. (1977) The transformation of silence into language and action. *Sister outsider: Essays and speeches.* Berkeley: Crossing Press.

Markus, H. R., Steele, C. M. & Steele, D. M. (2000) Colorblindness as a barrier to inclusion: Assimilation and nonimmigrant minorities. *Daedalus.* 129 (4): 233 – 259.

Morrison, T. (1977) *Song of Solomon.* New York: Penguin.

Puwar, N. (2004) *Space invaders: Race, gender and bodies out of place.* Oxford: Berg Publishers.

Rudin, S. & Steel, D. (producers) & Duke, B. (director) (1993) *Sister Act 2: Back in the Habit*. USA: Touchstone Pictures.

Turner, C. S. V. (2002) Women of color in academe: Living with multiple marginality. *The Journal of Higher Education.* 73 (1): 74 – 93.

Yuval-Davis, N. (2006) Intersectionality and feminist politics. *European Journal of Women's Studies.* 13 (3): 193 – 209.

第九章

学术界的重视/归属与轻视/去归属：一个交叉的视角

布拉格纳·鲁古南

在我早年的记忆中有一幅画面。母亲站在那套两居室小公寓的厨房里，在为我们准备晚餐。厨房挺大，我一边和她聊天，一边在地板上玩跳房子。我还记得她气咻咻地擀着薄饼，只言片语中透露了她讨厌干这个活的原因。她回忆起心酸往事时，喉头有点哽咽。在她小的时候，她的父亲跟她说，接受教育没用，一个印度女孩，很快就要嫁人了，在厨房干活儿才有用。于是，12岁那年，她的父亲就让尚且年幼的她辍学回家，去他开在尘土飞扬的采矿小镇金伯利的那间杂货店无偿劳动。母亲在21岁时，正式嫁给了父亲。父亲是11个兄弟姐妹中的老大，最小的弟弟只有两岁，于是，母亲旋即就莫名成了这个孩子的妈妈。她接管了厨房，每天要为14口人做一日三餐。每天她都要做成堆的薄饼供给这个大家庭。她为我们做薄饼的那天下午，脸上愤愤不平的神情太触动我了。我忽然明白过来，我要好好接受教育，因为这是我唯一的出路，只有这样，我才能逃脱束缚了母亲一生的厨房。只有这样，我才能经济独立，掌控自己的人生。而我的母亲却从未有过这样的机运。

因为文化的因素和社会化的过程，印度女性被局限在家庭中的从属地位。这强化了她们贤妻良母的角色。法蒂玛·梅尔（Fatima Meer1972：37）把这个角色概括为"讲妇德的好女人，平和、隐忍，遵奉旧时传统，能为她的丈夫、孩子和家庭牺牲她的一切"。那天，母亲穿着纱丽，站在炉火旁为家人做饭的情景，深深地刻在了我的脑海。她那天跟我说的话，至今还时时萦绕在我耳旁。在我成年的过程中，做个好女儿、好妻子、好儿媳和好学者的压力——这些身份——都在互相竞争,让我难以喘息。这些身份之间互相打架,而我觉得自己从来都不是赢家。每当我觉得自己在一个身份里做得不错的时候,另一个身份总是会跳出来,争一争谁更重要。瓦莱丽·沃克丁(Valerie Walkerdine)抓住了这种矛盾的特征,她说:"一位女性学者面对的是两种身份互相割裂的局面:一方面,她的身份是一个强者(学者),哪怕她自己也无法认同;另一方面,她又是一个缺乏自信的弱者(女性)。这种身份的割裂令人难以忍受。"(转引自 Walker 1998:337)我的两种身份让我在"努力表现得像个学者,同时又努力表现得像个女性"之间来回摇摆,而这几乎永远都不可能实现(Walkerdine 1990:144)。

在男尊女卑的社会,社会化的过程使得女性扮演的角色,仅限于一个维系家庭的纽带。在南非的印度家庭,这种情况不胜枚举。我在全力投入事业之前,早早地就已结婚生子。所以,我既要专注于母亲和家庭主妇的工作,还要兼顾自己的职业生涯。我作为家庭的养育者和料理者,处在丈夫身后的位置,这样,我的丈夫作为家庭生活来源的主要提供者,就可以去发展他的事业——这里面的逻辑是,因为我的工作离家更近,工作时间也灵活。毕竟,我是一名学者,无法与他在企业界的高薪相比。基于这个逻辑,我在家庭中的位置也是次要的和从属的。所以,我得屈从,忽略自己作为妻子、母亲、女儿与儿媳等多重角色的重要性与价值。在印度家庭中,按照性别进行的传统劳动分工非常明显。女性受到的规训和社会化影响,让我们几乎不假思索地就接受了男性在家的优势地位。男性扮演的是一家之长的父权角色,而女性就得屈从,即使夫妻二人都受到过同等的教育。

本文试图以学术界的重视与轻视为背景,对性别、族群和文化问题进行讨论。我对重视/归属与轻视/去归属之间张力的讨论,借鉴自安-多尔特·克里斯滕森(Ann-Dorte Christensen 2009)的文章《从交叉的视角看归属与去归属》(Belonging and Unbelonging from an Intersectional Perspective)。虽然我这篇文章的内容本可以只谈归属问题,但文内的张力又不仅仅关乎归属,还关乎重视个人价值的问题——是我作为母亲和学者的价值。而受到重视的价值也不仅仅只关乎归属。有的女权主义研究者倡导从交叉的视角看问题,她们认为身份和归属与性别、阶级、种族、族群、种姓以及其他的社会类属交织在一起(Christensen 2009;Yuval-Davis 2006)。

克里斯滕森（Christensen 2009：23）提出了一个概念，认为"归属不仅[是]集体和个人身份的有力标志，同时也是差别待遇与社会排斥的有力标志"。本文的论点与此呼应。我旨在从微观、中观与宏观的层面来对比讨论重视/归属与轻视/去归属。微观层面涉及我作为学者的经历，中观层面讨论的是家庭、文化及社区的制度，宏观层面则涉及高等教育中的诸项制度。每一个层面都是与性别、种族、阶级、族群、种姓和年龄等因素交叉联结的。

尼拉·尤瓦尔-戴维斯（Yuval-Davis 2006）在其论述中，对"归属"和"归属政治"进行了重要的区分。她对归属的定义涵盖了情感依恋、家的感觉以及安全稳妥的感觉（Christensen 2009）。相比之下，

> "归属政治"则表示的是社群中谁被"包容"，谁被"排斥"。更重要的是，归属建立在三个层面之上：社会定位（围绕权力轴心而建构的，如性别、阶级和族群）；个体身份与情感依恋（如，你是谁、你来自哪里），还有族群价值以及政治价值体系。人们通过它来判断自己和他人的归属。（Yuval-Davis 2006：199）

交叉性的核心是阶级、种族、族群和年龄等社会类属。这些社会类属之间相互作用、交叉重叠，不同的"类属彼此间也相互构成"，它们似乎在我职业生涯和人生的每一个阶段都相互串谋。谢丽尔·德拉雷（Cheryldela Rey）、阿米娜·马玛（Amina Mama）和扎恩·马古巴尼（Zine Magubane）以南非为例，谈论了"黑人女性的多重主体性及其差异性"，指出南非的身份认同充斥着多重意义（Dela Rey, Mama & Magubane 1997：18）。在分析南非的种族和性别问题时，马玛对主体性的强调表明，黑人女性是"坚韧、复杂、强大的"（引自 DelaRey, Mama & Magubane 1997）。这一点我会在后文进行阐述，现在先回到我的学术生涯这一话题。

进入学术界

南非的高等教育反映的是种族隔离制度下的种族主义霸权。国家高等教育委员会1996年的报告表明，南非高等教育机构的人员组成，不能代表

社会的普遍状况。当时的情形是，因为种族和性别问题，整个高等教育界产生了严重的两极分化。最高管理层主要由白人男性组成的（Mabokela 2001），黑人和女性则被降到较低的就业层次。高等教育机构的报告显示，在1993年，女性只占研究和教学岗位总数的32%。更令人遗憾的是，大多数女性只受聘于初级讲师或讲师岗位（Naicker 2013）。有关高等教育界女性课题的大量文献证实，女性在学术界较低级别的岗位中所占比例更高（Rabe & Rugunanan 2011；Tsikata 2007；Walker 1998）。黑人学者的人数不足，黑人女性学者则更是凤毛麟角。通过对南非和美国高等教育界女性的比较研究发现，黑人女性被认为是学术机构的"局外人"，她们是"隐形的和无声的"（Johnson & Thomas 2012）。在探讨南非高等教育机构中社会学家的种族和性别流变时，马里兹·拉贝和布拉格纳·鲁古南（Marlize Rabe & Pragna Rugunanan 2011，2012）考察了学者们进入学术界的情况、他们的工作环境以及离开的原因。一名研究对象发人深省的反思引起了我的共鸣："我知道自己陷进来了。"（Rabe & Rugunanan 2011：64）从我自身的经历和个人背景出发，我可以明白身处的社会结构，即，我的身份和情感是判断我是谁、属于哪里的重要指标，更重要的是，我的政治体系和价值体系定义了我（Letherby 2003）。我也是陷进了学术界。我在20世纪90年代初获得了荣誉学位，当时进高校并不是我的职业选项之一。我那个时候年轻、缺乏经验，还学历过高，所以很难找到一份合适的工作。作为刚从大学校园里走出来的激进分子，我很想成为社会变革的一分子，打造一个新的南非。

　　与此同时，婚姻也逐步逼近，因为我的未婚夫长我6岁。除了年龄问题之外，族群和种姓因素也迫使我们在经济上还没有保障的时候就步入了婚姻。在约定俗成的文化规范下，我们向家庭希望子女早婚的愿望屈服了。虽然我们两人同为印度教徒，但是在印度社会中，门不当户不对的婚姻几乎与种族隔离制度下南非的跨种族婚姻一样，是冒天下之大不韪的。我丈夫的优势是他有博士学位，所以对我的家庭而言，他是可接受的。而我只有一个荣誉学位，根本无法与博士学位相提并论，所以我无法在自己未来的大家庭中受到同等的重视。这个大家庭已经用某种体制化的力量笼罩了我。由于种姓、阶级和族群等原因，我被放在了这个大家庭的边缘位置。归属政治——融入和被接纳——与我期望被重视的想法相冲突。

　　我结婚后不久，由于缺乏进企业工作的经验，而且学历也不合适，当

第九章 学术界的重视/归属与轻视/去归属：一个交叉的视角

一所历史上的黑人大学出现了临时讲师职位空缺时，我就抓住了这个机会。这所大学是种族隔离时期建立的一所多校区大学，目的是为弱势阶层的城市黑人提供上大学的机会。作为临时讲师，我教的是大一的社会学。我几乎不知道怎么教书，更不知道从哪里开始，就被推进了这个最终成为我职业追求的领域。我还是一名年轻的妻子和母亲，这些不同的角色交织在一起（妻子、女儿、母亲、学者），使我游走于私人和公共领域之间。女性的角色总是被固化，哪里都是如此，这些角色又彼此渗透，要达到平衡几乎不可想象。在印度文化中，把孩子留在托儿所，这是闻所未闻的。人们期望女性成为主妇，照顾家庭。我没有理会这种期望，不过工作时间的灵活性，也让我也能够兼顾家庭。虽然没有什么托儿所可以依赖，而且单位的家庭关爱政策也相当匮乏，我依然试图在自己的学者身份和女性身份之间寻找一个平衡。这样做，是要付出高昂代价的。这种表面上的平衡掩盖了太多的问题：我既愧疚于自己没有在学术成果上有所进步，也愧疚于没有为家庭做出更多贡献。

我在这所黑人大学的学者工作开始日渐熟练起来，也收获了来自同事们的友谊和支持，这些都促进了我的成长和学术发展。然而，像所有其他的黑人大学一样，这所大学的特点也是缺乏学术氛围，无法激励更有志向的学者们。年轻学者既得不到培养，也得不到指导，很容易在体制中感到迷失或者幻灭。在民主制实行的初期，传统黑人大学就像是传统白人大学的远房表亲，是权力竞争和种族歧视的受害者，被认为是学术界遥远的他者。种族歧视和差别待遇不仅针对讲师，整个大学的基础结构就有问题——我们能使用的资源和设施根本跟不上。实际上，就算白人技术学院的设施也远远好过传统的黑人大学（Mabokela 2002）。虽然我在这所大学里有归属感，但是这所大学本身却在更广泛的高等教育界遭到鄙夷和轻视。作为学者，与老牌学府的同行相比，我们的价值被贬低了。在宏观层面，权力被体制过滤之后，起到了削弱某些群体，尤其是黑人和女性学者的作用。白人学者，因其肤色而享有特权，所以他们似乎大都未曾遭受过这些权力斗争带来的影响。

学术界的归属与接纳，意味着学者们要不断提高资质，继续深造，否则价值就会降低。为了自我提升，我考察了几所大学的硕士项目。我还非常清楚地记得，当时去一所传统的白人大学面试的事情。该大学据说是一所进步的大学，是学术自由的堡垒。因为要照顾孩子，丈夫和孩子跟着我一起去面试，他们和我一起在会场外面等。面试时，我被问到，孩子年幼的情况下，我要怎么读完硕士学位——上课时带着孩子吗？我感到非常惊讶。那已经是1994年以后了，是在一个民主的南非。这种对女性的刻板印象让我措手不及。而更令人震惊的是，所谓的进步人士居然也能提出这样的歧视性问题。那天的面试给我留下一种刺痛的感觉，后来我去了其他大学读硕士。"妈妈制"（mommytrack）这个概念，最初用于描述女律师们选择减少上班时间，更多投入在家庭上的做法（Schwartz 1989：72）。这种做法附带的消极信息是，人们认为女性对待工作不是认真的，因此她们的价值低于男性同事。在学术界，妈妈制的污名也同样存在。

莱特米兹·马博凯拉（Reitumetse Mabokela 2002）对26位受雇于各类学术机构的女性学者进行了研究，我的经历符合她的研究结论。这些女性学者工作的地方包括传统黑人大学、传统白人大学和一所技术学院。研究结果表明，女性学者必须不断地证明自己，在工作过程中持续接受监督；体制不尊重女性，提供的不公平的工作条件也阻碍了女性的稳步发展；各种种族和族裔的陈规陋俗与误解，深深地根植于种族隔离时代的意识形态当中，而这种意识形态又使得歧视与等级化现象长期存在（Mabokela 2002：191-202）。以男性为中心或重视男性特质，集中体现了大学里的男性文化和结构形态。男性学者的一贯形象都是无牵无挂、独当一面，所以他们比那些有孩子拖累的女性学者更受重视。

"性别化的意识形态所占的支配地位"，塑造了我成年初期的思维模式，让我以为，对于我的身份和生活而言，工作只是一个边缘问题（Chesterman, Ross-Smith & Peters 2005：168）。我不自觉地陷入了这样一种思维，即"在父权制话语中，女性就应该是异性恋的、持家的、充满母性的"（Chesterman, Ross-Smith & Peters 2005：168）。我有一份全职工作，同时又要完成硕士学业。即使在最好的情况下，这些对我来说已是挑战，更遑论我还有两个不到4岁的孩子需要照顾。这么重的负担已经让我超负荷运转了，而父亲的意外去世更是雪上加霜。我悲痛万分、无法承受，但也顾不上消化这件事带来的连锁反应，整个人完全淹没在了母亲的角色和为学术事业打拼的努力中。就在我忙于自己的硕士学位之际，已经有了博士学位的丈夫，又决定开始攻读工商管理学硕士。我非但没有得到渴望中的支持，反而被迫承担起了更多的责任，坚守着性别化的意识形态，坚守着一个"好妻子"的形象（Meer 1972）。因为在学术机构工作，这让我能够灵

第九章　学术界的重视/归属与轻视/去归属：一个交叉的视角

活地处理这些多重角色。可是，这里面的代价又是什么？有时，我有种深深的绝望感，挥之不去。而当我想奋力挣脱出来的时候，又会被对生活和对工作的愧疚感所淹没。我总是担心是否为孩子、为事业、为自己拼尽了全力。

我变成了"失声的"（Delamont 1989）他者。我有选择吗？是不是我自己选择了屈从，选择了在个人生活和事业上，向那些文化和族群歧视退让？女性学者的经历就像沃克丁（Walkerdine 1990）所说的那样，她们必须面对"生活"与"工作"的割裂——在"女性"身份和"教授"身份之间拉扯。我很早进入学术界，但是生儿育女带来的生理影响和客观结果延缓了我的学术发展（Potgieter 2009）。传统黑人大学的缺陷，在于缺乏高级学者对青年学者的指导，制度上也没有为青年学者职业发展提供支持计划。女性学者就更不太可能得到指导了，也不太可能从各种正式和非正式的资源中获益。巴特勒（Butler 2005：22）的研究发现，"学术界的新人，他们欠缺必要的指导、帮助和职业规划培训"。海蒂·普罗泽斯基（Heidi Prozesky 2006）注意到，女性学者并非总是在职业生涯一开始的时候就意识到，除了在期刊发表文章，其他的学术活动在学术体系晋升中并没有那么高的重视度或奖励度。硕士毕业后，我投出了人生的第一篇论文，期刊给出的反馈是需要大修后再提交。现在回想起来，这些修改并不像当初看起来那么令人不知所措。但是，由于当时没有人可以求助，也没有人给我建议，于是我选择了不去理会这些评语。没有导师的指导，也没有职业发展的规划，我基本上没有什么自主决定的能力。1998年以后，南非的高等教育形势起伏不定，各种合并与裁员造成了许多的不确定和烦恼。由于传统黑人院校的合并与裁员，我被裁掉了（一名年长的白人同事被留用，两位年轻的黑人同事被裁员）。此后，我没有想过自己会再回到学术界。相反，我选择翻过职业生涯的这一章，展翅远翔。

展翅远翔

离开学术界之后，我加入了一个支持高校研究与发展的政府机构，所以仍然跟学术界保持着联系。最初，我参加了一个项目，主要是推进传统黑人大学研究能力建设，侧重指导和资助像我这样的黑人研究人员。我能理解这些黑人学者的需求、挫败和被歧视的感受。现在，我可以用一种我不曾得到过的方式去帮助他们获得力量。我需要去（拜种族隔离所赐）那些位于南非偏远地区的传统黑人大学，如位于林波波省的文达大学。这给我成立不久的家庭带来了更大的伤害。孩子年幼需要照顾，可我们没有家庭友好的工作方式和灵活的工作安排。新工作的性质对孩子们产生了接二连三的影响。我原以为自己离开学术界，在一家工作时间固定的机构上班，可以更好地实现工作和生活之间的平衡。然而，这份工作需要我经常到全国各地出差，而更糟的是，我在这家机构也看不到任何职业发展和自我晋升的机会。

这份工作让我付出的代价，是每天要花两三个小时在路上通勤，还有我对孩子生病的愧疚感。短暂的归属感很快被更强烈的去归属感所替代。在这里，没有归属感是一个问题，而更严重的问题是被轻视。虽然有研究生学历，可是我们干的大部分工作都只是文书工作，而且行政任务繁重。可以参考一下我们的职位名称，"专职官员"（professional officers，简称PO），但其实我们都叫自己"邮差"（postoffice workers，也简称PO）。工作、资历和自我价值都被轻视，这让人觉得很屈辱。我不得不有所取舍，不久后就辞职了。

我把家庭的需求放在了首位，离开了收入稳定的固定工作，当起了一名自由职业者，也不知道下一笔收入在哪里，真可谓胆大于身了。我利用在学术界掌握到的技能，又兼修了一门短期商业管理课程，靠着这些资质来获取一些兼职工作。三年来，我在第三产业的各个机构工作，从事培训和演讲。作为一名兼职讲师，我做过人力资源领域中层管理人员的培训。在与制造工程及其相关服务部门的教育培训权威机构（MerSETA）的对接中，我接触到了诸多制造业与电子工业方面的资源，给他们讲授人力资源管理和劳资关系的课程。我的学术背景和高等教育教学经历为我打下了扎实的基础，而接触制造业各种各样的实际问题和做职业培训，又为我提供了宝贵的实践经验和案例。直到今天，我在授课中还会得益于这些经验和案例。在接送孩子上学和放学中间的空档，我有时要兼做四份工作。收入微薄，捉襟见肘。方方面面都要顾全，压力真的很大。但是，我可以持续地接触高等教育的不同部门和不同组织，也可以教不同层面的学生管理知识，这给了我一种自在的感觉。这也是归属感。

第九章　学术界的重视/归属与轻视/去归属：一个交叉的视角

回归使命

"现在和未来的自己，都脱胎于［我们］过去的自己。"（Walker 1998：338）沃克（Walker）的这句话记录了我的学术历程。在离开学术界的这段时间里，我所从事的工作都与教育有关，包括演讲、培训、开发和研究。埃弗拉·韦伯和萨洛什娜·范德亚（Everar Weber & Saloshna-Vandeyar 2004）的著作探讨了南非传统白人大学的黑人学者们日常所要面对的压迫和种族歧视，这些结构性的复杂问题深深地根植于体制当中。2007年，我多次接到一所合并院校的邀请，希望我可以加入他们的一个学术部门。可是，奇怪的是，我在2000年的时候申请过这所传统白人大学的讲师职位。当时面试我的主要是白人，其中只有一位女性。他们用南非荷兰语向我提问，来测试我使用该语言进行教学的能力。那是南非开始实行民主制的第六年个年头，在这个国家，种族和性别不平等现象依然深埋在体制和社会关系中（Mabokela & Magubane 2004；Mama & Barnes 2007；Rabe & Rugunanan 2012；Soudien 2010）。更加奇怪的是，他们后来宁愿聘用一个年长的白人男性，哪怕他不会讲南非荷兰语。人们向来都觉得男性比女性更适合学术界（Tsikata 2007）。最有意思的是，我现在接到了来自这所大学的三通电话，邀请我去那里任教。

我又一次进入了学术界。加入这所新合并的传统白人大学，还会有新的挑战和困难需要克服。这次我放弃了自己从零开始、已经有了稳定收入的事业，这又是一项艰难的决定，也是一次改变人生的决定。在被裁员之后，我离开了学术界，以为这扇门已经关上。现在我有力不从心的感觉，觉得自己被抛进了一个不断变化、流动和转型的高等教育领域。曾经与我平起平坐的同事们都取得了许多进步，找到了各自的学术领域。有的已经评上了教授，发表了一系列成果。新的年轻同事们都有博士学位，这已经成了进入学术界的门槛。即使我积累了丰富的经验，但我却没有博士学位，这仍然会成为我被区别对待和被排斥的理由（Christensen 2009）。我觉得漂泊无定，有一种去归属的感觉。想要拥有归属感，就必须做得更多，有更多资质，要被接纳、被重视。凯西·戴维斯（Kathy Davis 1997：185）曾说过："一旦你发现自己不符合标准，做得越多，就越觉得不够。"

与这些心理感受交织在一起的，是艰巨的教学任务和更加艰巨的辅导任务，以及教学和行政人员不足的问题。大量的教学负担压在了那些低职称和没有博士学位的人身上。更糟糕的是，学术界日益严重的官僚化和市场化，更激发了"不发文，就走人"的心态（Mabokela 2002）。发表文章成了决定学术界归属与价值的新标杆。体制文化依然偏爱在学术界高层占主导地位的白人精英，而希望教学人员在不占行政资源以及预算不断减少的情况下，自己去应付繁重的教学和辅导工作。衡量我们的标准是不切实际的业绩水平，得不到任何的奖励或认可。这带来了一个恶性的工作环境（Mabokela 2002）。我认为，这就是学术界的新常态。

研究表明，社会化的过程使女性更多地扮演着"以人为取向的、养育者和照顾者的角色"（Chesterman, Ross-Smith&Peters 2005；Maürtin-Cairncross 2003：157），而忽视了去做研究和著书立说（Maürtin-Cairncross 2003；Prozesky 2006；Tsikata 2007）。此外，男性和女性的性别社会化，造成了不平等的劳动分工。无论是在公共领域还是私人领域，家庭责任和职业中断都限制了女性的进步（Chesterman, Ross-Smith & Peters 2005），对她们的自信和自我能力认同产生了影响。研究发现，女性学者在回归职业生涯后，由于家庭义务的约束，她们的研究工作更加不易（Asmar 1999）。这些综合因素会影响女性学者的自信和对自我能力的认同，进而影响她们的学术业绩。瓦西尔（Vasil 1996）指出，女性较低的自我认同感是影响她们获得提升机会的关键因素。

为了自我提升，我决定攻读博士学位。因为我的学术生涯曾经中断过，所以我必须从头开始，哪怕我已经有了10年的教学经验，还有为私营企业工作时锻炼出的各种技能。回想起来，我当时并没有尽量坚定地去维护自己的这一优势，而且女同事们也没人支持我这么做。不过，就算我当时努力了，工作经验的优势也不会被考虑进去，因为黑人学者的经验在定岗的时候并不重要。我的研究能力弱，发表作品少，这是我学术发展的最大障碍（Chesterman, Ross-Smith ScPeters 2005；Thomas & Davies 2002）。要想缩小差距，赶上单位的要求是很难的。同事们虽然友善，但他们都保护着各自的研究空间，对其他人严加防范。我体会到了什么是"人情冷暖、无人指引、不被看见、无足轻重"（Potgieter 2009：1）。抱着开放和分享的心态，我很难理解眼前的这种距离感，觉得大家都没有彼此信任和分享的意愿。所以，这种归属当中掺杂了排斥的滋味。

第九章 学术界的重视/归属与轻视/去归属：一个交叉的视角

无论是出于什么原因，我发现，生命的轮回又把我带回了起点，让我去追求一个被推迟的梦想——攻读博士学位。这个学位是我在学术界的垫脚石。只有获取学位，我才能得到归属感，受到重视，实现理想。然而，受到性别、阶级、种族、族群和年龄等社会因素相互作用的影响，我对家庭的责任也无法推脱（我有一份全职工作，同时还上有老下有小）。这些社会因素相互交叉，决定了我在这个权力轴心上的社会定位，决定了我的身份认同和情感依恋，也决定了我是谁，属于哪里。

攻读博士学位，需要全身心地投入五年时间，所以实在没有什么多余的精力来平衡生活和工作。安妮塔・梅尔丁・凯恩克罗斯（Anita Maürtin-Cairncross 2003：157）指出，研究和发表"是一项孤独的、没时间照顾家庭的活动"。一些女性无法将家庭责任与学术身份和研究义务分开。教学任务、辅导任务和行政工作杂乱重复，负担太重，这严重影响了我的学术产出，让人疲倦不堪。除了学术压力之外，读博还会累及与小家庭和大家庭的关系。我着魔般地思考着博士论文的选题，每时每刻都在想着这件事情。有一天，我正在想着研究课题，心里突然涌上一股非常难过的感觉。我意识到自己已经很长一段时间没有抱过最小的儿子了。是的，他已经从一个需要照顾的孩子长成了一个独立的孩子。但是，他是什么时候长大的？我在他身边的时候，其实并不是真地在场。面对这段已经流逝的时光，我束手无策。

问题依然没有变，这一切，何时才算到头？在不同的表象之下，重视/归属与轻视/去归属这些问题依然没有变。对有色人种员工的待遇还是有差别的。现在的情况是，非洲女性和男性比其他有色人种更受重视。大家做出同等的贡献，却得不到相同的重视。系里聘用更多的弱势群体也无法消除歧视，因为就连女性学者之间也会相互倾轧（Cummins 2005）。反过来，印裔黑人女性的风险变得更高了。种族隔离时期产生了一个种族等级制度，最上层是白人，而印度人、有色人种和黑人位于底部。如今，种族隔离制度已被废除，而种族等级制度在职场上又被重新设置。白人依然掌握权力，享有优先，黑人学者也争得了自己的地位。他们在学术界成功的标志，是他们的高学历和发表的大量成果。

这种等级制度的重新排序已经表现得十分清楚了。我们引进了一所国际大学的黑人学者过来做研究员。因为是学期初，好多学者还没有正式到办公室上班，所以就让这位研究员认了认系里的许多非洲学者。她本人是由另一位资深女学者介绍的,这位女学者同时还向她热情洋溢地介绍了我们系非洲学者所取得的成就。而轮到介绍我的时候,只说我是一个的"项目协调员",对我作为一名学者取得的成绩只字未提。就只是一个项目协调员。就这样,我被忽略了,即刻变得"隐形",有一种被轻视的感觉。无论是有意还是无意为之,大家都需要意识到,在包容一部分人的过程中,我们应该尽量不要排斥其他人。在我们关于归属政治的叙事中,应该力求不要让权力矩阵被永久化。对非洲黑人学者的重视不应以轻视其他学者为代价。这种"表面文章"(tokenism, Potgieter 2009:4)是一种形式上的庇护,掩盖了我们潜意识当中更深层次的种族主义和性别歧视。

我们需要警惕"种族科学"的幽灵,它试图通过在黑人中制造分裂来分而治之。米兰妮·沃克(MelanieWalker1998:336)指出,"日常生活中的排斥行为更加微妙,掩藏得更深,更难抗辩和抵制"。今天,排斥的做法变得更加悄无声息。在南非,当权的女性还对其他谋求晋升的女性设置了许多制度障碍,可是,关于这个问题的考察和研究却非常有限。

结　论

回顾马玛(参见 DelaRey, Mama & Magubane 1997:19)对主体性的强调,还有她认为黑人女性"坚韧、复杂、强大"的观点,我意识到,与其为了自己的非典型身份而自怨自艾,不如去超越这个负面限定,展示这种非典型身份是如何丰富了我的人生。很多学术界的同事,从未离开过学术界这把保护伞,更别说冒险放弃自己长期稳定的工作,或是白手起家去创业。我无须为自己学术事业发展缓慢而感到抱歉,因为我的角色和身份不止于此。我的经历塑造了现在的我,一个更坚强、更有力量的女性。重返学术界9年以来,我取得了博士学位,以独著或合著的方式,发表了10篇期刊论文和论文集文章,指导了7名硕士研究生,审阅了大量论文,获得了4项横向科研项目资助。我领会了马玛关于黑人女性的观点,并且将包容性延伸到了课堂。我会跟学生共享资源、奖金、书籍以及文献获取方式,为他们未来的职业生涯提供指导和规划,让他们变得强大。我为学生注入力量。

就个人生活而言,我有两个懂事又通情达理的孩子。他们都已经以优异的成绩从中学毕业,未来可期。我们的身份,以我们所在的社会,政治、历史环境相交叉的方式,不可磨灭地印刻在我们身上。"一旦印上了某个身份,我便无法丢掉它,但是,这个身份却未必足以定义我。"(Ropers-Huilman 1997:332) 超越好妈妈和好妻子的身份,我找到了足以施展自己的空间。

参考文献

Asmar, C. (1999) Is there a gendered agenda in academia? The research experience of female and male PhD graduates in Australian universities. *Higher Education*. 38: 255 – 273.

Butler, C. D. (2005) Women academics' view of their professional advancement at a higher education institution. MA thesis, University of Johannesburg.

Chesterman, C., Ross-Smith, A. & Peters, M. (2005) 'Not doable jobs!' Exploring senior women's attitudes to academic leadership roles. *Women's Studies International Forum*. 28: 163 – 80.

Christensen, A. (2009) Belonging and unbelonging from an intersectional perspective. *Gender, Technology and Development*. 13 (1): 21 – 41.

Cummins, H. A. (2005) Mommy tracking single women in academia when they are not mommies. *Women's Studies International Forum*. 28: 222 – 231.

Davis, K. (1997) What's a nice girl like you doing in a place like this? The ambivalences of professional feminism. In L. Stanley (Ed.) *Knowing feminisms*. London: Sage Publications.

Delamont, S. (1989) *Knowledgeable women: Structuralism and the reproduction of elites*. London: Routledge.

De la Rey, C., Mama, A. & Magubane, Z. (1997) Race, identity and change. *Agenda*. 32: 17 – 23.

Johnson, L. & Thomas, K. (2012) A similar, marginal place in the academy: Contextualising the leadership strategies of black women in the United States and South Africa. *Advances in Developing Human Resources*. 14 (2): 156 – 171.

Letherby, G. (2003) *Feminist research in theory and practice*. Buckingham:

Open University Press.

Mabokela, R. O. (2001) Hear our voices! Women and the transformation of South African higher education. *The Journal of Negro Education.* 70 (3): 204 – 218.

Mabokela, R. O. (2002) Reflections of black women faculty in South African universities. *The Review of Higher Education.* 25 (2): 185 – 205.

Mabokela, R. & Magubane, Z. (Eds) (2004) *Hear our voices: Race, gender and the status of black South African women in the academy.* Pretoria: University of South Africa Press.

Mama, A. & Barnes, T. (2007) Rethinking universities. *Feminist Africa.* 8: 1 – 7.

Maürtin-Cairncross, A. (2003) Creating 'space' for publication: Challenges faced by women academic staff at historically black South African universities. PhD. thesis, University of the Western Cape.

Meer, F. (1972) Women and the family in the Indian enclave in South Africa. *Feminist Studies.* 1 (2): 33 – 47.

Naicker, L. (2013) The journey of South African women academics with a particular focus on women academics in theological education. *Studia Historiae Ecclesiasticae.* 39: 325 – 336.

NCHE (National Commission on Higher Education) (1996) *National Commission of Higher Education Report: A Framework for Transformation.* Pretoria: National Commission of Higher Education.

Potgieter, C. (2009) The intersection of race and gender in the academic environment. Accessed April 2018, http://www.cshe.uwc.ac.za/docs/2009/Intersection%20of%20Race%20and%20Gender%20in%20the%20Academic%20Environment.pdf.

Prozesky, H. (2006) Gender differences in the journal publication productivity of South African academic authors. *South African Review of Sociology.* 37 (2): 87 – 112.

Rabe, M. & Rugunanan, P. (2011) Is there life after sociology? Exploring the career paths of former South African academics in sociology. *South African Review of Sociology.* 42 (3): 60 – 78.

Rabe, M. & Rugunanan, P. (2012) Exploring gender and race amongst female sociologists exiting academia in South Africa. *Gender and Education.* 24 (5): 553 – 566.

Ropers-Huilman, B. (1997) Constructing feminist teachers: complexities of identity. *Gender and Education.* 9 (3): 327 – 344.

Schwartz, F. N. (1989) Executives and organizations: Management women and the new facts of life. *Harvard Business Review.* 67 (1): 65 – 76.

Soudien, C. (2010) Affirmative action and admissions in higher education: Initiating debate. *South African Journal of Higher Education.* 24: 221 – 223.

Thomas, R. & Davies, A. (2002) Gender and new public management: Reconstituting academic subjectivities. *Gender, Work and Organization.* 9 (4): 372 – 396.

Tsikata, D. (2007) Gender, institutional cultures and the career trajectories of faculty of the University of Ghana. *Feminist Africa.* 8: 26 – 41.

Vasil, L. (1996) Social process skills and career achievement among male and female academics. *Journal of Higher Education.* 67 (1): 103 – 14.

Walker, M. (1998) Academic identities: Women on a South African landscape. *British Journal of Sociology of Education.* 19: 335 – 54.

Walkerdine, V. (1990) *Schoolgirl fictions.* London: Verso Books.

Weber, E. & Vandeyar, S. (2004) A site of struggle: Black academics at historically white universities. *Women's Studies International Forum.* 28: 222 – 231.

Yuval-Davis, N. (2006) Belonging and the politics of belonging. *Patterns of Prejudice.* 40 (3): 197 – 214.

第十章

别教我那些假大空的东西

科林·蒂内·查西

2016年2月22日,我收到了一封学生发来的邮件。最后一次见这位学生已是好几年前了。说真的,我都记不清了。更确切地说,我是记不起这位学生的名字了。很遗憾,我一向记不住名字,哪怕是熟人的名字。不过我倒确实记得邮件里提到的那场讲座。下面是邮件内容:

> 亲爱的查西博士:
> 我还清楚地记得2010年年底的时候,您在莫纳什大学的1号演讲厅里做了一场关于传播学的讲座,向我们介绍了费拉·库蒂(Fella Kuti)。虽然这既不是我的主修专业,也不是辅修专业,但我一下子就爱上了它,甚至希望自己打一开始就学的是这个。这对我而言有点像一个顿悟、开蒙或是重生的时刻,只不过当时在讲座上,我还无法搞得很清楚。许多人觉得,您高深的知识远不是他们所能理解的,但我却从您讲的内容中看到了我会成为什么样的人。您可能不相信,我空闲时就会去听您的讲座,为的是听到您的一些批判性分析。我开始认识并了解到更多诸如涂尔干(the Durkheims)、布迪厄(Bourdieu)、威廉姆斯(Williams)这样的人,还有像费拉·库蒂这样我以前完全没有听说过的人。我去听您的最后一场讲座时,您好像讲临别赠言似的,说:"同学们,你们应该先去做最重要的事,而不是将喜好放在首位。"我一直记着这些话。四年前,我毕业于儿童及青少年发展专业,但我发现这一行并不是我的理想职业。我还在继续向传播学的方向努力。虽然我才刚刚起步,还有很长的路要走,但是我很感激您为

第十章 别教我那些假大空的东西

我人生带来的启发。我想对您说声谢谢。希望自己能继续在传播学领域发展，以后可以取得不菲的成绩。

信末是："谨致最诚挚的问候"。

但是，我除了感受到来自这位学生的善意和温暖之外，还回忆起了自己小学最后一年（七年级）的那位老师。他的嘲笑、讽刺和残忍都给我幼小的心灵留下了深深的印记。我想起，在他的要求下，校长的手杖落在我身上时那剧烈的疼痛。如果我说一位老师编造出莫须有的罪名来对付一个12岁的孩子，谁会相信呢？但是我不怕被怀疑，不怕被打，所以我讲出了真相，接下来遭受的就是一顿暴打，而他们称之为对我的训诫。

后来我爸妈请那位老师来张罗我哥哥的婚礼，我才勉强开口跟他说话。我有时会想，他后来到死的时候，活明白了吗？有许多人都死了，也都活明白了吗？这些已故的人，有些是我的朋友，有些是我不知该如何评价的人。

话说回来，也许这些年遭受的冷酷和残忍让我变坚强了。我都忘了那些羞辱我、让我遭受鞭打和疼痛的老师长什么样儿了。寄宿学校的那个女宿管，总是用最粗暴的方式对待黑人小男孩。她的脸我也记不清了。只是，一闻到烈酒的刺鼻气味，我总会想起她那双又老又粗的手。

我快读完高中的时候，那位女宿管病重，快不久于人世了。我爸妈一定要让我去看望她。我也说不清自己是怎么忍得了的？你能想象我为什么压抑自己的愤怒吗？我还去听她说话。她说到自己的孩子，说她感到怨恨，因为她儿子在结束殖民地统治的战争中被迫上了战场，她也怨恨自己的女儿现在过的生活跟黑人一样。我不太懂她说的是什么意思。然后她又说，那么多人，偏偏是我去看她，她太伤心了。也许，这就是她道歉的方式吧。几天后她就死了。她说她以前太恶毒，我那时还那么小。

我只要知道有学生尊敬我，心里就会觉得很自豪。因为我见过太多的情况，是学生几乎找不到理由去尊敬那些有资格和有责任照顾他们的老师和大人。人们常常抱有一种奇葩的态度，认为利用和虐待别人是对的。这种价值观和做法简直太常见了！而在很多情况下，被利用和虐待的都是儿童和学生。

大家应该都见过，有的教师滥用职权，阻碍了年轻人摆脱贫困。1993年，我刚刚高中毕业，去津巴布韦的一所贫困中学支教两个学期。在我去之前，教这些学生的是另一位年轻的志愿者。她来自一个有钱的大国，好像拿这份工作闹着玩。比如，她告诉学生，避孕的方法包括不洗澡（因为臭味意味着没有人愿意和你做爱），她还说，在无保护的性行为过后，女孩可以通过跳跃运动来避免怀孕。有充分的证据表明，当地政府想要开除她，却被威胁说这会危及其他的捐赠项目。学生们不但就这样接收了错误的信息，在课程上也没什么进展。然而，当这位年轻的白人女性向学生们讲述那遥远而先进的世界时，学生们与她建立了某种信任关系。他们不信任的是我这个年轻的黑人男性。我要求他们忘掉之前学的东西，在那两个学期的时间里，我非常努力地去完成两年的教学大纲要求的内容。我是个男性，这对我的工作毫无帮助，因为班里的男生女生都认为我在打女生的主意。最糟糕的是，同事们都让我不必费劲去改变这种状况，因为我教的这门课，不及格率一直接近100%。

我没有沉浸在学生的邮件中，而是想到了自己的父亲，他在刚刚结束的十二月份的假期里过世了。他是老师。有时，我听到他的学生对他的评价，会感到很惊讶，因为很多事我以前都不知道。让我感到高兴但又不知如何反应的是，父亲去世后，许多学生都想来参加他的葬礼，还有的学生通过在社交媒体发信息或是通过参加葬礼的人带话的方式，感谢父亲对他们的人生带来的影响。

如果我去世之后，有人说我的好话，我的孩子们会知道该如何反应吗？

我一个儿子很想搞明白自己的爸爸为什么是个"医生"（doctor，这个词既是"博士"，也是"医生"的意思）。在他的想象中，我是一个给文字看病的医生（a doctor of words）。他这么推理的逻辑，是因为我根本不会给人看病。我的孩子们会怎么理解我长时间离家在大学工作这件事呢？他们会知道我读过保罗·威利斯（Paul Willis 1977）的《学做工》（*Learning to Labor*）这本书吗？书里讲的是那些能够发现和反抗压迫的孩子们，他们清楚自己的行为，但又无意中复制了自己所熟悉的那种压迫的环境。我的孩子们会不会问我，为什么我不能更加关注他们的兴趣，教他们我的所学，努力为家庭争取更好的生活条件呢？他们会理解我所持的观点，认为每个人都有责任并且应该尽最大努力去促进人类进步吗——他们会理解这才是我们生而为人应该要做的事吗？

他们会不会认为，我其实知道，我为之牺牲了那么多的学生跟我也很疏离——我离开自己的孩子们，也并不是开开心心地去跟那些和我彼此熟知、惺惺相惜的人去见面？其实我的学生中没有多少人了解我，或是记得我的样子，因为我们"见面"基本都是在大型课堂上。这样的情况下，学生和老师之间不可能有面对面接触的机会。如果我的孩子们知道这一点，他们会不会想象到我上课时那种大场面，想象到我还教自己的学生爱的艺术，教他们如何无所畏惧地去发问，去打开人生可能的大门？也许他们会读到弗朗茨·法农（Frantz Fanon）的《黑皮肤、白面具》（*Balck Skin, White Masks*），然后"和我一起找到那扇为每一个人敞开的大门"（Fanon 1986：181）。

他们会不会认为，我讲的都是一些像艾滋病和艾滋病毒这种关乎生死存亡的重要的事情？他们能理解我是自愿一年教两千多名学生吗？两千多名学生，这个数字太疯狂了。谁能理解教这么多学生是一个什么概念？有没有可能让他们明白，我为什么要为学生放弃那么多本该属于我们父子的时光？他们会不会说，教授们很清楚自己的行为，但产生的结果也是意想不到的——就像威利斯（Willis 1977）在书中描写的那些男孩一样，他们很清醒地在进行反抗，但没料到最后还是像父辈们一样遭受压迫？

我想让我的孩子们知道，为了赢得学生的信任，我给予了他们无条件的肯定。我希望我的孩子们知道，我坚信学生的配合很重要，因为这样才可以确保他们在学习和生活中有好的表现。

像我之前提到的那样，我第一次当老师的经验就让我就知道了，要在工作上保持透明，要让学生自己反思在学业上的进步。我还用了一些简单有效的方法，让学生觉得接近我是安全的。即使到了现在，我跟学生谈话都会开着门，这样学生会觉得安全。这么做有一点悲哀，但却非常重要。因为在我们的社会里，黑人男性被夸张地描述为性侵犯者，常常被认为是危险而不可预测的，必须受到监视。开着门谈话还有一个好处，就是通过这个简单的方法，可以证明老师跟每个人的交流都光明正大。我认为这一点在南非尤其重要，因为人们都恐惧犯罪、追求安全，所以城市的建设高墙重重，人的行动和自由受到了限制。正如夏洛特·莱曼斯基（Charlotte Lemanski）所言，这反映了"一种分裂特征，与种族隔离时期的城市惊人地相似"。每一扇打开的门，都是反抗种族隔离遗害一个简单而有力的举动。

在南非，有一点很重要，那就是教师们必须确保自己的办公室是安全的，而自相矛盾的是，要实现这一点，还得通过反种族隔离的方法。

令我骄傲的是，我在津巴布韦教的那第一批学生，他们和我一起完成了大部分的课程。大约四分之一的学生通过了科学考试——是学校所有科目中通过率最高的。这段经历让我懂得，努力赢得学生的信任是有价值的，也让我明白了，一个人即使在最复杂和必须妥协的情况下，也能取得积极和出色的成绩。我多么希望可以说我也是这样对待自己的孩子的，因为从各个方面来讲，父母无疑才是孩子第一个和最重要的老师。

我收到的这封善意的邮件，于我而言意义重大。虽然那位学生知道我可能不记得他了，但还是给我写了邮件。光是这一点，就足以肯定我2010年的教学。

2010年的年初，有一个学生在网上对我提出了投诉。她是一年级的学生，投诉说我是一个毫不在乎学生的老师。她的理由是我本学期的第一节课迟到了——那是因为上课地点临时调换，而我看到信息时已经晚了。我并没有把那节课取消不上，而是赶过去和一小部分同学见了面，解释了这是课程安排出了问题。后来学期中段的时候，她向我道歉了。但是，她当时的投诉引起了学校管理层的注意，他们就此事询问了我。那年年初，学校收到的投诉异常多。

我会受到学生的激励。我认识一个小伙子，他身上发生的故事，会让所有人都备受鼓舞。他靠着国家助学金照顾生病的亲人，在兄弟、母亲和父亲都相继故去之后，他还按时拿到了学位。小伙子食不果腹，却战胜了使全家丧命的流行病。一家老小一个接一个地离世后，他对我说，他没有理由不去好好努力——一想到跟家里人在一起的时光，一想到他们永远也没有机会了，他就会热切地希望自己可以做一些了不起的事情。

学生们对未来抱有希望，这使我感到惭愧。同样地，当我发现他们知道这世界并不美好，却觉得事不关己，无动于衷时，我会感到害怕。年轻人愤世嫉俗难道很奇怪吗？如果生活在殖民主义及种族隔离遗害中的年轻人，对与自己息息相关的世界熟视无睹，这难道不是更奇怪吗？作为教师，我们必须鼓励学生接受自己的希望和梦想。我们也努力让学生们根据他们所处的环境，清醒地认识到自身的需求，明白自己所拥有的力量，行动起来去实现他们渴望的改变。

虽然如此，我还是惊叹，我教过的学生中有这么多人找到了与我沟通的方式，因为我实在没有多少时间可以和他们在一起——每周一两个小时而已。我一般都是同时教一大帮学生——有时一间教室里就有600多人。就算在这种几百人组成的课堂上，学生也能成功地找到参与话题和发表观点的动力。这些都使得教学成了我人生中十分重要的一部分。

还有，我很难认同我教的学生就是"我的"学生。他们怎么可能是我的呢？要让他们成为"我的"，是否就意味着我把自己定位成一个可以为所欲为的占有者——就像那些用严厉的措辞、无度的打击和残忍的拒绝来对待过我的老师们那样？难道让学生们做自己不是更好吗？为了他们自己，也为了他们所爱的人。

学生还记得我分享过一首费拉·库蒂的歌，名叫"老师，别教我那些假大空的东西"（*Teacher Don't Teach Me Nonsense*）。我用这首歌来教育他们，应该如何学会质疑老师，质疑那些给他们传授知识的人。我提醒学生们，在很多情况下，他们知道的比我多，而在更多的情况下，我虽然知道的比他们多，但那些也可能是错误的，对他们没有用的。我认为，真正的教育应该是把学生塑造成一个充满求知欲的人。这涉及保罗·弗莱雷（Paulo Freire 1993）所说的追求自由的教学法。在这种教学法中，提问才是根本，而不是吸收既定的答案。基于这一认识，教师和学生有一个共同的任务，即提出问题，同时每个人都采用各自独特的知识和视角去处理问题。

我对教育的系统化理解，来自于阅读那些挑战主流的作品，如保罗·弗莱雷、弗朗茨·法农、索伦·克尔凯郭尔（Soren Kierkegaard）和阿奇尔·姆贝贝（Achille Mbembe）的作品。我认为法农（Fanon1994）说得很对，在一个不正常的社会里，人不可能有正常的心理。这告诉我，在一个不正常的社会里，人也不可能接受正常的教育。同样，在关于艾滋病和艾滋病毒传播的研究中，我指出，在一个不正常的社会里，人们也不可能有正常的性行为。而克尔凯郭尔（Kierkegaard 1947）教会我的是，如何怀着突破的意图在限定的范围内写作。克尔凯郭尔将他从黑格尔那里学到的限制理论框架用于写作，批判了当时的基督教。通过将黑格尔的理论推而广之，他提出了个体理论。一个人之所以不是基督徒，是因为他认识到了一些普遍存在的事实，这些事实与他熟悉的事情有关，与他在历史上所处的位置有关。克尔凯郭尔说，一个人的存在是基于自由和选择的。姆贝贝（Mbembe 2001）则向我展示了，如何在熟练掌握现有理论的同时，保持锐利的目光，洞悉野蛮丑陋的暴政。在这种暴政之下，少数人统治着多数人，而正是这些少数人，在延续着殖民时期的传统。

我拒绝接受老师教我那些假大空的东西，拒绝去模仿、套用或总结。我们可以从那些反面榜样的老师身上学到很多东西，知道他们的做法不该被重复。我从反面榜样的身上看到，他们把残忍当安慰，他们扭曲事实、滥用权力、麻木不仁。

哪怕是从最坏的情形中，一个人也能搞明白自己想要什么，不想要什么。

我想对那些曾经在我小时候暴力对待过我的老师们，说说下面这些不甚温暖的话：

> 致我小时候那些叫不上名字的老师们：
>
> 我感谢你们。你们让我在很小的时候就知道，跟别人不一样，有时会为自己招来不公的待遇和指责。所以在我的课堂上，我喜欢谈论世界主义的可能性，它让我们可以接纳彼此的差异。在我的想象中，人和人可以建立起深厚的关系，在这种关系中，多样性、创造性、尊严和价值都是常态。
>
> 但我不愿意因为从你们这里得到这一点好处，就肯定你们的行为，因为你们的行为造成了许多无法弥补的伤害。无论如何，认为痛苦和残忍对一个人是有好处的，还据此形成对痛苦和残忍的迷恋，这是不道德的。
>
> 也许你们还记得我，但我记不起你们了。我找到了忘掉过去向前看的办法。这或许也会带给你们一些希望。我知道，是我教过的学生为我带来了感叹和希望。他们克服了重重困难，取得了优秀的成绩。他们的韧性和力量非常令人鼓舞。他们有的家庭破碎、饥肠辘辘、对社会无望，但这些困难带来的痛苦他们都可以克服，他们无私的精神也值得我学习。
>
> 我还在努力学着一口气不打磕绊地按顺序背出字母表。长时间坐着不动对我来说还是很难。我还是会和那些愿意笑的人一起开怀大笑。我干活的时候也还是经常沉浸其中。自始至终，我都在寻找更好或者更有趣的做事方式。
>
> 掌权的人吓不倒我。我既知道强制的力量是有限的，也知道领导力可以有很不一样的形式。正如鲁埃尔·科扎（Reuel Khoza）所说，

领导力其实是协调领导者和追随者的关系。具有协调性的领导力,建立在重视和倾听的基础之上,这样才可以用智慧来引导大家的行动,朝着共同的目标进发。我也曾试图以这种方式调节自己的教学,因为我知道,对那些并不是心甘情愿追随你的人采用暴力手段,效果实在有限。我见过许多学生在学习中迷失了方向,而老师的粗暴对待不但无法帮助他们,反而适得其反。

如果说你们能从咱们之间短暂却持久的关系中学到点什么,那么我希望,你们可以认识到,向他人学习却不被他们的力量左右,这很重要。

如果你们碰到我时还记得我,请跟我打个招呼。一开始我可能很难回忆起你们是谁,因为要把你们的脸记住,对我来说是件难事。但我也会向你们问好,我会努力记住这个美好的时刻。我们甚至可以创造出更易留存的全新记忆。

我真希望自己写这封信,是出于最诚挚的问候。

应该没有人会怀疑老师能带来积极的影响这件事。我的父亲就是个例子。在他的葬礼上,一个我完全不认识的人,说父亲在许多学生眼里,就像是他们的父亲一样。他讲述了我父亲是如何把一所糟糕的学校变得成功,培养出一批优秀的学生、体育人才和教师。他们中有的人后来也成了其他学校的领导。因为我自己无法记住所有学生的名字,所以对我来说,最令人羡慕的是,这个人说我父亲能记住他所有学生的名字——一千多人的名字。

作为一名老师,我希望吸取过去的教训,让学生的未来发展得更好。我认为,我们可以改革社会的暴力结构,找到方法,倾尽所有地去实现那个令人向往、焕然一新的未来。这是我 2010 年至 2016 年期间担任传播学系主任时,在我的团队中经常谈论的一个梦想。

在那段时间里,我们竭尽全力地谋求发展。当时,一位讲师要教五百多名学生。这种不合理的师生比和超大型课堂,对老师的教学和科研都很不利。当我们了解到这种情况后,就开始招聘秘书和高级学者,希望建立起一个在教学和研究两方面都很优秀的团队。

我们想改变那些阻碍学生完成学业的规定。特别是,有的规定需要学生具备一定的条件才能继续学业,而这些条件会让在某些课程上表现欠佳的学生失去修读其他课程的机会。我们怎能不知道，有的学生被迫再回大学学习一年，只是为了重修一门之前没通过的课程，而这一年的费用，往往是他的家庭年收入的两倍？

要了解这些学生的故事并不难。而这些故事在我从小到大上学的过程中都见过。在黑尔堡，我和南非最贫穷的人一起学习。到那里的第一周，我遇到一个年轻女孩。她提出，如果我愿意让她和她姐姐与我同住一个房间的话，她们就可以给我当"老婆"。你们能想象我那种伤感和痛心吗？在回避了她两年之后，有一天，她终于拦住我，告诉我她不怪我没有接受她的交易，这没关系，只是她觉得对她和姐姐来说，如果能和我在一起，可能会比和她们当时依附的那个男人在一起要好。很明显，她和姐姐为了摆脱贫穷，每天都要忍受虐待和羞辱。

你和那个带着全家 400 兰特的积蓄来上大学的女生说过话吗？你问过她交 200 兰特的注册费是什么感觉吗？你知道每天靠不到 10 兰特生活，希望这些钱能撑到你和母亲祈祷的奇迹实现是什么感觉吗？殖民主义和种族隔离的遗留问题，让绝大多数南非人仍然因为贫穷而上不起大学。

你是否曾跟一个想学习计量经济学，但却完全没有数学基础的人一起学习过？你见过他们试图背下成千上万的原始数字和数学符号，只是为了证明他们这两年的课没有白上——为了不留在没前途的文科专业？

我们很努力，把本已很优秀的教学团队变成了一支很棒的科研团队。这个团队不但每学年教授近 600 名学生，而且成为全国最高产的科研团队之一。过去，这个团队每年的科研成果只能以个位数计。而在 2015 年，我们的科研成果大概是以前的 10 倍，而且还有很多即将发表的成果。

令人振奋的是，我们的学术团队，在面对大规模的教学环境所带来的巨大教学挑战时，为许多学生的梦想、能力和未来提供了帮助。第一次，有那么多人开始攻读硕士和博士学位。以前只有一两个，现在有十几个，还有更多的人打算申请。你愿意去到他们居住的社区吗？在人们的记忆中，那些地方以前甚至没有人上过大学。

有些人问我，为什么不利用自己的知识和能力去赚钱？从根本上说，他们是想知道，我是不是一个苦行主义者。他们知道，任何安于当教书匠的人，都必须愿意放弃获得奢侈生活和巨额财富的宝贵机会，燃烧自己去照亮别人，帮助他人获得成功。

我了解教师的贫穷。我祖父生活在殖民时期的津巴布韦，他说他看到了殖民者的先驱纵队——殖民者长途跋涉来到这里，宣称对这个国家拥有主权。他与第一批成为津巴布韦卫理公会传教士的黑人一起接受培训。但由于抗议黑人受到的不公平待遇，他与教会的领导闹翻了。后来他当了一小段时间的教师。在我的记忆中，他是个穷人。为了送我父亲上学，他卖掉了最后一头牛。

我任教的第一所学校实际上是我祖父任教的最后一所学校！

所以我知道，教师挣不了多少钱。

我没有想过，我是不是因为不够爱自己才不去追求更轻松的生活。这似乎是个错误的问题。它误导了我的注意力，让我忘记了一个事实：我喜欢学习新东西，喜欢与他人分享，喜欢以这样的方式获得进步和成长。这个问题还违背了我的一个常识，那就是，人类在动物中之所以独一无二，是因为我们会无私地与他人交换信息。人类有构建文化和形成制度的能力，并能借此积极地尝试发展和传播我们所掌握的丰富知识，最终，这种能力会提升人类改善自己生活的本领。因此，教育就是力量。所以我们小心地追求，将自由向前推进。教育的过程是重要的。

寻求发展，避免流行病、饥荒和其他苦难，这些都与自由有着正相关的联系。而且，就像我父亲和他的父亲教导我的那样，自由是不可剥夺的，尽管人们可能会因为殖民教育而忘记了属于自己的主权。

没有什么话可以表达我对学生们的感谢之情。我感谢他们努力学习新事物，即使社会无情地认为他们是懒惰和无能的。我感谢他们的善良，从他们年轻的生命中抽出时间来，通过学习我感兴趣的东西而获得成长。

我的父亲很强大，但他并没有每次都发现并阻止老师们用藤条抽我的背。我不知道该如何打开这个心结。但我知道，他得知这这种事的时候是会介入的。他去了我们学校，找人重写了我的高中入学"证明"，原来的"证明"是我那位七年级的老师写的，上面满是批评。我也不理解，为什么父亲不太恨我那位老师。我只知道他接受了这个世界的残酷，相信我们能做一点是一点，尽量为自己和他人带来一些改变。

我会和学生聊一些话题，聊那些不计其数的穷人和富人、聊缴税、聊能源和工资问题。对于纳税人的贡献，我们理应致以"最诚挚的问候"。当我们得知，大众终于起来反抗滥用教育延续殖民和种族隔离时，我们感到欢欣鼓舞。对我们来说，有很多事情都值得感激。学生值得老师肝胆相照。

亲爱的读者，你们中有人可能是我的学生。我希望这篇文章能告诉你，站在讲台上给你传道授业的人，是一个活生生的人。我的目的，就是通过展示我的人生经历来说明这一点。我的人生经历记录和影响着（但无法决定）我面对这个世界的方式，包括它的美好与不足。亲爱的读者朋友，也许你也可以想一想，我们怎样才能通过分享知识和获取认可，来让每一个人都活得更有尊严和价值。

亲爱的读者朋友，很高兴和你们聊这些。

参考文献

Fanon, F. (1986) *Black skin, white masks* (trans. CL Markmann). London: Pluto Press.

Fanon, F. (1994) *Towards the African revolution* (trans. H Chevalier). New York: Grove Press.

Freire, P. (1993) *Pedagogy of the oppressed* (trans. MR Ramos). New York: Continuum Press.

Kierkegaard, S. A. (1947) *A Kierkegaard anthology* (Ed. R Bretall). Princeton: Princeton University Press.

Lemanski, C. (2004) A new apartheid? The special implications of fear of crime in Cape Town, South Africa. *Environment and Urbanization*. 16: 101 – 111.

Mbembe, A. (2001) *On the postcolony*. Berkeley: University of California Press.

Willis, P. (1977) *Learning to labour: How working class kids get working class jobs*. London: Saxon House.

第十一章

学术界人与知识的局限性

伊迪丝·丁农·帕斯瓦纳

南非种族隔离制度瓦解的初期，人们对黑人的未来抱有各种各样的乐观态度，包括本国的黑人、非洲大陆的黑人和散居海外的黑人。总体而言，种族隔离制度对黑人人性的贬低达到了前所未有的程度，这让南非以外的黑人都不愿意在这里生活。在南非，黑人缺乏基本的人权，这令那些热爱自由、平等和正义的人望而却步。这个时期的另一特点，是各个种族的人群大规模的涌入或离开。有人离开，也有一群来自非洲大陆和国外的黑人学生和学者来到我们这里的传统白人大学，至少在人口构成方面为这些大学创造了一个新的环境。有了这些新来的学者，再加上那些为数不多的能留在大学的本土黑人，黑人学者的规模得到了扩大。在南非历史上，黑人学生首次成为传统白人大学的主要学生群体。这些新的变化，使处于这一环境中的人对黑色人种的看法变得更为复杂，也带来了更多的问题。我使用的黑色人种概念，参照的是去殖民化理论家纳尔逊·马尔多纳－托雷斯（Nelson Maldonad-Torres）的用法。马尔多纳－托雷斯（Maldonad-Torres 2016）从两个方面对黑人进行了研究，一是黑人的生活和经历（黑人现象学），二是现代文明中黑人的产生和固化（黑人谱系学）。另一些人还讨论了黑色人种的本体论和演化。黑人被看作一个政治群体，而不是生物群体。虽然我承认，相较于其他国家，种族隔离制度下的南非，由于将印裔黑人置于最高阶层，把非洲黑人置于最底层，从而使得等级制度下的黑色人种概念更加复杂化和体制化。直到今天，这种对黑色人种概念的复杂理解，仍然困扰着种族隔离制度废除后的南非。这本书正是想通过黑人在学术界的经历来说明这一点。

目前为止，我们的高等教育机构在某些方面显然做得并不好。尽管在过去二十年中，我们通过各种努力来寻求改变，但我们的大学在种族融合方面仍存在着混乱、危险、暴力、剥削和压迫。如果说在过去的二十年里，人们刚开始对南非大学的未来抱取各种乐观的态度，那么，到了第三个十年，人们则逐渐失去了信心。这可以从"雕像倒掉运动"的对立态度和暴力本质看出来。这一运动带来的结果是，罗德雕像被移除，大学为低收入家庭的本科生减免学费。也许我们应该问的问题是，究竟为什么我们的高等教育机构会出现这些问题？

在这篇文章中，我尝试用自己在这方面的观察和体验来为上述问题寻找答案。这篇文章是我第三次谈论我在南非高等教育机构的经历。第一篇文章发表在一本名为"加速步伐：南非新一代领导人"（*Stepping Up: A New Generation of South African Leaders*）的书中。那篇文章谈到了我在比勒陀利亚大学读书时遇到的一些困难（Phaswana 2013）。第二篇文章发表在纳尔逊·马尔多纳·托雷斯（Busani Ngcaweni）主编的论文集《解放日记》（*Liberation Diaries*）当中（Phaswana 2014），回顾了我在南非传统白人大学做学生和讲师的经历。而在这篇文章中，我会用个人的小传来说明，大学对"人"（being）和"知识"（knowledge）的狭义理解，可能会成为高校转型的障碍。为了解释对"人"的狭义理解，接下来的部分，我将通过介绍自己的身份来交待一些背景信息。

背景介绍：身为黑人、南非人和女性的负担

作为一名南非黑人女性，我在这里看问题的视角是由我的教育经历、社会历史经验和文化身份所决定的。我是南非人的后代，在种族隔离时代的南非长大，后来去了英国留学，目前是后种族隔离时代南非的一名学术工作者。首先，作为一名黑人女性，我相信我与南非和其他地方的黑人女性有着类似的政治斗争经历。在布拉格纳·鲁古南（Pragna Rugunanan）为本书撰写的文章中，她讲述了作为一名印裔黑人女性在大学里面临的挑战。就算与有色人种的女性和非洲女性相比，她在白人至上的南非社会被归为"其他人种中较受欢迎"的那一类，她也依然面临着许多的不易，这主要是因为她的印度血统和南非复杂纠葛的历史。通过阅读贝尔·胡克斯

（bellhooks）、安吉拉·戴维斯（Angela Davis）、帕特里夏·希尔·柯林斯（Patricia Hill Collins）、梅丽莎·哈里斯 - 佩里（Melissa Harris-Perry）、蒂凡尼·帕特森（Tiffanny Patterson）等美国黑人女权主义者的作品，再加上在英国大学的生活和经历，我笃定地认为自己属于学术界。和世界范围内的其他黑人女性一起，我们充分接纳自己的学者身份，这使我有勇气反抗黑人女性在大学里受到的压迫和非人性化待遇。我也和所有来自弗朗茨·法农（Frantz Fanon）所说的"非人区"（zone of nonbeing）的人一样，由于自己的血统而在世界各地不断地遭到知识领域的排斥（转引自 Grosfoguel 2013）。

从当年在英国留学开始，我身为黑人而且是外国人，就面临着各种困难。我发现，英国种族化历史的遗留问题和我的祖国南非一样。在我与来自非洲大陆的黑人同胞，尤其是那些来自西非与我最接近的黑人同胞的交往中，有一种（正如白人所描述的）含蓄的假设，即认为英国出生的黑人都比较懒惰，他们天生有一种享有优先的感觉。我明白，一个主张殖民和异性恋的现代资本主义社会，其竞争逻辑（竞争空间和资源）会把外国黑人变成自己的同谋，用以对本国的黑人学者实行种族化。在这种情况下，被视为"优等黑人"会带来学术上的利益。相对于在英国出生的黑人学者而言，非洲黑人和加勒比黑人移民在种族化的英国大学里，成为"较受欢迎的他者"，而前者则成为"典型的他者"。在一篇尖锐的女权主义评论中，杰奎·亚历山大和钱德拉·莫汉蒂（M. Jacqui Alexander & Chandra Mohanty 1997：XV）认为，这一现象与美国大学在黑人女性学者和女权主义者之间制造的鸿沟很相似。两位作者注意到，有色人种女性移民对白人女性的"威胁比非裔美国女性要小，白人女性通常更倾向于看到我们是'外国人'，而暂时忽视种族。这反过来又造成了我们和美国的非裔女权主义者之间的不和"（1997：XV）。在南非、美国和英国等种族化社会中，只有东道国那些较为坦诚的外国黑人会承认本地黑人的边缘化现状。我要进一步指出的是，借用约瑟芬·贝库 - 贝茨和韦里姆·恩贾姆比（Josephine Beoku-Betts & Wairimu Njambi）的说法（2005：119）：如果有任何一个黑人学者不把这段"种族历史铭记于心"，就有可能削弱黑人在学术界的"团结和联盟"。

其次，在英国的大学，我的非洲人身份更加显化，我的口音成了区别我和其他黑人的标志。每当我在课堂上提问或在研讨会上陈述论文时，就会出现这种情况。那是一种无声的和无言的怀疑:"她真能提出那个问题吗?""她真能写出这篇论文吗?"这是因为英国人认为非洲女性不聪明、落后、野蛮——尽管几个世纪以来,英国社会已经培养了成千上万的非洲人。贝库-贝茨和恩贾姆比(Beuko-Betts & Njambi 2005:119)指出,美国大学里的非洲人,必须"不断地去消除来自学生和教师的质疑和担心,因为后者已经将黑人、非洲人和女性视为低人一等"。正是在英国的大学里,我第一次在其他黑人面前怀疑自己。当一堂课或一个研讨会结束时,我会被问道:"你从哪儿来的?"——在我写这篇文章的时候,这个问题还一直萦绕在心头,至今难以释怀。它给我带来的伤害就像"瞧,有个黑鬼"这句话给法农(Fanon 1967)造成的伤害一样深。这个问题(在许多社交场合,只要我敢开口说话,这个问题就会一遍又一遍地被重复问及)每次都太令人恼火了,我会不客气地回一句:"为什么这么问?"之所以这么做,是因为我发现,回答过自己来自南非之后,他们并不会对我另眼相看——因为他们对南非的想象还是种族隔离时期的样子,那个时期的南非黑人是遭到"智力剥夺"的(intellectual deprivation),还不是"物质剥夺"(material deprivation)。我之所以用"智力剥夺"这个词,是为了将它和"学术剥夺"或"知识剥夺"相区分,后者才是种族隔离制度干的事情。

我在种族隔离时代的南非长大,我知道自己是非洲人,但总不愿多想这个身份,因为种族隔离制度声称,非洲地区和南非以外的非洲人是不文明和落后的。我从未认真去质疑这种说法,虽然在我长大的泽贝迪亚社区,就有来自马拉维、赞比亚、斯威士兰和津巴布韦的长者们,他们中有一些人还是杰出的社区领袖,包括姆坎达维人(Mkandawires)、马塞科人(Masekos)、菲利人(Phiris)、尼奥尼人(Nyonis)、恩科莫人(Nkomos)。我很尊敬他们。我们可以通过姓氏和口音分辨出他们,他们的口音跟当地人的不一样。在我青少年时期生活的泽贝迪亚,至少我们是叫他们迈尼亚萨人(MaNyasa)(外国人),而不是带有贬义的迈克威尔克维尔人(makwerekwere)(外人)。口音成了他们外国人身份的标志,就像我在英国时那样。然而,我们从不认为他们比不上我们,不认为他们不聪明或落后。在南非那些贫困的多种族城市,会出现贬低非洲移民的情况。但是,对于我们这些生活在种族隔离时期的南非农村,又是在纯黑人社区长大的人来说,情况不是这样的。种族隔离制度废除后,南非涌入了大批来自东非、西非和中非的移民，我第一次见到他们，还是在索维托城莫洛坦的家那边[1]。20世纪90年代，两个来自尼日利亚的年轻人在我们这条街上租了一间后屋。我还记得他们的体型和着装很惹眼。当时，我们习惯称他们马哈兰加人（maKhalanga），也不知道哈兰加人（Khalanga）其实是来自津巴布韦。我想说的是，至少在我生活过的许多黑人地区，我从未遇到过非洲同胞的人性被其他黑人贬低或怀疑的情况。在英国，我发现身份会随着地理环境的不同而变化。在我逃离了南非恩德贝勒黑人女孩的身份之后，我的非洲人身份第一次变得如此重要，而我完全接受这个新身份，尽管它与我所知道的非洲人不一样。在英国，作为一个来自南非的非洲人会面临一些问题，因为我必须像贝库-贝茨和恩贾姆比（Beoku-betts & Njambi 2005）所说的那样，一遍遍地去"说服"欧洲人，非洲不是他们想象的那样。我甚至试图说服那些比我先到英国的非洲同胞，告诉他们，我总是和父亲一起坐火车从这一站到那一站去购物。我已经习惯了在约翰内斯堡繁华街区的商场里坐着自动扶梯或电梯上上下下，或者在泽贝迪亚和约翰内斯堡之间坐火车长途旅行。

像这本书中的其他作者一样，我称自己是"南非人"，以区别于大学里其他的非洲黑人女性。由于我们的社会、历史和政治原因，南非黑人被认为是懒惰、无能和落后的，不配在南非的传统白人大学任教。正如凯齐亚·巴蒂塞（Kezia Batisai）在她的文章中所提到的那样，南非人的身份把我同南非大学里那些来自非洲大陆的其他黑人女性区别开了。巴蒂塞指出，在南非有一种"优等黑人"的说法，指的是外国黑人，尤其是津巴布韦黑人。她说，"我发现'津巴布韦黑人这个名头'比南非黑人要受欢迎，在学术与公众语境中，南非黑人被认为是无能与懒惰的"。这样的说法只会加深刻板印象和破坏黑人之间的团结。

被去人性化或被次人性化的黑人

巴西学者保罗·弗莱雷（Paulo Freire 1972）在《被压迫者教学法》（Pedagogy of the Oppressed）一书中写道，"我们所知的唯一人性模式就是去人性化"。我对弗莱雷这句话的理解是，我们对如何做人或如何培养人性一无所知。和贝尔·胡克斯一样，弗莱雷的著作对我来说具有一种解放性，它启发我在自己的教学生涯中去想象另一种人性模式。在我成长的环境中，我目睹了弗莱雷所写的——压迫者完全丧失人性，滥用暴力，将动物性置于人性之上，从他人的痛苦中获取快感，从苦难中谋取物质利益。我渴望一个不同的世界和一种不同的人性模式。对弗莱雷来说，靠"不公的社会秩序"发迹的人已经失去了做人的资格。与弗莱雷一样，我也明白，没有人能教我如何做人，因为压迫者和被压迫者除了去人性化之外，没有其他的人性模式。我必须忘记他们教我的那些，重新学习如何做人。

法农（Fanon 1967）的《黑皮肤、白面具》（*Black Skin, White Masks*）一书关注的是黑人的处境。这本书帮助我在一个反黑人的世界里，努力摆脱服自己作为黑人的生存困境。法农讨论了这种困境，并且提出了"欲加之罪"（overdetermined from without）的概念。最近，马尔多纳-托雷斯（Maldonado-Torres 2007）在法农著作的基础上，进一步向我们展示了现代文明及其黑色人种概念是如何继续困扰着我们。他提出了"仇视怀疑论"（misanthropic skepticism），即白人对非白人人性的质疑、审视和怀疑。马尔多纳-托雷斯将此归因于现代化的阴暗面。殖民自开始以来一直影响着现代世界，在马尔多纳-托雷斯看来，正是这种持续的殖民性（coloniality），使这一切成为可能。他将殖民性和殖民主义（colonialism）区分开来，认为前者指的是：

> 一种长期存在的权力模式，是殖民主义的结果，但它对对文化、劳动力、主体间关系和知识生产的界定，远远超出了殖民政府统治所涉及的范围。因此，殖民性比殖民主义更为持续和长久。殖民性的影响依然存在于书籍中，存在于学术成绩的衡量标准中，存在于文化模式、常识、人们的自我形象认知、对自我的期望中。它存在于我们现代生活的方方面面。在某种程度上，作为现代人，我们每时每刻都呼吸着殖民性的气息。（Maldonado-Torres 2007: 243）

贝尔·胡克斯（Bell Hooks 1994）写到，她在绝望和受伤的时候开始接触理论，努力去搞懂周遭的世界。对她来说，理论成了她缓解痛苦的良药。和她一样，我前面引述的理论，也帮我明白了自己小时候周遭发生的事情，帮我明白了，我的艰难经历与我的黑人血统有关，还因为我出身于一个边缘化的社区。此外，这些理论使我认识到，我经历的困难绝不仅仅

第十一章 学术界人与知识的局限性

只在学术界,作为黑人,为了自身的生存,我每时每处都得进行艰苦的斗争。作为一个非洲黑人女孩,我在种族隔离下的南非长大,我的整个人生旅程都符合这些作者的观察。尽管我是后来才读到了他们的著作,但是其中一些书在我出生之前就已经写成了。透过他们的理论,我发现自己对生而为人和如何做人的想法是去人性化的——这些想法在我很小的时候就被编写在了我的脑海中了。我接下来就要讲讲这个。

我是在泽贝迪亚农村长大的孩子,小时候没有玩具和书籍,最常玩的游戏就是过家家。我最喜欢扮演的角色之一就是老师,我的同伴们扮演学生。我甚至不记得自己演过学生的角色。有时如果没有同伴一起玩,我就在后院给一堆玉米秸秆当老师。讽刺的是,我就是学着自己的老师来当老师的。如果我想象这些"学生们"不配合,我就会鞭打他们。在这个过程中,我甚至会打坏我妈妈的玉米秸秆!这种行为在某种程度上,反映了我作为一个孩子所观察到的去人性化的程度。它反映了我当时的社会历史经验。在当时的情况下,私刑和苦役这样的惩罚形式,对我们来说已经司空见惯。关于奴隶制和殖民主义的文献也证明了这一点。在我就读的黑人隔离学校里,黑人教师会过度使用体罚,尤其是对那些在学业上落后的学生。正如弗莱雷(Freire 1972:29)所指出的那样,"被压迫者的行为是一种规定性的行为,因为它完全遵循压迫者的规定。"有时黑人老师甚至会把学生叫"jouhoutkop"(木头脑袋)。[2]这些老师会用棍子打学生的头,好让这些木头脑袋吸收课程内容。教室不是一个学习和培养人的地方,而是一个充满恐惧,要求人必须顺从和屈服的地方——一个压抑的地方。孩子们用假装生病的方式去逃离它。

通过了中学毕业考试之后,我开始接受教师培训——在种族隔离制度下,这是黑人可从事的少数几个技术职业之一——后来,出于对思考的热爱,我进入了学术界。我需要找到一个地方,让我天生对教学和思考的热情得以充分发挥,而大学正是我要去的地方。为了获取知识,我到英国去攻读博士学位。可在一定程度上,这也是因为我又一次遭遇了去人性化的行为,感到太过灰心,所以做出了出国读博的举动。种族隔离制度废除后的南非政府,在过渡时期开始了重新架构和重新部署的过程,这可能会迫使我去到远离家人的地方——这是南非黑人社区普遍存在的一种去人性化行为。许多孩子在没有父母陪伴的情况下长大,这是劳工移民制度遗留的问题,但是新制度并没有试图去改变它,反而使其常态化,新制度并未打算改变原来种族隔离时期的做法。在南非，由于黑人生活不稳定，大多数孩子每年只能在圣诞节期间见到父母一次。对于黑人父母来说，把孩子交给别人照顾，而自己在远方照管别人的孩子，这很常见。我当时是一个年轻的寡母，有一个7岁的女儿，可我却必须离开我的家和我的孩子。那些有权有势的人认为这无关紧要。法农提醒我们，黑人的从属地位，让他们放弃了生活的意愿，觉得能活下来就不错了。教育部门按照"后进先出"的程序，重新安置了我的工作，尽管我是唯一一个在这所黑人高中教数学的老师（而且教学量很大）。我很年轻，是最后一个进来的，这意味着我不得不去另一个遥远的学校教书。任职时间最长的工作人员被留了下来，可他并没有能力教12年级的数学。这对那些黑人孩子的数学学习来说会有什么后果，当权人士是不会关心的，即使他们也是黑人。这样的制度在当时非常盛行，维护的是同事之间的长期关系。通过上面的内容，我想表明的是，黑人生活的去人性化是超越种族界限的。正如史蒂夫·比科（Biko 2004）警告我们的那样，这是一种内在压迫和自我厌恶。这也是我在这一节想表达的，如果黑人对"人"的理解这么有局限性，这无异于自我去人性化。在下一节中，我将谈论作为一名黑人知识分子的感受。

成为黑人知识分子

自从我了解到，黑人的人性在几代人的时间里一直都受到怀疑，想成为一名黑人知识分子的念头就一直盘踞在我的脑海当中。困扰我的问题是：黑人有可能生产知识吗？要本着什么样的思想准则呢？黑人生产出的知识能算是真正的知识吗？黑人和知识生产之间有联系吗？——这都是根据法农的理论总结出来的。在英国攻读博士学位期间，我常常思考这些问题。我的博士学位论文大量取材于我在南非的所见所闻。正如我经常告诉学生的那样，对于我们这些来自边缘社区的人来说，读博是一场深刻的精神角力。就好像一个人内在的自我被彻底地撼动了，面临的是一种创伤式挑战。我在读博期间了解到，黑人被排除在文字记录之外，在一段时间里被无视，更糟糕的是，黑人甚至被从人类世界完全抹去了。读博的过程还让我发现，我们的声音即使没有被压制，也会被曲解。

我总是被要求进行"普遍"和"客观"的思考，正是这种要求令人恼火,尤其是到了最后,我可以很清楚地看到,这只是为了让我引用西方理论家而打着的一个幌子。我的世界观一再被认为是"狭隘的"和"主观的",因为它不符合主流范式。我内心深处有一种东西在抵制这种学习方式,因为我知道,我用到的一部分知识在我所处的环境中是真实存在的。举一个例子:导师让我把论文的部分内容删掉,这些内容描述的是在我做研究期间,一位年轻的尼日利亚移民由于他在南非所经历的排外态度而不敢和我说话。然而,一周后,南非爆发了仇外袭击事件,导师又建议我将这段经历放进论文里,因为它现在已经得到了BBC和其他媒体平台的证实(参见Phaswana 2008)。米兰达·弗里克(Miranda Fricker 2007)提出的"先入为主的公正证言"(pre-emptive testimonial justice)让我意识到,"我们的观点是否被倾听或被信赖,早在我们说出它之前,就已经提前被我们的社会身份决定了"。

我的想法缺乏社会科学研究的必要成份。"你的理论基础是什么?"这个令人困扰的问题可以宽泛地理解为"(在社会科学领域)你的观点与哪位白人一致?"我之所以这样想,是因为,只要我提及任何"知识界的外国人",像弗朗茨·法农(Frantz Fanon)、阿奇·马杰伊(Archie Mageje)、塔尼卡·姆坎戴维(Thandika Mkandawire)、托伊·法罗拉(Toyin Falola)、莫莱菲·阿桑特(Molefi Asante)和阿米娜·马玛(Amina Mama)这样的思想家时,我就会被认为是狭隘的。真正让我恼火的是,我被录取来攻读博士学位,而博士学位的一部分就是要求创造"新知识",可是现在又不允许创造。我很快就意识到,只要是新思想与某些人——尤其是那些被看作下等人的人——有了联系,那么就不可以在学术界蓬勃发展。我明白了,就像我们的肤色一样,我们的想法好像都是黑暗的,需要白人理论家以某种方式"点亮"。我们的社会历史经验是被筛查的,有时甚至被直接无视。

著述颇丰的反殖民主义学者拉蒙·格罗夫古尔(Ramon Grosfoguel)提出了"西化的大学"(Westernisd university)这一概念。该概念帮助我搞懂了自己的这些经历。格罗夫古尔(Grosfogue 2013)所称的"西化的大学",是指世界上任何一所知识基础植根于西方思想的大学,地理位置既可能在发展中国家,也可能在发达国家。作者指出,西化大学的根本知识结构,在本质上就是种族主义和性别主义的,因为它们使得非西方的学科和女性(包括欧洲女性)生产出来的知识都受到轻视和边缘化。那些被事先就假定为"缺乏理性"的人，**即使他们实际存在**，也会在学术方面被排除在西化大学的知识结构之外（Grosfoguel 2013：87）。对于"西方人在西化大学知识结构中的知识特权"，格罗夫古尔做出了如下的评论：

> 我们在西化大学的工作，基本上就是学习西方人的理论。这些理论产生于世界某一特定地区（西欧五国）的经验和问题，该地区具有自己特定的时空维度，然后我们要把这些理论"应用"到其他地区，哪怕是前者的经验和时空状况与后者大不相同。这些理论以西欧五国人民的社会历史经验为基础，进而构成了今天西化大学里社会科学和人文科学的基础。（Grosfuguel 2013：74）

在我们的西化大学里，根据瓦尔特·米诺罗（Mignolo 2002）所说的知识生产者的"生物政治"和"地缘政治"概念，对应的知识体系也被边缘化了。黑人、非洲人、女性和来自发展中国家的人，他们被放在了知识生产的较低层。雨果·肯纳姆在本书第7章中所写的男性处境也是一样。仅仅因为他在自己写的东西中，尖锐地批评了白色人种，就被打上了咄咄逼人的标签。知识特权的另一面是知识劣势，格罗夫古尔指出：

> 在西化的大学中，西方五国的几个人创造出了构成人文和社会科学基础的思想准则。与这些"高级"知识相比，别的知识都被认为是"低级的"，因为这些低级知识是由来自世界上其他不同时空维度和地区的人们创造的，他们有着不同的知识论、宇宙论和世界观，也有着不同的地缘政治和生物政治特征。（Grosfoguel 2013：75）

格罗夫古尔使我认识到，尽管我是非洲三所大学的校友，但仍是西化大学的产物。无论我在世界上哪个地方学习，都秉持着西方的认识论。格罗夫古尔认为，西化的大学为了生产和复制西化的学科，不得不扩展到欧洲和北美以外，这些学科将在更长的时间里——主人离开以后（即殖民主义结束以后）——继续为主人服务。[3] 这一严峻的现实让我明白了，为什么受过教育的非洲人越来越多，可是非洲还是难以摆脱帝国主义、殖民主义、新殖民主义和新种族隔离的枷锁。正是我们在西化大学里实行的这些"检验仪式"，让许多非洲人在处理非洲问题时继续向西方寻求认可。这可以被看作是非洲政治家向西方势力的屈服，因为，来自非洲的杰出教授们，他们需要通过在国际期刊上发表文章来得到认可，而这些国际期刊所谓的"国际"，就是除了非洲国家以外的任何地方。这种自卑感，是从我们开始不加批评地接受西方知识开始的，我们不惜一切代价都要尊重这些知识。从事非主流非洲知识研究的人，会遭到蔑视、批评和怀疑，甚至会搭上自己在传统白人大学的终身教职，或者面临整个体制的惩罚。

在我读博的最初阶段，我不得不接受这种白人认知的主导地位，学习白人的理论——否则我可能得延期毕业，甚至有无法获得博士学位的风险。其他人把这称为"玩游戏"。这意味着我要遵守既定的游戏规则，暂停我在读博期间真正想要做的大部分工作。而我只能把这些规则的目的理解为强化白人的统治地位。在这个过程中，我搞明白了一件重要的事，那就是普遍性、客观性和中立性这些概念，都是被顺手拿来掩盖真相的，掩盖知识结构和和世界范式单一的现状（Grosfoguel 2013）。

更令人不安的是，南非的大多数社科出版物，包括那些进步黑人写出的作品，都还是主要把黑人生活作为研究的主题或对象。似乎研究黑人生活是作品获得快速出版的普遍法则。在南非，人们仍然很难遇到以白人生活为研究对象的的黑人和白人研究者。研究总是聚焦黑人。在我看来，黑人被研究得太多了，只因为他们是种族隔离制度下的焦点。我不想从事这种为了达到学术目的而研究黑人的工作。作为一名黑人女性学者，我知道我们在学术工作中的失实陈述会带来的负面影响——因此，从事批判性学术研究并不是一个可行的选择。可以看出，这种异化的黑人地位影响了我的研究类型。正是因为这样的背景，我认为，西化大学的知识是有局限性的。引用格罗夫古尔的话，它是基于种族主义和性别歧视的。身处南非的学术界，我渴望了解非传统的认识论，这种渴望与日俱增，直到在英国发生了一次有趣的邂逅。

黑人历史月，与自由邂逅

在英国大学的生活临近尾声的时候，发生了一次有趣的邂逅。我看到一张宣传黑人历史月系列讲座的海报，想着哪天要去听听，最后真的去听了一场。学生们坐在那里，眼睛紧盯着演讲人。当然，那是一个黑人占多数的混合听众群。演讲人说话时带着加勒比黑人口音，他给大家介绍了一些重要的读物，而这些读物将改变我的人生，激发我对学术工作的兴趣。关于这些讲座，让我想不通的是（同时也激起了我内心愤怒和兴奋的复杂情绪），我不得不在这么远的地方——在英国的大学里去接触黑人知识分子——在南非的三所大学里，我从未接触过黑人学者。这种兴奋是显而易见的——它让人从窒息中解脱出来。我坐在那个长方形的大讲堂里，发誓在以后的日子里，在接下来的一年，我决不会错过其中任何一个讲座。不幸的是，英国的学业结束了，我不得不离开。那位演讲人向我们介绍了一些经典的黑人文学作品，如詹姆斯（C. L. R. James）、弗朗茨·法农、夸梅·安德鲁玛（Kwame Ndrumah）、朱利叶斯·尼雷尔（Julius Nyerere）、阿米尔·卡布拉尔（Amil Cabral）、安塔·迪奥普（Anta Diop）、恩古吉·瓦·提安哥（Ngũ gĩwa Thiongo）、利奥波德·森戈尔（Leopold Senghor）、马库斯·加维（Marcus Garvey）、杜波依斯（W. E. B. DuBois）、奥德雷·洛德（Audre Lorde）、西尔维亚·温特（Sylvia Wynter）等。尽管他列出的名单中只有极少数来自非洲大陆的女性和非洲人，但还是解开了我思想中的大部分难题。因此，这是一次解放思想的邂逅，也是一次坚定信心的经历，表现在如下两方面：首先我认识到，黑人早在20世纪初就开始出版学术著作，这唤醒了我，我就读的西化大学并没有为我提供这些信息。其次，我能够在阅读文章时，将自己（以及我作为一个黑人在21世纪的经历）代入到文章中，这肯定了我对跨国界黑人问题的理解。接下来，我要写一写我留学多年重返南非后的故事。

南非的新种族隔离与大学合并

我回到南非，入职了一所新合并的大学——约翰内斯堡大学，[4] 职位是博士后研究员。我之所以能来这里，是因为我在英国时的博导向这所大学人文学院的副院长（负责科研）推荐了我。我的导师知道约翰内斯堡大学在招聘博士后研究员，就鼓励我去申请，因为这所新合并的大学里，黑人学生缺乏黑人教师作为榜样。导师强烈认为，我们的高等教育机构需要南非黑人的榜样。幸运的是，这与我的个人抱负不谋而合。这所大学是我去英国之前完成硕士学位的地方，当时我是在别的学院学习。因此，约翰内斯堡大学成为我曾经离开过,又重新回到南非的地方,而且,作为南非实行民主制第一个十年里的第一批研究生,我在这所大学的经历是愉快的,所以就欣然接受了这个想法。

大学合并是一项全国性的倡议,这一倡议旨在纠正南非过去高等教育资源不均的状况,而约翰内斯堡大学是合并成功的一个范例,这成了它的优势之一。同时,与约翰内斯堡的其他大学相比,它的学费也比较便宜,这也是吸引黑人学生的一个因素。我回到了刚刚改头换面的喧闹的大学,一下子就能发现,至少学生人数方面的确有很大变化。令人兴奋的是,我看到了许多学生热情的笑脸,尽管也有一些同事知道我有博士学位,会向我投来"白人的注视"(white gaze)——借用法农的措辞。整个学院除了一位来自津巴布韦的黑人博士后,其余全都是白人——这就是我们经历了15年民主进程之后的情况!尽管如此,我当时还是充满了热情,我猜这应该感谢我在约翰内斯堡大学的白人合作教授给我的印象。她一直都很支持黑人学生,从方方面面都可以看出来,对此我毫不怀疑。我在任约翰内斯堡大学终身教职期间,一群学生请求我同意提名她去参加全国的"年度女性"竞赛,我欣然答应了。在我有生之年,回馈社区的想法正在一步步变为现实,这要感谢资助我的福特基金会——而我同时也成为了大多数来自边缘社区的黑人学生的榜样。

然而,我经历过最艰难的事情之一,是要在约翰内斯堡两个不同的校区工作。这又一次揭开了我作为黑人,人性被贬低的伤疤。我们系在两个校区都有工作——索维托校区和奥克兰公园校区,后来又有了多方丹校区。确切地说,索维托校区位于一个黑人小镇,以前是一所黑人大学,叫维斯塔大学,而奥克兰公园校区位于约翰内斯堡北部郊区,以前是一所南非白人大学,名为兰德阿非利加大学。这些校区体现了南非社会大范围种族歧视之下学生的社会地位。它们从许多方面反映出,种族隔离时期将黑人和白人隔离开的做法至今仍有残留。我将在下文加以说明。

这些经历让我想起自己加入这所大学的初衷。我的目的是回馈社会,为我的社区提供教育。于是,我决定跟系里志同道合的女同事们合作,她们把许多精力都花在了帮助因学业不达标而被嘲笑的学生身上。在副院长(负责教学)的大力支持下,我们努力为这些学生提供帮助,投入了大量的时间、精力和创造性在教学讨论上,努力改进教学方法。有时,我们还会在自己家里开会,确实为学生尽了最大的努力。和这些女同事们在一起工作，我有很强的归属感，大家都承担了沉重的教学任务。

不幸的是，我要往返于两个校园之间工作，而其他白人女同事不用这么做，因为她们认为白人女性是享有特权的。出于某些原因，我的白人女同事不愿去奥克兰公园校区以外的校区任教。虽然没有明文规定，但默认的安排是，白人女性不用去索维托校区工作，男同事则不论种族背景如何都得去。我在学院工作期间，每一位黑人女性都必须去索维托校区工作。去那里任教本身就是一种经历，它揭示了这所大学根深蒂固的殖民主义特征。

在人文学院任教的这几年里，我从学院对待索维托校区教职工和学生的方式上，观察到校区与校区间存在着巨大的差别。这让我感到不安。索维托校区的教工不享受与奥克兰公园校区教工同等的权益。最糟糕的是，索维托校区提供的服务和资源水准，是对教工和学生人性的贬低。在奥克兰公园校区，有无限供应的茶、咖啡和牛奶，还有研磨咖啡的设备。所以，当我发现索维托校区没有这些的时候，我感到很惊讶。我必须自带茶包和牛奶，因为学校没有提供。我问了在那边工作的教职工，他们说学院以前会提供茶水，但是后来停了。还有，你需要打印的时候，还得自带打印纸。这就意味着，无论我住得离索维托有多近，早上还得先开车去主校区取打印纸。

对于索维托校区的学生而言，他们为了坐上拥挤的校际巴士，必须经历很长时间的等待。有时这会变成踩踏事件。学生们因为长时间的等待而感到沮丧，他们知道自己会因为迟到而被赶出奥克兰公园校区的教室。校车系统的管理明显有问题。从我来索维托校区工作，就知道学生代表一直在抱怨校车的问题，但没有任何改善。索维托校区的其他问题还包括：网络差、缺乏对学生适当的反馈机制、教师不遵守辅导时间（却不受惩罚）。所以，这个校区的常驻教师不得不承担超量辅导学生的工作。奥克兰公园校区成了这所大学的总部，而不是一个和其他校区平级的校区。一开始，我在奥克兰公园校区工作时，也听到过这种抱怨，我的反应也很淡然。然而，在我被要求去索维校区上课后，真切地接触到了这些现实，并且不得不亲自面对这些问题。目睹黑人同胞受苦——这是我学术生涯中最难过的事之一。我把这些问题提了出来，却因此变得不受欢迎。一如既往地，问题又回到了受害者（学生）和他们的文化上。这些学生的经历非常令人难过，因为他们和我自己的经历并没有什么不同。

第十一章　学术界人与知识的局限性

约翰内斯堡大学内部的局外人

柯林斯在她1986年的文章《向内部的局外人学习：黑人女权主义思想的社会学意义》（Learning from the Outsider within: The Sociological Significance of Black Feminist Thought）中，提出了"内部的局外人"这个概念。在文章中，柯林斯给出了一个案例，讲的是黑人社会学家在将个人经历、身份、价值观和思想与学术界主流叙事相结合时所遇到的挑战。在这里，我将借助这个案例来讨论，在约翰内斯堡大学，我个人的归属感和受排斥的经历是如何与这个地方不断产生冲突的。在我从事博士后研究期间，有一次，他们要求我给一个班的本科生做一场讲座——无论这是不是我的考核项目，我都同意了。那次，我不为人知的长期教学经验派上了用场。讲座后不久，他们就安排我接下来的一学期为大一学生上课。这很令人兴奋。但我现在回想起来，这其实是为了减轻其他人的工作量。非裔美国女权主义者称之为"保姆现象"（nanny phenomenon）。梅丽莎·哈里斯-佩里（Harris-Perry 2011）对保姆现象进行了广泛的讨论，贝库-贝茨和恩贾姆比（Beoku-Betts & Njambi 2005）将其推广到美国的职场（包括学术界）。在我们传统的白人大学里，如果一个老师被要求去培养大量本科生，却禁止指导研究生，他就会有一种被当成保姆的感觉。对我来说，那段时间就是如此。后来，我还看到一个没有教学经验的白人同事被分配去教研究生。所以，在我拿到终身教职后，我也要求去教研究生。除此之外，我还观察到了一些有其他趣的动向。一位来自津巴布韦的同事，比我先来学校，却从来没机会教书。他被排除在教学之外的主要原因，是他在学术研究中表现出了激进的非洲主义态度，尤其是他对津巴布韦土地征用的辩护。我了解了他的一些激进观点——至少，分享办公空间在令人感到不舒服的同时，也成了我们分享批判性教学法的空间。我对"人"的负面观察来自于我的某些同事，不过也正如我的前同事兼朋友、激进的女权主义者帕特丽夏·麦克法登（Patricia McFadden）[5]曾对我说的那样："伊迪丝，我们中间还有很多穴居人。他们需要出来晒晒太阳。"

这种令人不安的种族化和性别化仍在继续，而且主要来自一些资深的白人男性同事，并不是女性。在大学里，受过教育的黑人女性经常会引起中产阶级白人男性的不安。在大多数情况下，男性不知道如何与她们打交道。此外，在南非这个环境中，大多数白人通常不愿意和黑人一起工作，除非黑人为他们服务。一位同事曾经问我："伊迪丝，难道你不想为我们工作吗？"而不是问我"你不想和我们一起工作吗？"我很快发现了他话里隐含的意思，并且立即纠正了他。我能感觉到，他试图将这个工作空间据为己有，并以类似于尼玛尔·普瓦（Nirmal Puwar 2004）的概念将我设想成一个"入侵者"。哈里斯－佩里（Harris-Perry 2011）认为，由于边缘化群体身上的刻板印象或者恶名，我们的社会制度没有为所有公民提供获得公众认可的平等机会。在这里，用哈里斯－佩里的概念来说，我正遭受着"被误命名"（misrecognition）的情况。而在很多时候，我的津巴布韦黑人同事也有着相同的遭遇。作为局外人，我们相同的种族身份超过了不同的国家身份，尽管津巴布韦黑人被认为天生就比南非黑人拥有更高的智力。

约翰·麦克沃特（John McWhorter）指出，"白皮肤确实让有的人享有他人无法享有的自由。白人就算表现不佳，也不会归咎到他们的种族"。[6] 有的同事会把性别歧视和种族歧视影射到其他同事和学生身上。而就算把这些事反映给领导，也不会得到任何结果。这个体制保护白人，将他们视为这所学校主流文化的一部分。我之所以这么说，是因为我亲眼目睹了其他黑人同事是如何受到警告或被解雇的。参加工作时间比我久的其他女同事也意识到了这一点，我从与她们的闲谈中就能发现。当时只有一位资历较浅的白人女同事，会直言不讳地反对这些针对学生和员工的种族歧视和性别歧视。她是唯一一个"对权势说真话"的人。她反抗男权社会的勇气令人钦佩。这并不是说，我就不能在这个问题上畅所欲言或表达我的观点。但我充分了解自己在这个社会系统中处于什么位置。作为一名黑人女性，作为一名合同工黑人女性，大胆直言可能会让我失去工作。我不得不顾及自己的生存，要在试用期结束之前，理性面对这些令人不舒服的、被异化的遭遇。我选择了沉默，因为，借用恩塔比森·莫塞姆（Nthabiseng Motsemme 2004）的说法，就算"沉默的人也会说话"，只不过是换了一种不同的方式。雨果·肯纳姆（Hugo Canham 2014）也向我们展示了，压迫者是如何要求一个人在任何情况下都表现出满足的。他们要求黑人在被压迫得都快窒息时也必须是开心的，而得到的回报就是被解读为顺从和默认。

我觉得自己像个入侵者，一个局外人，一个本不应该在那里的人。有

第十一章　学术界人与知识的局限性

很多人故意让我在一些场合显得卑微和隐形。哪怕仅仅是向一些从事初级行政工作的白人男性同事寻求帮助，我都会遭到他们的敌意。有时，我们还需要一位白人同事，代表我们去提出投诉或要求，我们才能得到认可或帮助。我提到这些排斥事件，是为了让处于类似地位的人正视这些情况。有些事请十分令人反感。例如，我的第一篇期刊文章发表后，代理院长拒绝为我发放研究补贴。再例如，要求我只能教本科生。还有，我整个学期除了进行博士后研究之外，还需要上课，却只能拿很低的薪酬。我之所以这么说，是因为一名白人临时讲师做过类似的工作，却获得了更高的报酬。这是我从一份财务报表中发现的，而这份报表之后再也没有出现过了。作为新入职的黑人，我们的薪金比别人低。这是黑人老师离开学校的最大原因之一，而这看上去也是有人故意为之的。更令人震惊的是，在2014年的绩效评估中，我被评了低分，可我却获得了学院颁发的优秀教学奖。我的津巴布韦同事曾拿这些事开玩笑，说："伊迪丝，这个地方有毒。为什么你在自己的国家被当作陌生人对待？"由于我们的国籍不同，他以为我会得到与他不同的待遇。格罗夫古尔（Grosfoguel 2016）在谈论法农的"人区与非人区"（zone of being and non-bing）概念时曾指出，他认为，处在非人区的人们普遍都受到种族压迫，这已经与我们的性别和其他身份标记无关了，所以我们全部都受到了暴力、排斥、异化、不尊重以及不道德的对待。

就算在其他的社交场合，这种偏见也依然存在。我注意到，一些白人同事在向其他白人介绍我的时候，用到的方式总是让我不舒服。他们会说："这位是伊迪丝，她是博士，从英国留学回来的。"这让我觉得，就是因为这个原因，他们才愿意带我出来玩。提到我的博士学位，也是为了提醒别人该怎么跟我交流。这样的介绍，通常体现了介绍人对我的看法，暗含的意思是，如果没有这些资格，我就不配跟他们待在一起。白人可以在他们认为合适的时候向我们敞开或关闭交流的大门。他们可以决定我是否属于这里。我没有退缩，而是一有机会就教教他们，怎样才叫一个真正的人，纠正纠正他们对黑人错误又无知的看法。毕竟，我是一个受过国际教育又倡导社会正义的人，这是我的专长。[7] 我的行动主义和新人道主义开始起作用，就像我进入这所大学之前的几年一样。我发誓不能被这种长期的欺骗所蒙蔽。我要挑战这个国家教给人们的那些狭隘的对人的看法。教室就是我完成这件事的地方。白人女性同事的性别身份也遭到了边缘化,所以我们一起在课堂上进行批判式教学。下面将分享这部分的经验。

学术界不该贬低教学的价值

教学使我能够在这个疏离和混乱的环境中生存下来。它给了我一种归属感,尽管这种归属感被弱化了。我努力教学,因为它能带给我解放自己和解放学生的可能性。身为学者,我们必须首先反对把自己"工具化",因为在这个新自由主义的世界里,没有人会帮我们(Janz 2015)。布鲁斯·詹茨(Bruce Janz)对大学里的工具化现象进行了阐释,我对此的理解是,"由于大学的合作化和官僚化,其中'不可量化的'结果用市场的隐喻被强制进行了量化"(2015:276)。在南非,研究成果到达一定程度,大学可以得到更多的拨款。这就使得许多有经验的学者为了发表文章而牺牲教学。教学变得越来越不受重视,被下放给一些新手老师,而大多数情况下,这些人都是女性。学术研究沦为纯粹的文章发表。工具化的另一方面体现在学生的通过率。一个班必须有一定比例的学生达到及格水平——至于一个班有1300名学生,另一个班只有20名学生,这都不重要。百分比制意味着,相同的通过率(例如80%)会获得同样的奖励,而不考虑班里的学生人数,也不考虑教1300名学生需要付出的成本——例如一天内收到50封来自学生的咨询邮件。

美国去殖民化研究学者蒂凡尼·帕特森向我们讲述了斗争需要进行的先后顺序,因为在种族化的社会中,有太多的不公需要我们去斗争。[8]我必须根据我所处的环境制定策略,决定可以在什么时间优先进行什么斗争。黑人学者进入这些久负盛名的白人领域之后,往往会试图"通过竞争去证明自己与白人是平等的,从而忽视了学生"(Hooks 1994:4)。我把教学看成了政治工作。前面已经提到,在本应崇尚自由解放的大学里,对人和知识的扭曲一再强化了支配、剥削和去人性化的做法。我在约翰内斯堡大学的两个校区,要教三个各由1300名学生组成的大班,同时,我还管理着一个约20名学生的辅导团队。学院还希望我把做研究、发文章、参与社区项目作为我的主要工作。这些还不包括我的其他政治和社会任务。由于我这类人很少,黑人以学术形式为政府提供服务很少见,所以我得在各种社区平台上发表演讲来支持政府，还要在境况不佳的社区组织里工作。做一名受过高等教育的黑人女性，要肩负沉重的担子，非常疲惫。一旦他们得知你有博士学位，来自社区的需求和要求就会成倍增加。与别的地方不同，在这里，博士学位不是一个人的成就，而是一个集体的成就。即使在大学里，由于黑人女性不多，我们有时也会负担过重，因为，我们会被要求或被邀请，去各种小组里发言——有时候，在那种主要面向男性的小组里，我们就仅仅是个摆设而已。

教室仍然是我能呼吸新鲜空气的地方，"在这里，有我们对社会巨变的想象"（Hooks 1994）。我并不是说，应该为了教学工作而放弃发表文章，但是，被边缘化的黑人学者需要认识到，他们的角色——研究者、教师、社会活动家——从根本上讲，都是同样重要的。因为主流说法认为，这些角色中的某个角色要比其他的更重要。在大多数情况下，为了追求"黑人中产阶级"这一虚无缥缈的目标，大家把科研（凭借它诱人的金钱价值）看得比教学更为重要。南非的情况更糟，政府还为个人和学校在科研上提供补贴。更令人担忧的是，在全球教育危机的背景下，教授们都不想教书——同时，等到毕业生要进入研究生阶段学习时，又会被挑三拣四。在南非，这种情况更令人担忧，因为大多数工人仍在为每小时 20 兰特的最低工资而奋斗。家长和学生有时无法从知识中获取价值，因为学生被剥夺了乔纳森·詹森（Jonathan Jansen 2009）所说的"认知途径"（epistemological access）。

西化大学教导我们，要通过阅读西方优越的、帝国主义的、父权制的理论来了解世界。在我的课上，教学生西方认识论的同时，我会向他们展示，他们所学的一些重要理论是有其特殊性的。西方的方式不可能是了解和传播人文知识的唯一方式。我希望学生们承认并理解，我们都是从自身所处的位置来思考的——这才是我们表达的出发点。米诺罗（Mignolo 2011）认为，种族化逻辑从两方面剥夺了其他思维模式存在的可能：一是保持了欧美国家的语言表达特权，二是将我们的语言视为比欧洲语言低等的语言。就像我后面会谈到的那样，今天，对于我们这些已经掌握了欧洲语言的人来说，就连口音也要分出等次来。[9]因此，必须改变创造知识的方式，也就是说，那些被视为次等的团体所创造的知识应该被包括在知识体系之内，还有被视为第三世界的国家创造的知识也一样。这种教学方法使我能够从世界各地的各种资源和认识论中汲取营养，从而使课堂上的思想模式多样化。它还能使我打破学科界限，采用一种跨学科/多学科/兼学科的教学方法，为学生们提供相关的社科知识。我大胆地决定，要设法证明，欧洲和北美不是唯一合法的知识生产场所。

这样做，有助于学生在开始研究时提出不同的问题，而不是问一些主流话语强加给他们的问题。我了解到，多年来，大多数白人同事减少黑人的课程，或者不公平地回避黑人学生提的问题——因为这些问题不符合他们的主流经验。和法农一样，我也想尝试解决"非洲"问题，在读博期间，这甚至已经成了我的选题。非洲和非洲人被排斥在知识领域以外，这使得我们在科学、经济和文化上处于不利的地位。因此，实现非洲的复兴，需要我们改变对当代非洲学生的"教育内容"和"教育方式"。这种教学方法使我能够与西方进行跨认识论的对话，而不是让学术界只有格罗夫古尔所说的"西方独白"（Western monologue）。就我个人而言，我已经不再参与西方独白，因为白人的傲慢让人筋疲力尽。在我们的一次谈话中，萨贝洛·恩德洛夫-加特谢尼（Sabelo Ndlovu-Gatsheni）将其定义为"认知性耳聋"（epistemic deafness）。在这里，他指的是白人学者采取强势的态度，试图削弱黑人思想家和他们的学术成果。[10]在教学过程中，我接触了一些进步的西方学者的作品，他们在设想一种新的人类行为方式。在我自己的课上，我也特意挑选一些愿意接受其他世界观的学者的著作。我提醒学生们，要小心那些支持殖民主义的学术著作，其中也包括一些黑人学者。我教他们要以谦卑的态度去对待来自发展中国家的边缘学术，要理解它们是在一个充满敌意的环境中被创造和传播的。我们南非的大学在促进认知多样性方面还有很长的路要走。这个世界应该百花齐放。

我们的存在，不仅受到白人，也受到一些学生的质疑和贬低。约翰内斯堡大学招收来自各个社会背景和群体的学生，其中包括从未在教育机构见过黑人老师的黑人学生。有一次在课堂上，我又一次遇到了口音问题，尽管这次是在南非。当时我在给本科生上课，我带着索维托口音说了一个英语单词，结果学生们哄堂大笑。我没有感到尴尬或被冒犯，而是感到失望。我借着那个机会，跟他们谈到他们是如何在精神上被殖民的。我让学生认识到，这不是在针对我发音的问题，因为很明显，英语不是我的第一语言，这更多的是关于"谁在说话？"的问题。他们的做法，不仅是对我这个人的挑战，也是对我在大学里所处地位的挑战，因为这种事不会发生

第十一章 学术界人与知识的局限性

在那些也有口音的欧洲同事身上。这件事倒是为学生提供了通过对话来学习的机会。一些学生承认，就算母语是南非荷兰语的老师们讲的英语句子残缺不全，他们也不会笑。他们还承认自己是如何折服于我的教学方法（包括我将他们一直苦苦思索的理论解释清楚的能力），尽管他们第一次见到我时在想："她能知道什么？她能教我什么？"很明显，这些贫穷的学生很天真。在他们天真的思想里，"活着就是要像某些人，而所谓的某些人，其实就是他们的压迫者"（Freire 1972）。与这所大学核心的"人"相比，我就是那种连某些词的音都发不了的"非人"。出于这个原因，我认为，我们的高等教育机构需要更多的黑人学者，只有这样，这些"奇怪的"口音才能得到大学的接纳。

我是通过与其他大学和我们系以外的黑人学者团结起来，才在学术界生存下来的。与其他黑人学者的接触让我意识到，我不是一个人在战斗。这本书也是我们团结合作的一个表现。莱特米兹·马博凯拉和扎恩·马古巴尼（Reitumetse Mabokela & Zine Magubane 2004）的《倾听我们的声音》（*Hear Our Voices*）、佩德罗·塔本斯基和莎莉·马修斯（Pedro Tabensky & Sally Matthews 2015）的《自在》（*Beingat Home*），还有我们的这本书，这类著作持续地记录着黑人学者的经历。这些都证明，我们的斗争应该继续下去。我们被塑造成这样的一个黑人群体——我们的存在是可有可无的，我们有意或无意地寻求着来自权威的认可。但是，像法农一样，我愿意去挑战那些对次等人的刻板印象——我不玩他们那套游戏，而是要找到自我，清醒地思考和做事。因为这样，我在2014年获得了学院的杰出员工奖。有些人认为奖项没有任何意义，但是奖项是来自同事和学生的肯定，证明了一个人的工作是有价值的。我总是问自己，如果我之前不敢追求批判性教学，那我还能取得现有的成绩吗？还能像现在这样，为总统项目和高管培训这两个权威项目授课吗？

文末，我想再提一提之前那场与黑人历史月讲座的邂逅。正是那场讲座，让我接触到了另一种认识论。我盼望每一个黑人学生都能接触到不同的知识体系，而不再禁锢于那些晦涩难懂且不断强化其统治地位的所谓普世知识。在我看来，我们只有把所有推动人类进步的知识体系集合在一起，形成新的普世知识，才能实现普世主义，而这里面也包括欧美知识体系中高度进步的方面。今天，我在一所与自己志向相投的大学找到了归宿。在这里，我正在推进我称之为"非洲去殖民化"（Afrodecoloniality）

的研究和实践——这是一个把起源于发展中国家和非洲的多元视角融合的尝试。非洲去殖民化，旨在融合去殖民化的认识论、非洲学、非洲化和非洲中心主义。对于我们这些被排除在认识论之外的人而言，如果从这个角度进行教学，那么教学就成了一件具有解放意义和富有成就感的事情。我看到学生开始在课程上调动起主观能动性，也惊叹于他们身上发生的变化。我得到了来自学生和同行的共同认可，也收到了非洲青年领导人活动中来自南非发展共同体（SADC）的青年朋友们的赞扬。所有这些，都更加坚定了我追求新的认识论和新的人性模式的决心。

注　释

1. 在南非，一个人在城里和乡下都有家，这是件很平常的事。这是南非种族隔离时期劳工移民体系的一个遗留特征。

2. 有一个说法，是南非人觉得黑人又粗又壮，就算他们的脑袋被打了或是被撞了，都不会受伤。

3. 这段内容引自拉蒙·格罗夫古尔教授2013年在南非大学暑期学校发表的一篇关于反殖民内容的演讲。

4. 2005年，维斯塔大学（东兰德校区和索维托校区）、金山理工大学（奥克兰花园校区和多方丹校区）和兰德阿非利加大学，合并为一所大学，就是今天的约翰内斯堡大学，只不过东兰德校区从那时起就关闭了。

5. 帕特丽夏·麦克法登是约翰内斯堡大学的访问教授，这段内容引自我们2016年3月的私人交流。

6. 约翰·麦克沃特（2015）：《当学生们被迫去上"白人特权101"课程》（When Students are compeled to have 'White Priviledge 101' class），《每日野兽》（*The Daily Beast*），2015年3月。

7. 因为这些资质，我入选了福特基金的资助名单，并且在2006年赴华盛顿特区接受了培训。

8. 这段内容引用自蒂凡尼·帕特森教授在2014年1月和我的私人交流。

9. 格雷丝·昆诺（Grace Khunou）在为本书撰写的文章中也谈到了口音问题。

10. 萨贝洛·恩德洛夫-加特谢尼是约翰内斯堡大学变更管理办公室主任，这段内容引自我们2013年1月的私人交流。

参考文献

Alexander, M. J. & Mohanty, C. T. (1997) Introduction: Genealogies, legacies, movements. In M. J. Alexander & C. T. Mohanty (Eds) *Feminist genealogies, colonial legacies, democratic futures*. New York: Routledge.

Beoku-Betts, J. & Njambi, W. N. (2005) African feminist scholars in women's studies: Negotiating spaces of dislocation and transformation in the study of women. *Meridians*. 6 (1): 113 – 132.

Biko, S. (2004) *I write what I like*. Johannesburg: Picador Africa.

Canham, H. (2014) Outsiders within: Non-conformity among four contemporary black female managers in South Africa. *Gender in Management: An International Journal*. 29 (3): 148 – 170.

Collins, P. H. (1986) Learning from the outsider within: The sociological significance of black feminist thought. *Social Problems*. 33 (6): 14 – 32.

Fanon, F. (1967). *Black skin, white masks* (trans. C Markmann). New York: Grove Press.

Freire, P. (1972) *Pedagogy of the oppressed* (trans. MB Ramos). New York: The Seabury Press.

Fricker, M. (2007) *Epistemic injustice: Power and the ethics of knowing*. Oxford Scholarship Online.

Grosfoguel, R. (2013) The structure of knowledge in westernized universities: Epistemic racism/sexism and the four genocides/epistemicides of the long 16th century. *Human Architecture: Journal of the Sociology of Self-Knowledge*. 11 (1): 72 – 90.

Grosfoguel, R. (2016) What is racism? *Journal of World-Systems Research*. 22 (1): 10 – 15.

Harris-Perry, M. V. (2011) *Sister citizen: Shame, stereotypes and black women in America*. New Haven: Yale University Press.

Hooks, B. (1994) *Teaching to transgress: Education as the practice of freedom*. New York: Routledge.

Jansen, J. D. (2009) Reflections on meaningful access to education. In S. Pendlebury, L. Lake & C. Smith (Eds) *South African Child Gauge* 2008/2009. Cape Town: Children's Institutes, University of Cape Town.

Janz, B. B. (2015). Instrumentalisation in universities and the creative potential of race. In P. Tabensky & S. Matthews (Eds.) *Being at home: Race, institutional culture and transformation at South African Higher Education Institutions*. Pietermaritzburg: University of KwaZulu-Natal Press.

Mabokela, R. & Magubane, Z. (Eds) (2004) *Hear our voices: Race, gender and the status of black South African women in the academy*. Pretoria: University of South Africa Press.

Maldonado-Torres, N. (2007). On the coloniality of being. *Cultural Studies*. 21 (2): 240–270.

Maldonado-Torres, N. (2016). What is blackness? Decoloniality seminar series. Pretoria: Unisa.

Mignolo, W. D. (2002) The geopolitics of knowledge and the colonial difference. *The South Atlantic Quarterly*. 101 (1): 57–96.

Mignolo, W. (2011) *Geopolitics of sensing and knowing: On (de) coloniality, border thinking and epistemic disobedience*. European Institute for Progressive Cultural Policies. Accessed June 2015, http://eipcp.net/transversal/0112/mignolo/en.

Motsemme, N. (2004) The mute always speak: On women's silences at the Truth and Reconciliation Commission. *Current Sociology*. 52 (5): 909–932.

Phaswana, E. D. (2008) Youth participation in South Africa: The influence of approaches and settings on youth's experiences. PhD. dissertation, London South Bank University.

Phaswana, E. D. (2013) *Stepping up: A new generation of South Africa's leaders*. Auckland Park: Botsotso Publishers.

Phaswana, E. D. (2014) A reflective essay on transformation in higher education. In B. Ngcaweni (Ed.) *Liberation diaries*. Johannesburg: Jacana.

Puwar, N. (2004) *Space invaders: Race, gender and bodies out of place*. Oxford: Berg Publishers.

Tabensky, P. & Matthews, S. (2015) *Being at home: Race, institutional culture and transformation at South African Higher Education Institutions*. Pietermaritzburg: University of KwaZulu-Natal Press.

第十二章

悬空而坐：一位非洲黑人女性在学术界生存与归属的斗争

莫特拉勒普尔·内森

有谁比受压迫群体更懂得一个压迫型社会的残酷？有谁比受压迫者遭受过更多压迫带来的苦难？又有谁能更好地理解自由的必要性？受压迫者的自由不是偶然得来的，那是他们孜孜以求的结果。（Freire 1993：45）

虽然越来越多的非洲黑人女性拿到了博士学位，但是实际上，在各个高等学府中，黑人女性在多数领域都是隐形的、可有可无的（Phakeng 2015）。在南非，女性学者处于知识创造的边缘地位，通常不受重视，也不被视为知识的创造者（Potgieter & Moleko 2004）。学术界在很大程度上被历史上处于优越地位的白人所掌控。非洲黑人女性在高校的地位低下，处在一个长期种族不平等、男性为主导的环境中（Mabokela & Magubane 2005）。同时，高校在本质上就是阶级性的，其权力结构和种族结构清楚地反映和体现了南非在社会层面的问题。

南非政府在与国际区域性伙伴合作解决黑人学者人数不足的问题上取得了一定的进展，尤其是黑人女性学者人数不足的问题。它们通过投资和资金支持，为黑人女性学者提供攻读博士学位的机会。在南非历史上，女博士毕业生人数极少，1996 年仅有 10 名女博士毕业，而到了 2012 年，毕业的女博士人数增加到了 102 名（Cloete 2015）。随着女性学者开始进入学术界，涌现出一批特殊群体，他们的家族中没有学术传统，因而，他们成了家族的第一代学者。这些学者的学术轨迹，受到非洲黑人教育背景的强

第十二章 悬空而坐：一位非洲黑人女性在学术界生存与归属的斗争

烈影响，他们成长在种族隔离时期的南非，在种族隔离学校接受声名狼藉的班图教育。这种 1948 年后盛行一时的教育体系，使得许多乡村地区和城郊小镇的非洲黑人，接受到的是有着经济缺陷和教育缺陷的不良教育。

此外，非洲黑人女性学者有着数不尽的困难需要面对。这些困难包括她们进入学术界时要面临的挑战。她们不了解这个带有排外性和对抗性的系统如何运作，她们还要完成大学设定的学术目标，如发表一定数量的期刊文章。若在规定时间内没有完成要求，通常会被认为是个人能力不足，而不是体制出现了问题。以我个人的经历来说，这些挑战要求我在踏入学术界的前三年内达成试用期目标，其中包括发表文章、攻读博士学位（同时要承担全额的教学工作和研究指导工作，包括指导学生的实践训练和实习评估）、做行政工作。同时，对教工的考核并不把努力满足不同背景学生的需求作为指标。另外，投入在教学法、创新式教学和教学评估方法上的工作，也不被纳入考虑范围。这些都是殖民和种族隔离时期的遗害，是专制历史和边缘化做法的表现。

这是一篇记叙文，讲述了我作为一个处在边缘地位的南非黑人，遭受压迫和种族歧视的经历。黑人女性学者的经验叙事，借用了莱特米兹·马博凯拉和扎恩·马古巴尼（Reitumetse Mabokela & Zine Magubane 2004）的研究，尤其关注种族、性别和南非黑人女性在学术界的地位。约瑟夫·金贾·迪瓦拉（Joseph Jinja Divala 2014）也对南非高等教育界黑人女性的存在和归属问题提出了质疑。"叙事是一项强有力的工具，可以把社会经验和学术经验结合在一起，表现出黑人女性在不同的历史时期和阶段作为学习者、专家和学者的身份状态"（Maodzwa-Taruvinga & Divala 2004：1963）。首先，本文将重新审视和回顾我的过去。其次，本文会展示我在学术界的第八年，由内心的转变而生出的新的身份认同。这一年我参加了一个关于种族、社会公正和改革的培训工作坊，学会了怎样去处理自己回避已久的内在压迫。最后，本文使我意识到了社会变革的需求。所以在我看来，这是一次要从内部发起的变革——先从个人层面做起，然后上升到集体，最终再到体制和社会层面。

这篇文章有一个好玩的题目，"悬空而坐"，这个词形象地描述了我的处境和我在学术界这八年的经历。这是一个公共用语，同时也是我的母语塞索托语中的一个俗语，用来描述因缺乏归属感而感觉到环境充满敌意。此标题也表达了一种不确定之感，一种身处陌生环境、不受欢迎或者不被需要的感觉。塞索托语的原文是 *Ho dula ka leraho lele leng*，祖鲁语原文是 *Ukuhlala nge singe esisodwa*，直接翻译过来的意思是："以一边臀部为重心落座、坐在椅子的边缘"。这句俗语充分地表达了我作为一个非洲黑人女性在学术界的感受。我走过学校的长廊时，常常会有这种不确定的、坐在椅子边缘的感觉——尤其是当我和一个当权人士共处一室，他可以决定我的去留，判断我是否有资格留在这里时。相反，我在教室里和学生互动的过程从未有过被排斥的感觉。教室就像家一样。和年轻又充满活力的学生们交流，教他们知识，这就是我的目标，好像我此生就该去做这件事。也许，我在课堂上有归属感的原因之一，在于我知道自己在这里是被需要的，可能也因为我的学生大部分都是黑人。我深知，对于黑人学生来说，看到一位和他们来自同样环境的黑人女老师在一所黑人女性占少数的学校教书，是一种极大的鼓励。这就是我留在学术界这段时间以来的矛盾：事实上，我在教学和师生关系层面有归属感，但同时又在体制层面没有归属感。

故事开头，我将简要叙述在那阴沉黑暗的种族隔离时代，在我家乡那尘土飞扬的街道上，我的家庭和我的童年经历。紧接着，我会深入讲述我在20世纪80年代的求学历程，那时瓦尔三角区的伊顿镇发生了政治变革。叙述的重点将直击我压抑多年的怒火，讲一些我从未说过的事，这些事情对于我是谁、我在学术界及这个世界上的身份，有着非常重要的意义。最后，我将着重讲述在学术界仿佛悬空而坐的经历，以及使我下定决心反抗的时刻。我的这种决心可以用一句话来形容，这句话说的是黑人家庭被迫从索菲亚镇搬去梅多兰兹的事，原话是这样的：*Ek daak nie, maar ek phola hierso!* 这是一句马拉比或索菲亚镇的俚语，意思是"别想逼我走，我死活都要留"。这句话里深埋着我的愤怒，埋着我必须承认，却还没有完全直面的愤怒。我找到了一种新的态度，可以帮助我在学术界生存下来。这种态度可以简单地解释为个人信念，来自史蒂夫·比科（Steve Biko）的黑人意识哲学，以及由弗莱雷提出的受压迫群体需要参与到自我认同和自我肯定的过程中这一观点（Freire 1993；Manganyi 2005）。伴随着这种决心的，还有我称之为高级宿命论的法则，蒙甘依（Manganyi 2005）曾对此进行过描述。他认为，在特定的情况下，我们作为人类身处某一领域之中，这背后有着超越自身的、更深层次的原因和目标。我，一名南非黑人女性，认为该观点也适用于学术界。我身处学术界这个领域之中，在这里我是被需

第十二章 悬空而坐:一位非洲黑人女性在学术界生存与归属的斗争

要的。

我在南非教育体系下的学习,是从一个拥挤的教室开始的。那个教室没有桌椅、没有老师、没有教学工具。1980年,那里是个小农场,位于伊瓦顿镇。当时的教育局决定招收证件不全的学生入学,例如没有出生证明和家庭许可证的学生。许多年来,在城郊地区,若是没有必要的文件,也没有居住许可证,招收这样的学生入学是违法的。这就导致在某些面积很有限的学校,学生注册率过高的情况。因此,在三个多月的时间里,我和同学们被安置在一个教堂式的教室,等着教育局出台关于我们的教育计划。紧接着,政府制定了安排,我被放进一个班里,一天分两个时间段进行学习,早上7点到中午12点,然后12点到下午5点。所以,这篇自传性文章意在跟大家分享,我作为一名非洲(南非)黑人女性,在学术界站稳脚跟、寻求归属的过程。这篇文章也想着重强调南非的传统白人大学存在的身份差异问题。曼迪·毛兹瓦-塔鲁文加和约瑟夫·金贾·迪瓦拉(Mandi Maodzwa-Taruvinga & Joseph Jinja Divala 2004)指出,学术界的身份总是处于不断的建构和解构当中,因为学术界的环境复杂,而且充满了争斗、竞争和不公。同样持此观点的学者们认为,在变革中,大学必须对已经建立的良好环境进行观察,看看它在多大程度上考虑到了全球化的历史和不平等的背景(Maodzwa-Taruvinga & Divala 2004:1962)。

我是家族的第一代大学生,在伊瓦顿的城镇学校度过了求学生涯的前12年。伊瓦顿位于豪登省,是约翰内斯堡南部历史悠久的城镇之一。该镇于1904年建立,是当时金矿工人的定居点。1994年以前,金矿城仍旧是少数非洲黑人拥有土地和财产权的市郊城镇之一(根据《伊瓦顿复兴法案》,Evaton Renewal Project)。我出生在一个叫做克洛佩斯克拉尔的农场,位于伊瓦顿镇以西大约15公里的地方。我父亲的家族在这里繁衍生息,两代人都在这租种田地。尽管我父母从未受过正式的教育,家里却对教育极为重视。他们年轻时就看重教育,总是强调只有接受教育,黑人小孩在种族隔离下的南非才有出头之日。我的父亲在勒斯滕堡矿当过一段时间的矿工,母亲一生都在给别人做家政工。父母对教育的重视让他们做出了一个艰难的决定,从农场搬家到伊瓦顿镇附近。搬家是因为农场只有一个只提供基础教育的小学(1年级到3年级),而这次举家搬迁时,我只有4岁。我们离开了农场充裕安稳的生活,离开了大家族的安全区。迄今为止,这仍是我父母做出的最艰难的决定。我们在伊瓦顿接受教育,这片地区有好几个初中和高中。20世纪七八十年代的城镇生活不易,尤其是有着各种各样的法规来管控非洲黑人家庭,城镇里经常有黑人被逮捕(《伊瓦顿复兴法案》;Khumalo 2014)。我父母深知这一现实,也深知在城镇生活的现状,所以他们心里非常清楚,搬家的举动会将他们置于何种境地。对于他们做出的牺牲,我们姐妹一生都将感激不尽。

我对社会不公的愤怒始于11岁那年,那时我上初中。那是1984年,瓦尔三角区城镇处于紧急军事占领状态(Noonan 2003)。20世纪80年代,政治动乱时不时地影响着大多数城镇,影响着我的学生岁月。在军事占领状态下,我目睹了军队中的年轻白人和武装警力,对追求自由的无辜居民犯下了毫无人性的残忍罪行。我很小的时候就学会了怎么躲橡皮子弹和催泪弹,学会了怎么从狭小的窗户逃出教室,学会了翻学校的栅栏,同时还要学会从想打爆我卡菲尔头(kaffir,一个用于描述非洲黑人的侮辱性词)的白人士兵手里翻墙逃生。他们为了提升自己的射击技巧,根本不把射击目标当人。这是我在压迫性的白人体制下,第一次经历公然的暴行。这种体制否认我,否认我们的种族,否认我们的人性,把暴力正当化,把去人性当成目的,是那么地遭人痛恨。当时我有很多无解的问题,11岁的我搞不明白发生在身边的事情都是什么逻辑。其中有一个问题现在依然困扰着我,"他们(白人士兵)知道他们在为什么而奋斗吗?为什么他们要向黑人开枪、杀死黑人呢?"而黑人知道他们为之奋斗的事情,镇上的年轻人(klipgoliers,也被称为投石者)也知道。他们在为黑人的自由而战。用弗莱雷(Freire 1993:44)的话说,就是"这些不公、剥削、压迫以及压迫者的暴行,宣告着被压迫者对自由和公正的渴望,激发他们努力去发现丢失的人性"。这是镇上居民下定的决心,"我们要追求自由,至死方休"。我今天的这份坚持和斗争,就是要找回400年前因奴隶制、殖民和种族隔离而丢失的人性。

我的怒火被伊瓦顿镇进一步的种族隔离点燃。种族隔离禁令和种族歧视措施在镇上横行无忌,学校和教育体制也是如此。直到1984年政治起义,伊瓦顿才成为一个多种族社区。印裔家庭、有色人种家庭和非洲家庭在同一个社区内一同生活。印裔家庭主要以自有房屋和商业资金做生意,通常不参与城镇的社区生活。有色人种家庭会参与部分社区生活,和非洲黑人的家庭融为一体。唯一的不同在于,非洲黑人的孩子和有色人种的孩子上的学校不同。我的有色人种朋友就在镇外一所资源较好的学校就读。

第十二章 悬空而坐：一位非洲黑人女性在学术界生存与归属的斗争

这种给不同人种设立的种族隔离学校，呼应的是黑人意识形态教育框架（班图教育体系）。此体系于1949年开始实行，受到了推崇家长式教育的非洲民族主义者的钟爱，他们认为黑人接受低等教育是对高等白人的特殊责任（Hyslop 1999）。

班图教育服务的是白人至上的理念（Hlatshwayo 2000），将黑人排除在南非白人所享受的教育机会和教育资源之外。班图教育还贬低黑人的历史、文化和身份，在课程大纲和课本内鼓吹神话和种族歧视内容。在政府运营的公立学校，一些定义为"班图社会""班图经济"的概念和看法都被灌输给非洲学生。所谓的"班图文化"以一种原始的、粗陋的方式呈现出来，用固守传统、粗鄙庸俗、一成不变来描述非洲人民和非洲社区。更多的是，班图教育把黑人视为需要永远受到白人监控的儿童（Hartshorne 1992）。

上学是镇上的非洲孩子要忍受的痛苦之一，有色人种小孩拥有每天早上乘公交到镇外更好的学校去上学的特权，而我们却要走很远的路，到资源短缺、极度贫穷的学校去上学。很多时候，我都想问这样一个问题，我要怎么做才能够成为他们的一员呢？即使是在年幼的时候，答案也是一清二楚的，我身上的某种外在缺陷使我不能加入他们，这个缺陷就是我迥异的肤色。肤色是我和有色人种朋友唯一的区别。身边的各种迹象一次又一次地提醒我，肤色越浅，享受的权益就越多。过去的那些事实，在我今天生活的后种族隔离时代的南非依然存在。

除此之外，9岁那年，我在镇外的一个地方经历了难以忍受的不公。我和妹妹一致认为那是"最高程度的不公"。母亲在一个名叫三河的城郊地区当家政工，那里只有白人居住，距离弗里尼欣不远。我们在那里看到了无法想象的富足生活。迄今为止，富足的生活对我们来说依旧很远，依旧是我奋斗的目标，特别是南非还有很多人生活在贫困线以下。我记得那干净宽敞的街道，有人行道，还铺着沥青，有带游泳池的大房子，还有带漂亮花园和绿植的大院子。花园非常大，大到好像每个家庭的院子都是私人公园。公共公园很干净，矗立着纪念种族隔离英雄的雕塑。更引人注目的是，城郊的学校有我们从未见过的漂亮运动场，橄榄球场也非常宽敞，和我们镇上破破烂烂的运动场有着天壤之别，宛如白天和黑夜的差别一般。这一次，我脑中的声音大声、清楚地告诉我："和我一样的人们，我们一同生活在那么肮脏的环境里，一定是哪里出了问题。"这简直就是两个世界，它们之间的天差地别让我百思不得其解。小时候的这种经历给我留下一种错觉，是那种低人一等的感觉，这种感觉让我开始自卑。我觉得，不需要任何人说出口，和我一样的人都不属于这个美好的世界，这里只属于白人。

在白人主导的领域里，我尤其没有归属感，这可以追溯到童年时期，我去母亲工作的白人城郊的那种感觉。9岁开始，我就尝到了不受欢迎的滋味。学校放假了，我有机会去看望母亲。黑人要早上很早到这里工作，晚上固定的时间离开。每个雇主的要求不同，通常都不允许黑人孩子留在母亲干活的地方。我母亲是住家工，她不得不把我藏在她的住处，一直从星期一凌晨待到星期五的下午，我们才一起回伊瓦顿。在这段时间，我得一直待在屋子里，不见阳光。留在这个狭小的屋里，没办法活动，这让贪玩的我感到非常难过。当时还是个孩子的我就在想，为什么只准我待在这里。我想念我的朋友们，想念在镇上自由玩耍。我等着母亲敲门，带回来又糊又热的马耳他粥，再配上新鲜的牛奶当做早餐，然后再等着中午时母亲端来午餐。早餐和午餐中间那几个小时的等待，我简直度日如年。唯一能让我在这段时间不发疯的事情，就是读杂志。我真希望自己也能过上杂志上那些人物的生活。一天中最快乐的时候，就是天黑了，母亲下班以后，我和她一起在附近的公园散散步。

童年的经历深深地刻在了我的脑海里，像我这样的黑人女孩不属于白人的领地。我深知自己被关在那个小房间里，就是因为没人愿意看见我，我不属于那里。我这一生都觉得没有归属感。在有白人的环境中，尤其是和上级在一起时，这种感觉就会演变成一种特定的沉默，完全控制住我。就像许多年前，还是孩子的我必须保持沉默一样，因为我强烈地感觉到自己是个入侵者。在学术界的前几年，我沉默地生存着。在学术界，沉默对我来说也是熟悉的，白人才是合法的拥有者。和许多其他的非洲黑人学生一样，在大学里，我感到自卑、低人一等。我觉得，白人本就拥有接纳和驱逐的权利。很快，我又发现，学术界有一些权力很大的人，他们掌管着人和资源。在我的学校里，我见识过这种权力。这种权力可以擅自决定向谁分享、又向谁隐瞒有关发展机会的信息，还可以决定向谁传授在体制内取得成功的要领。这种权力也确保了服从。在学术界的前几年，我唯命是从，接受任何分配给我的工作。我以为不能拒绝，不知道我还可以说不，也不知道该如何说不。

第十二章　悬空而坐：一位非洲黑人女性在学术界生存与归属的斗争

我花了十多年的时间，才把这个曾被困在城郊小房间里那个9岁女孩所遭受的精神伤害和自我否定修复过来。修复的过程主要是去瓦解我固有的，并不是事实的想法，比如肤色和我来自的地方让我产生的低人一等和不配拥有的感觉。现在，我已经找到了胜利和解放的感受，比科（Biko 1996）将这种感受描述为一个人拥有了自由的理念，开始不怕说话，意识到沉默中没有自由。这种自由的理念关乎自我认可，也关乎自我认可的过程，弗莱雷（Freire 1993）认为，对受压迫者群体而言，这是一项必要元素。它让我有意识地决定去消除那些我原本以为是我自身自带的消极因素。这是一段漫长的旅程，一段不断进行，终将到达的旅程。

我一直想在学术界有一番作为，这是我童年的梦想，但总是被身边的大人们否定。他们总是建议我选择一个更普通的职业，更现实，也许是更容易找到的工作。我对教育的热情受到父母的强烈影响。不得不承认，我不喜欢学校，如果许多年前可以选择，我可能就会辍学。我喜欢学习，但不喜欢学校的那种学习。在父母的管教下，即使身体不舒服，我们也必须去上学。他们认为如果真的身体不适，老师就会送我们回家。缺课如同犯叛国罪那么严重，是万万不能忍受的。如果有孩子逃课，母亲一定会严厉惩罚，那是她的专长。我曾经目睹母亲惩罚逃课的哥哥，也就是那时候，我暗下决心，绝不逃课。除了不断的政治动乱，我不喜欢学校的原因，还因为我把上学和惩罚、羞耻联系在一起，这种感觉很强烈。我是每年9月还没交学费的学生之一，欠费学生的名字列在一张清单上，早上集合时，要当着全体学生的面把名字读出来。这对我来说是种持续的羞辱。我还没有整套的校服，没有公立学校要求自费的课本。有的老师对家境贫寒的学生面临的各种困难毫无同情之心。直到今天，我依旧不明白，老师都是成年人了，为什么会因为学生的父母没有交学费，或是因为学生没穿校服而体罚学生。我最讨厌学校的地方，是班级按性别分工的劳动。女生每天放学后要跪在地板上擦地，而男生可以在外面玩，佯装着捡捡垃圾。然而，我也的确有一些喜欢学校的地方。我喜欢在露天场地游戏的时光，享受着和朋友们一起自由玩耍的快乐。在一些关心学生需求的老师身上，我也能找到安全感，他们和蔼可亲，会特意为学生做些事情。马加科（Magakoe）女士就是这样的一位老师。她有能看出班里哪个学生挨饿的本领。每天，她都带一些多余的食物来学校，在午休的时候叫几个特定的学生留几分钟，给他们一点东西吃。她体贴、温柔、细心，不让人有羞耻感。老师的善意和慷慨鼓励，让我在学习上更加认真和用心，因为只有这样才不会让她失望。

我追求学术事业的原因，跟很多年前发生在我们社区的另一件事也有关系。马克霍博特莱恩（Makhobotlaone）先生的女儿在海外靠奖学金完成了学业，社区举办了一场毕业典礼来庆祝她取得的成绩。我还记得那天的氛围，人们身着毕业盛装，而我仿佛置身于另一个星球。我还记得当时的背景音乐是 Prince 的《紫雨》(*Purple Rain*)。我也并不完全理解这个典礼是干什么的，但我知道，在那一瞬间，我也想成为那个世界的一分子。我还记得自己深切地渴望和那些人说同样的话，想在未来成为其中的一员。还是孩子的我在玩，成人们在庆祝。我被周围发生的事情深深地吸引了。傍晚时分，我让哥哥给我讲讲那场仪式的用途，为什么所有人的打扮都那么与众不同。那是我在社区第一次亲身经历那样的仪式。哥哥告诉我那是一场毕业庆典，上过大学完成学业的人才穿成那样。那次的经历给我留下了深刻的印象，相比平庸的小镇生活，它给了我更多的鼓舞，使我坚信远大的理想。一个女孩和我来自同样的环境，但她曾求学海外，这样的想法让我心驰神往。希望的种子埋在了心里，我开始相信自己也能实现梦想。这就是我伟大理想的起点，一段漫长旅途的开始，以我 2006 年获得大学讲师职位而告终。我与大学的初次接触是在 1998 年，八年后我才有机会教书。有机会进入这所名校学习之前，我听过很多关于它的事请，大部分都是从社区的人那儿听来的。听说这所学校只收白人，好心的邻居劝我不如报考一所以往招收过黑人学生的大学。他们告诉我，我这样的黑人女孩申请这所大学是不会成功的。我记得，偶然听到有个邻居跟我父亲说，我需要从比勒陀利亚（行政首都）得到去这所大学学习的特殊许可，但被录取的几率微乎其微。我后来知道，那个东西叫作"部长许可书"，是由种族隔离教育部长出台，专门针对所有黑人、印裔人和有色人种的一项许可，目的是管控获得高等学位的黑人数量。我必须承认，感谢上天，当时我听到那些传言时是很天真的，不知道为什么，我就是觉得自己不会受影响。我沉浸在幻想中，在那个世界里，只有我自己。我看到一幅明亮的画面，里面只有我自己。

大学报到的第一天，一位五十多岁的白人妇女客气地接待了我。她负责给我学业建议，说我是"曾经的弱势学生"。这是我在这所大学被贴上的第一个标签。我觉得这个标签冒犯了我，在我看来，这是个贬义词，且

第十二章 悬空而坐：一位非洲黑人女性在学术界生存与归属的斗争

带有侮辱性。在我眼中，我们的社区生活丰富，生活中相处的都是些优秀的人，有着良好的价值观。我深知自己来自一个存在种族压迫的环境，一生都受到种族歧视。所以我不喜欢这个新称谓，觉得它带有一些贬低的意思。我的这位学习顾问建议我选修学术英语课，否则，以我这种弱势学生的英语水平，怕是应付不了学校的学业任务。她跟我解释说，这里的要求很严，不及格率很高，每门课都有半数学生不及格。她谈到那些不及格的学生时，给我的感觉也很不对劲，就好像这就是为弱势学生设定的标准，好像他们就该不及格。现在回头看来，我才强烈地意识到，这是因为种族歧视下，南非政府出台的政策有其结构性的缺陷，所以造成了高校黑人学生退学率高的结果。但这些以往的政策缺陷也不是唯一的原因。

就是这个刚进校门就被贴上的贬义标签，让我本可以充实而积极的大学生活不复可能——而且，这个标签在那几年一直紧紧地跟着我，让我在日常交往中对种族主义行为都见怪不怪。我记得，有个教授在课上说过，作为黑人学生，能在学校里学习已是幸运，我们必须心怀感激。她还继续给我们解释要心怀感激的理由，比如说，我们是被南非高等教育资金资助的，在她的眼里，这些都是她缴的税。这种感激之情在许多黑人大学生的身上都可以看到，他们坚定地认为，能在大学学习都是因为高等人种的慷慨馈赠，而不是因为自己也是在这个国家拥有相同权利的公民，同样拥有受教育的权利。我相信，这就是20世纪90年代用来扼杀黑人学生发声、抹杀其存在和经历的机制。在这种境况下生存，你必须静默无声。

在第一学年的社会学课上，我一直迷惑不解的社会不公问题终于有了答案。乔恩·希斯洛普教授（Jon Hyslop）有一堂课，讲述了种族隔离制度下南非的教育，包括如何定义班图教育体系，还有民族主义政府根据种族来决定对南非儿童的教育投资金额。这堂课就像是有人在我头上扔了一个炸弹，让我清醒过来，又好像是揭开了一个大家族的秘密。我不知道这段历史，在我上过的课中，从未涉及这种内容。我第一次详细地了解到，这个国家都发生着什么。班图教育体系是一个高度协调的教育体系，有明确的目标，将黑人视为干苦力的人，应该为白人的经济和社会服务，对黑人的个人能力和抱负视而不见。这是我人生的一个转折点，前所未有。镇上的学校里，空荡荡的实验室没有资料和实验器材，图书馆的书架上空空如也，没有课本，没有运动场和运动器械，所有那些镇上学校的情况都变得一清二楚，所有的事情突然都能完美地解释通了。我依旧记得，我们老师在黑板上画不同的草图,解释实验的各个步骤和化学反应。我们在实验室里想象着这些实验的进行,在课堂上共用一本书。这就是我们的学习方式,亨德里克·维尔沃尔德(Hendrik Verwoerd)清楚地表述出了这种方式的缺陷:

> 班图教育体系在欧共体中的作用低于某些特定形式的劳力,若是班图教育体系下的孩子学习数学却不能实际运用,教他们这些又有什么意义?这简直荒唐可笑。教育必须结合实际的生活环境来训练人们。(转引自 Frances & Schreiner 1986:37)

我开始明白了,为什么我的学校和白人孩子的学校区别明显。和母亲一起坐在去工作的公交车上,我经常和他们擦肩而过。我总是强烈地感觉到,种族隔离制度对南非黑人犯下的一项不可原谅的罪行,就是设立了一套巧妙的教育体制,使黑人看轻自己,给自己持续灌输一种自卑感。在今天的一些地方,人们仍然觉得这种教育体制比现行的教育更好,也许这就是进一步的证据,表明它带来的消极影响还遗留在黑人的头脑当中。

我讨厌承认这一点,但是,恰恰是亨德里克·维尔沃尔德对黑人儿童地位的贬低,使我更加坚定地想成为他所维护的领域的一员,而他认为这个领域只接纳欧共体内部的成员。我坚定地想要实现这个目标,尽管我接受的教育并没有打算让我有这个机会。

> 在欧共体中,一定层面以上的工作岗位都不接纳本土人[特指班图教育体系下培养出的黑人]。因为这个原因,他不可能接受到以融入欧共体为目标的训练,所以也是不可能融入欧共体的。迄今为止,他一直受到一种教育制度的误导,开始远离自己的社区,向往不能触及的、更美好的欧洲社会图景。(转引自 Kallaway 1984:92)

取得文学硕士学位以后,学术界在 2006 年 12 月向我敞开了大门,尽管维尔沃尔德认为这个领域不适合非洲黑人。长到那么大,我在世界上经历过的事情,没有哪件可以帮我在学术界走好下一步。在过去的几年里,作为一名非洲黑人女性,在学术界的经历使我意识到,我在追求童年学术梦想的路上太缺乏经验,可能还很幼稚。我经常觉得这个领域充满敌意,

第十二章　悬空而坐：一位非洲黑人女性在学术界生存与归属的斗争

觉得自己不属于这里。一位圈内很有影响力的人士告诉我，如果我在三年之内没有达到一定的目标，可能就得被迫离开学术界。就是因为听到了这样的话，在学术界多年以来，我都有一种如同悬空坐在椅子边缘的感觉。

南非学术界通常都是竞争激烈、层层戒备的状态（Phakeng 2015）。历史上，学术界是一个将黑人普遍排除在外的地方，特别是黑人女性。这对大部分女性来说是一种常态，她们一生都处在社会的边缘位置。学术界不仅是一个有争议的地方，也给人带来很强的异域感。长期以来，学术界的体制文化在很多方面都让人觉得陌生和疏离，对于我这个出生在种族隔离时期的南非、在班图教育体系下接受教育、长到21岁的非洲黑人女性而言，尤其如此。这个领域总是认为我有缺陷，用这样的眼光看待我，好像我缺了什么，而不是把我看成一个能为其做出贡献的人。学术界同时还是一个要求我不时要通过达标来证明自己的领域。这个标准是自上而下设立的，本身就具有权威性。我总是达不到标准，而这其实是一种排外机制，以此来确保我在这个领域无法获得成功。我在学术界面临的挑战，主要是因为难以达到试用期的要求。在过去，并没有那么多的要求，高校专为特权阶层提供安全舒适的环境。这些高校的发表率相对都很低，特别是在国际层面。我听一位在学术界待了很多年的人说了一些怀旧的话，说这个领域对大多数人来说是多么地安全。我怀着敬畏之心听着这些话，心中也渴望享受学术界的舒适安逸。

其他职业通常都约定三个月的实习期，而学术界的情况不同。学术界规定每位学术成员都要有三年的实习期，其间有实习要求和实习目标，通常都不是个人自己设定的。还有年度试用评估，考核你是否达到了这些要求。这种评估会议总是让我感到焦虑，甚至在会议的前几天我就会开始坐立不安，开会当天还会生病。它总是给我一种我犯了叛国罪，要开堂问审的感觉。我努力完成实习目标，但是在三年的试用期里，还是连没一半都没有完成。许多因素都影响我完成这些目标，包括繁重的教学任务和指派给新教师的课程协调工作，我还要适应在教学中的角色。这是一项浩大的工程，因为我想要做得更加完美。我还想行使生育权，在这段时间内成为一位母亲，这是一件在我这个年龄阶段必做的事。很多人都不赞成在实习期间怀孕，他们传达出的信息是："给你机会让你在舞台上大显身手，这时你竟然怀孕!!?"

学生们给了我很高的教学评价，他们认为我是一名优秀且十分投入的老师。我也兢兢业业地服务自己所在的学术团体。在面临实习考核时，这些都给了我力量和自信。在一次考核会上，他们告诉我教学评价并不能代表什么，因为学生的评价带有主观性，可信性也值得怀疑。我就好像被打了一记响亮的耳光，如梦方醒。很长一段时间，我认为教学就是大学的主要功能，但是在这些会议中，我却得到了相反的答案。我被告知，评价一个学者的价值所在，不是学生反馈的优秀教学评价，而是发表期刊文章。出乎我意料的是，在评估某人对学校的贡献时，对教学的认可度很低，教学并不受重视。尽管教学作为大学的核心功能是有价值的，但它的价值远不及发表文章，文章才有"真正"的价值。迪瓦拉（Divala 2014：2080）指出，一个人在学术旅程中，会碰到"令人吃惊的意外"，无论是在成为一名学者的过程中，还是在实现学术抱负的过程中。因此，在这种情况下，令人吃惊的意外，就是意识到什么才是真正有价值的。真正的进步，在这个领域主要关乎一个人的研究贡献。这造成了我价值观上的严重冲突，一方面是个人的职业抱负，另一方面则是集体的进步和发展。前者是以实现个人目标和个人进步为准绳的，而后者才是我深深推崇的价值观。我总是觉得，在我大部分的学术生涯当中，我都是悬空而坐。很长一段时间里，我感觉自己像个局外人在往里窥探，我是一个陌生人，站在一片不属于我的陆地上。我也在不同层面努力地使自己去感受归属、去适应学术界。我还意识到学术界是个孤独的领域，尤其当你是家族中第一代大学生的时候。不像其他群体带有文化资本的特权，作为一个非洲黑人，你走进的不是一个为你准备好了下一步的领域，没人可以给你指点。比如说，没人可以指导你写第一篇学术论文。而从根本上说，这是对适者生存法则的检验。作为一个新教师，除了教学和指导研究之外，还需要满足一系列的要求。在很多情况下，我都不知道怎么完成指派给我的任务。例如，当我得知写论文是我实习要求的一部分时，我就想问，"论文要怎么写？我要从哪里下手？"然而，我却不能将这些问题问出口，因为这会让教授觉得我不够聪明。的确，我之前已经读了许多文章，但依旧迷茫，不知该从哪里下笔。

我在学术界面临的主要困难是内在的——身为一个黑人，成长在一个被人憎恶的环境里，各个方面都提示着我不够优秀。这意味着我背负了自我限制的沉重负担，尽管在我们小的时候，父亲时常提醒我们不要妄自菲薄，也不要相信我们的肤色造成的任何缺陷。父亲教我不要让别人诋毁自

第十二章　悬空而坐：一位非洲黑人女性在学术界生存与归属的斗争

己，要相信自己是优秀的，有价值的，能够通过努力做成任何事。但是在学术界，一切和我认为的自己都截然相反。每一次有人质疑我的文章，我都会动摇。每一次稿件被拒，我都觉得是我的原因，是自身能力不足的表现。我清楚地记得第一次投稿，收到的拒稿理由之一是这样的："你不会写作，你的文章缺乏学术深度。"我意识到，每一次我收到负面评价都会动摇，实际上是因为在某种程度上，我认为自己不够资格留在这个领域，我还不曾拥有在这个领域赖以生存的东西，不管我有多么努力，我的作品永远不会通过学术审查。尽管学生们对我的教学评价不错，总是认为我激励了他们，可是我收到的另一种提醒，是不断被拒的稿件和对我文章的负面意见。写文章的压力令人疲惫不堪，我与设定目标的距离还十分遥远。很快，我就意识到，这个世界不同于我的想象，这不是那个我在社区的毕业典礼上为之着迷的世界。然而，也有一些人对我很好，愿意为我提供支持、指导和机会，同时也有人在这个领域里将简单的问题复杂化。我经常去听讲座，参加研讨会，但是往往到了最后，我都不知道他们想表达什么。这种不确定感也让我觉得自己是坐在椅子的边缘，毫无归属感。

我在学术界的经历告诉我，这个地方可以很不友好，很多根深蒂固的做法并不是大学政策的问题，而是人为的。通俗地讲，在宏观层面上，高校的政策和南非宪法规定的反歧视精神是一致的。然而，真正的权力却属于微观的个人层面，并不在高校的结构当中。这些个人在某些特定领域可以是一个巨头。同时，这些人也充当着把门人的角色，为一部分人创造舒适区，用只有少数人知道的标准确保一部分人的利益，排斥外来的人。事实上，我在学术界有一段时间十分难熬，因为我就碰到了这样的人。我自信满满地前往特定部门寻求帮助，想表明自己受到了不公的对待，而这家大学是有劳动法和相关政策支持的。工作人员分析了我的情况，建议我不要在这个问题上抗争。他向我解释说，我想要较量的人来头不小，著作等身，给大学带来了数百万的捐款。许多年来，工作人员处理过很多类似的案例，并且很肯定地说，想要扳倒一个地位无法撼动的人，是不会成功的。他还指出，一个受到极大尊重的人，绝对是学校的财富，面对这样的人，我一点成功的机会都没有。我走出办公室，觉得自己在这个巨人面前，如草芥般渺小。我自觉地回到原先的位置，继续顺从和沉默。

多年以来，我学到了许多成功应付这个环境的方法，开始游刃有余。我所做的不是去跟其他人斗争，而是找回自身的力量。我的思想开始转变，默默地做出了这样的决定。多年来，我打的是一场对抗自己内在压迫的仗。自那以后，我明白了，每个人都有自己不同的人生轨道，但这并不意味着要让别人变得渺小。我接受现实，知道过去的已经不能改变。但是，虽然过去在某些方面塑造了我，但却不足以定义我。我知道，无论教育背景如何，我的过去并没有给我提供必要的条件来铺平我的学术道路。我努力地留在这个领域，用尽勇气坚持下去。我确定地知道，自己在这个领域是被需要的，我有能力留在这里，我也做出了自己的一份贡献。尽管我努力地当一名可以协调各方的学者，兼顾教学和科研，创造知识，参与学术活动，但是这些绝对不会以牺牲学生的发展为代价。我能看到，许多来自贫困家庭的学生身上承受着饥饿、痛苦和焦虑的重压，他们怀着获取学位的梦想踏进这个领域，渴望逃离贫穷。我不会辜负这些与我有着相同背景的学生。这就是我创造的价值，它让我能够克服出身带来的限制。我的故事，是关于生存和坚持的故事。这是一个我想跟所有与我有相似经历的学生一同分享的故事，这个故事里有希望。

如今，我稳稳地坐在自己的椅子上，不用向任何人寻求许可。我是这里的主人，拥有自己的权利，我不再以少数者的身份出现。我欣赏黑人女性马莫盖提·法肯（Mamokgethi Phakeng）的一个观点，她说："无论有什么困难，只要坚持追求、坚持追求。"我坚信这句话。我相信坚持追求，因为我在创造和传播包罗万象的知识时，扮演着重要的角色，做出了自己的贡献。我相信无论什么困难都不怕，因为我不再是那个蜷缩在狭小卧室、胆战心惊的9岁小女孩，不再身处一个不被需要的环境。我是一名女性，一名南非黑人女性。没有人比我更懂得自己的故事，也没有人比我更了解自身的经历，所以我选择自己执笔，讲述自己的故事。我坚信，如果我能在这里生存下去，那么我在任何环境中都可以生存。无论在哪里扎根，我都会开花结果。现在的我不再悬空而坐，我无比坚定。

参考文献

Biko, S.（1996）*I write what I like：A selection of his writing.* Johannesburg：Ravan Press.

Cloete, N.（2015）The PhD and the ideology of 'no transformation.' *University*

World News 379. Accessed November 2018, http://www.universityworldnews.com.

Divala, J. J. (2014) Black women academics in higher education: In search of inclusive equal voice and justice. *South African Journal of Higher Education*. 28 (6): 2079 – 2087.

Evaton Renewal Project (n. d.) Evaton township history Pamphlet, Evaton Renewal Project.

Frances, B. & Schreiner, B. (1986) *My spirit is not banned*. Harare: Zimbabwe Publishing House.

Freire, P. (1993) *Pedagogy of the oppressed*. New York: Continuum Books.

Hartshorne, K. B. (1992) *Crisis and challenge: Black education 1910 – 1990*. Cape Town: Oxford University Press.

Hlatshwayo, S. A. (2000) *Education and independence: Education is South Africa, 1958 – 1988*. Cape Town: Greenwood Press.

Hyslop, J. (1999) *The classroom struggle: Policy and resistance in South Africa, 1940 – 1990*. Pietermaritzburg: University of Natal Press.

Kallaway, P. (1984) *Apartheid and education: The education of black South Africans*. Johannesburg: Ravan Press.

Khumalo, V. V. R. (2014) From plough to entrepreneurship: A history of entrepreneurs in Evaton 1905 – 1960. MA thesis, University of the Witwatersrand.

Mabokela, R. & Magubane, Z. (Eds) (2004) *Hear our voices: Race, gender and the status of black South African women in the academy*. Pretoria: University of South Africa Press.

Manganyi, N. C. (2005) *Moments of awakening: Apartheid South Africa and the making of a psychologist*. Accessed, https://www.ru.ac.za//psychology//socialchange/2008.

Maodzwa-Taruvinga, M. & Divala, J. J. (2004) Experiences of black women teacher educators in the South African higher education system. *South African Journal of Higher Education*. 28 (6): 1961 – 1971.

Noonan, P. (2003) *They are burning churches*. Johannesburg: Jacana.

Phakeng, M. (2015) Leadership: The invisibility of African women and the masculinity of power. *South African Journal of Science.* 111 (11/12): 10 – 11.

Potgieter, C. & Moleko, A. S. (2004). Stand out, stand up, and move out: Experiences of black South African women at historically white universities. In R. Mabokela & Z. Magubane (Eds) *Hear our voices: Race, gender and the status of black South African women in the academy.* Pretoria: University of South Africa Press.

第十三章

属于自己

艾莉森·格杜尔德

雅各布·德拉米尼（Jacob Dlamini 2009）曾说过，记忆是一种政治行为。我总在想他为什么这么说。后来才开始觉得，也许你记住故事的方式本身就是故事，而把故事讲出来，是一种解放。希望我即将讲述的故事不仅能为自己带来解放，也能解放读者们。希望这也是一种政治行为。

我以为自己原本没打算做个学者，但从很小的时候，我就能在知识和书籍中找到共鸣。我记得读到的第一本书，是一本关于动物的小红皮书。当我把这本小书读给母亲听时，她的反应是那么激动，就好像我治愈了癌症。母亲的脸上容光焕发，我能感受到她是真的为我感到骄傲。她太兴奋了。那晚，我们所有人都坐车去了婶婶和奶奶家。母亲向大家宣布，我能读书了。一大家子都坐在那儿，听我紧张地读完那几行字，然后给我鼓掌。当时我觉得非常自豪。

书的天堂

随着我渐渐长大，我对书的喜爱也越来越浓。当然，我读的书也不再限于动物主题了。我尤其感兴趣是哲学和伦理。我还记得13岁那年发生的一件趣事。我们学校举办了一次募捐，在母亲的帮助下，我筹到了最多的钱，也得到了500兰特的奖励金。我们镇上没有书店，图书馆可读的书也非常有限。所以，周末父母开车带我去伊丽莎白港的时候，我就说我要买书。我们在书店逛了一圈，最后我决定买斯科特·派克（MScott Peck）的

《否认灵魂：从精神与医学视角看安乐死与死亡》（Denial of the Soul: Spiritual and Medical Perspectives on Euthanasia and Mortality）。父母有点意外，皱了皱眉，但还是允许我买了。我很喜欢那本书，直到今天，我对许多议题中的安乐死伦理问题仍心存疑虑。我为此着迷，于是询问辩论老师，我们能否和其他学校一起组织一场以安乐死为主题的辩论赛。书中讨论的话题让我兴奋并为之折服，虽然我现在知道了，关于安乐死的辩论还有很多视角，但当时我还只是个穿着南瓜色制服的13岁学生，声辩着安乐死不应该被合法化。为什么呢？原因就是斯科特·派克所指出的那样，死亡最后的痛苦会带给我们和上帝接触的机会，让我们在精神上升华（Peck 1997）。我不是个特别虔诚的孩子，但我有决心去理解宗教，认识上帝。后来，我继续带着批判的眼光看待有组织的宗教。我也继续阅读其他书籍，还喜欢读百科全书。在父母的书架上有本叫做《理解人类行为》（Understanding Human Behaviour）的书。这是一本关于心理学理论的图解指南，包括荣格（Jung）、弗洛伊德（Freud）、斯金纳（Skinner）还有其他人物的理论。书里还有插图。我承认，由于见识尚浅，我读到的许多东西以我当时的年纪还搞不懂。比如说，书里有一章的名字叫做"神经紧张的妻子"（The Frigid Wife）。尽管如此，我还是学到了知识。读到的其他书还包括瓦赞特（Iyanla Vazant）的《昨天，我哭了》（Yesterday I Cried），一些笛卡尔（Rene Descarte）和柏拉图（Plato）的作品，还有尼采（Nietzche）和大量的自我救赎类书籍。不知怎么，我总是被那些讲述人类深重苦难的书籍吸引，迷恋那个苦难也神圣的世界，在那里，我们能找到上帝。读了许多自我救赎类书籍，我梦想着有一天能成为一名精神病理医生或心理学家。

长大的痛

不知道是在哪里，我丢了那个梦想。2007年，我被录取为法律系学生，开始攻读法学学士学位。就是那时，我真正开始意识到自己的肤色问题。是肤色使我明确察觉到，自己与其他人不一样。我的这种感觉，开始于大学时期，因为那是一所白人为主、南非荷兰语为主要语言的大学。我父母并不热衷政治，不常谈论种族问题，我也一直只和黑人和有色人种一起上学读书。进入大学之前的求学和家庭经历，从没有让我觉得自己和别

第十三章 属于自己

人有什么不同,至少是在种族方面。但是进入大学以后,我开始意识到自己的肤色以及与之相匹配的社会结构。我的整个的本科生涯,都是独来独往,大部分时间都泡在图书馆里。我开始对自身的种族感到好奇。没有课业任务的时候,我就会读曼菲拉·兰费尔(Mamphela Ramphele)、史蒂夫·比科(Steve Biko)、杜波依斯(W. E. B. Du Bois)和布克·华盛顿(Booker T. Washington)这类人的著作。渐渐地,我开始明白,这是一段历史。回望往昔,我意识到自己内心有一种强烈的想了解自己种族的愿望,想去理解它,掌握它,改变它。我再也回不到小时候了。书籍有着人类所没有的慷慨和耐心,书海和知识是我的安全港。在大学前一两年的时间里,我觉得自己就像亚当和夏娃一样,再也回不到伊甸园了。他们如今有了自我意识,有了羞耻感,再也返不回天堂了。当然,孩提时的我并不知道,如果知道的话,我会在童年读更多的书。在《黑皮肤、白面具》(*Black Skin, Whit eMasks*)一书中,弗朗茨·法农(Frantz Fanon)引用尼采的话,说"一个人的悲剧就在于他曾是个孩子"(Fanon 1986)。

一段旅程的开始

开始攻读硕士学位的同时,我被任命为一名初级讲师。我是乐观的,但也有点害怕,觉得自己还很幼稚。所有教职工中我的年纪最小,总感觉每个人都比我知道的多。然而,我不得不站在 200 名学生面前,想让他们相信我是懂行的。那时的问题在于,我不相信自己有资格站在那里。很难说我在害怕什么。对于一个新人来说,感到紧张是很正常的。我的年龄确实占了绝大部分原因,同样还有我的种族。即使到现在,这仍然是我很难解释清楚的最复杂的感情。通常,我会说,我最害怕的事情之一,是人们会因为我是黑人而认为我能力不足。我也听到过大家说这纯粹是胡思乱想,没人会这样认为。可我却这么觉得。为什么呢?也许是因为我觉得作为一名年轻黑人,我是因为平权行动而被任命的无能的人。作为黑人,这样想并不奇怪。许多黑人被指派到一个为了平权而设置的岗位上,或者是任何这类的岗位上,都会害怕被人认为自己没有能力胜任,所以他们会反对平权政策(Canham 2015;Durrheim et al. 2007)。

不管是作为一名学生,还是讲师,我曾多次听到人们谈论无能的黑人。我害怕自己会认同这种看法，但实际上这也并不奇怪。人们通常认为，当有人开始谈论平权行动时，实力和技能就会被抛到九霄云外（Canham 2015）。平权行动的反对者们会说，社会应该是基于精英制的。我不知道我们是否真地可以说自己生活在一个精英社会？最近的研究发现，尽管许多组织是精英制的支持者，但讽刺的是，在论功行赏时，却总是偏向男性（Castillia & Benard 2010）。

讲授法理学

第一个学期，我教的课是法理学导论。我记得教学主任把我叫到办公室，告诉我要负责授课的部分。他说原先负责这部分的老师在休假，于是就想到让我这学期来代课。他还说，他一直都知道我喜欢哲学。那一刻，我觉得自己得到了肯定。我总是认为自己对哲学的热爱让我有些古怪。这种喜好从没得到过认同和赞赏。很多人跟我说哲学无聊而且无用，尽是一些关于无用之事的无聊问题。我只是觉得，我思考着大多数人不会考虑的事情。长大后，我一直默默地喜欢哲学，悄悄藏在心底。随后，也许是相信了哲学确实无用的话，我开始学习法律。我想律师是不会想知道谁在一百年前说了什么话的。但当我开始教法理学的时候，内心的火苗又开始燃烧。我会永远感激那位教学主任点燃了我心中热爱哲学的火苗，那团火至今还在我的胸中燃烧。

开始的几节课启动得相当不错。我重拾了对哲学的热爱，觉得学生们也会同样为之激动。我将这视为再次进入哲学殿堂的机会。我真的以为他们来上课，会拜倒在我脚下，想要学习哲学。回想起来，这种想法实在是天真。大部分法学专业的学生，都没有强烈的欲望去学习哲学。这让我大吃一惊。更让我受冲击的是，读哲学和自我头脑中的是非对错，与教哲学是不一样的，这不再仅仅只关乎我个人了。不久之后，我意识到，我的需求是得到了满足，但这和学生们要学习的需求有时是矛盾的。有一个单元讲了许多法律哲学家的作品，大部分是从历史角度入手的。然而，仍然有几个争议性话题需要讨论，比如说农场谋杀案（白人农场主被黑人谋杀的案件）、种族歧视、女权主义、大麻和卖淫的合法化问题。这些话题引起了很大的争论。每个话题都很重要，触及着每个人的核心信念。

有一节课，几个学生将农场谋杀案以种族灭绝的形式进行汇报展示。班里的一个黑人学生举手，充满感情地问道："那1976年6月16日发生的事又算什么呢？"其中一个做汇报的学生用疑惑的眼神看着我，问："1976年6月16日发生了什么？"这一刻，我突然惊醒，意识到这个三年级的法律系学生，竟然对我们国家的这一段重要历史一无所知。我告诉她，那天是索维托起义。一个叫做赫克托·皮特森（Hector Pieterson）的13岁黑人男孩被警察枪杀。我能感觉到那天教室里的紧张气氛。我第一次在学生眼中看到了愤怒和悲伤。我回到家里，扪心自问，我在做什么。我记得问过自己，这些讨论是否必要，也许它们的坏处多于好处？这个问题后来也被一些同事提出来过。我的内心斗争十分激烈。一方面，我试图说服自己，这些讨论激发了批判性思维，有助于学生练习辩论技巧。另一方面，它内化了我一直以来的所有疑问。我是不是又在问一些关于无用之事的无用问题？我需要建议。

我的一个朋友认为，我应该向教过这门课的同事去请教。我找到的第一个人是P教授。他在那年开始担任我们学校的研究讲座教授。虽然他的学术生涯始于我所在的波切夫斯特鲁姆大学，但后来他主要是在斯泰伦博斯大学讲授法理学。他也以反对种族隔离而闻名，尽管那时我对此并不知情。我给他发了一封邮件，表达了我想寻求建议的意愿。他给我打来了电话，说一周后会来波切夫斯特鲁姆大学。我有点担心，开始想，去找他谈话是不是个好主意。他会怎么看我？如果我搞砸了该怎么办？我甚至不确定，我是不是有问题想要问他。那是漫长的一周。与此同时，我找到了另一位同事，告诉她我不确定自己是否能教好法理学导论课，我对这门课以及它带给我的所有问题都很纠结。我还得忙自己的硕士学位，对上课这件事感到力不从心。我甚至都不敢相信自己把所有事都告诉她了。倾诉之余，我觉得如释重负，总算有人倾听了。她同情我迷茫困惑的心情，安慰我，说我有能力胜任现在的工作。同她谈过后，我感到舒服了一点。这是一段奇妙的缘分，她接下来那个学期也要休假，需要人代她教法理学导论课和伦理学课，问我能不能帮她，我便应允了下来。我认为这是对我极大的赞赏。这次聊天是有帮助的，她对我的肯定让我觉得好了很多。但我仍然对哲学问题疑惑不解，自己能力不足的问题也远没有得到解决。直到我和P教授谈话的那周，我才搞明白了所有事。

那天，我走到P教授办公室的时候，还没有完全想好自己要说的话。

黑人学者的声音：南非的经历

我扫了一眼他的办公室，他还没彻底安顿好。天气很冷，他想把空调打开，问我知不知道怎么开，可我也帮不上忙。这让我觉得自己更傻气了。我在这间冰冷的办公室坐下，却仍旧不知该说些什么。他问道："艾莉森，我有什么能帮你的？""嗯，教授，我只是有一些问题想请教您。我在法理学课上遇到些困难，不知道我做的对不对。您有30年讲授这门课的经验，所以也许您能给我一些建议。"他吸了一口气，好像在说他知道了。然后他问我家乡在哪里。我们又聊了一会儿东开普省和其他的事情，我也不知道这些事到底有什么关联。后来他给我讲了他早年和学生们之间的一些事。

我主要是担心向学生释放了太多感情，于是就把这个担忧告诉了教授，他回答说"这些感情有什么问题吗？"听到他这么说，我大舒一口气。继续说，是因为我担心自己的种族反而使自己心怀偏见。他说："我无法忍受人们那么害怕抱有一个绝对的观点，严重到都不敢提出自己的见解。你是有色人种，但那只是你的一部分，并不是你的全部。"最后，他说：

> 我并不了解你，但是见到你以后，觉得你没有理由教不了这门课。你喜欢这个学科，这就是为什么别人贬低它的时候，你会感到那么受伤。你必须明白，有时不管你多么努力工作，有的人也永远不会接受你，你不能用一生来取悦他们吧。

我向他道过谢，走到门口的时候，他对我说："有一天你会肯定自己，肯定自己做的事情，人们不必问你，就会知道你在做什么。这虽然很难，但祝你好运！"

我当时并不明白教授说的话，但这是他能告诉我的最好的话了。他肯定了我。这种肯定一直支撑我走到了今天。接下来的一周，我在脑中反复想他说过的话。触动我的是，他没有贬低或否定我对现实的理解。我是个迷失方向、缺乏安全感的年轻讲师。但他觉得没有必要让我认同他所认为的现实以及他自身的想法。他知道我还没达到那个境界，但相信总有一天我会的。有几次我尝试跟身边的同事倾诉，但他们大都态度冷漠。什么是法律？什么是学术？许多人只会简单地回应我，让我坚强一点，不要让这些影响自己。他们知道我的感受吗？知道我这样一个年轻的黑人女性站在那么多学生面前的感受吗？他们是否知道，我头脑中的声音告诉我，我是因为平权行动才得到这份工作的,而且许多人都认为我只是因为自己的种族身份才能到这份工作的?许多平权行动的受益者都认为,他们因为自身的种族而得到了施舍(Adam 2000)。我也有同样的想法。他们知道我每分每秒都需要证明自己吗?我猜他们并不知道。他们又怎会知道呢?今天回想起这件事,我意识到有太多少数群体的经历没有得到认可。有太多次,黑人、同性恋,或是残疾人讲出自己的经历后,听到的人会想去篡改它,或是佯装情况并非如此,就好像听到的那些事情都不是当事人的亲身经历。

肤色大同

如今我在想,为何我会觉得自己的种族背景让我带上了偏见,而事实上,每个人都有自己的种族。这难道不意味着,我的偏见程度跟大家都是一样的吗?也许是出于某种幻想,我觉得如果自己足够努力,不但能摆脱我的种族,甚至能脱离种族这个概念。这难道不是我们所有人都期望的吗?在一个没有种族偏见的社会,评价我们的只有品质,而不是肤色。这话是马丁·路德·金(Martin Luther King Jr. 1963)说过的。肤色大同和无种族社会的概念是一个神话,而且是一个很方便好用的神话。这个概念也被称为种族消除主义(racial eliminativism,Hardimon 2003;Modiri 2012)。种族批判理论的主旨之一,就是认为种族消除主义维持了现状,并没有为我们提供机会,去解决种族主义在体制和结构上的根源问题(Modiri 2012)。相反,种族歧视被认为是少数种族主义者的孤立事件。种族消除主义忽视了种族的普遍性和白人特权的作用(Modiri 2012)。如果我们的确看到了彼此之间的差异,那也不一定是世界末日,也许会是一个更好的世界。我们的身份在很多方面都是有差异的,但重要的是,无论是否会造成斗争,我们都不应无视这些差异。奥德雷·洛德(Audre Lorde)认为:

> 我们在种族、年龄和性别方面的确存在差异,但我们之间的差异并没有将我们彼此分离。真正分离我们的,是我们拒绝认识这些差异,拒绝改正由于我们错误地命名这些差异而造成的扭曲,以及这些扭曲对人类行为和想法的影响。(1984:115)

人与人之间的差异是很容易被忽视的。不知为什么，忽视似乎更容易，尽管这样并不对。人与人之间的差异可以称得上是创造和能量的源泉（Lord 1984），而且我们无须将这种差异视为一种强于他人的资本。有时，它也会带来一连串的斗争。很多时候，只要是人，都想得到认可，不仅仅是因为我们做出的贡献而被认可，还因为我们每天要克服由差异带来的挑战。

丧失信心，体验失败

P教授有力的话语和同事对我的信任，让我觉得自己大有希望。我结束了第一学期的法理学导论课，为把一学期撑了下来而感到欣喜若狂。上完最后一堂课，我带着微笑走出教室。一个学生跟了上来，他感谢我给他们上课，告诉我他没想到一个有色人种老师能把课讲得那么好。他接着说，他认识的有色人种，都是在路边闲坐着喝廉价的葡萄酒的那种。我不知该作何反应，这不是第一次有人告诉我，说我与其他有色人种不一样了。人们对有色人种的刻板印象是：拼命喝酒，没有门牙，经常使用暴力和犯罪（Petrus & Isaacs-Martin 2012）。不知为何，大家认为这样说没有什么不妥。我花了很长时间才意识到，说这样的话，其实是不能被接受的。

那年七月，我有机会参加平生第一次法律教师研讨会。即将要见到我的本科课本的编撰者们，我的心里满怀敬畏。我开始幻想，有一天自己也能成为他们中的一员，成为一位专家。一天晚上，研讨会举办了晚宴，我坐在某大学的一位系主任旁边。她任职于南方一所大学，自我介绍的时候，她说了她是法律系主任。她问我是不是在攻读博士学位。我回答说没有，还在读硕士，同时在教学。她听到后说："你还没有硕士学位？那你怎么教学？在我们学校，你至少得有硕士文凭，必须要比学生高一级别才行。"她甚至都不知道我的名字，听到唯一的内容就是硕士学位和教学，而对她来说，这些信息就足以拿来贬低我了。那一刻，我发誓我真的听到了医院里病人心脏停止跳动，设备显示屏出现一行直线时发出的声响。我看了一眼面前的白葡萄酒，端起来灌了一大口。毋庸置疑，在那一刻我确实印证了人们对有色人种的刻板印象。为了挽回自尊，我告诉她我获得过的荣誉，告诉她我有能力把课上好。但这些都不重要，对她来说，我只不过是一个看不懂她意图的小娃。后来我花了好一阵时间，才摆脱了她对我的负面影响，也明白了她那么做的原因。但是在那个时候，我所有的不安和疑虑都再一次跳了出来。我是个无能的黑人，我不应该在目前的岗位上吗？带着这些新的不安全感，我返回波切夫斯特鲁姆大学，开始了新的学期。

作为老师的转型

第二个学期很快就开始了，能教法理学和伦理学这两门课，我感到很兴奋。后来我发现伦理学课对我来说更难一些。整个课程模块中的法律伦理课题是互相关联的，而且非常有趣。当时我没有想到，这些课题对我们师生双方都构成了挑战，也没有想到我们双方都那么脆弱。

我这次教的是大四。不同于三年级学生，大四学生更为成熟。大四学生已经上完了大部分的课程，这就意味着我们需要在课上讨论更多的内容。我们讨论的第一个课题是司法系统的改革。谈到的问题包括：司法系统需要多元化吗？性别改革是否必要？司法裁决时，个人因素重要吗？我能看出学生们都很兴奋，他们急切地想在这些问题上发表自己的看法。这正是我想要的。但我们越是深入讨论这些问题，我就越能明显地看出，许多学生对改革和种族问题在总体上持有保守态度。许多学生认为，任命黑人到司法系统工作意味着降低标准。学生很诚实，我却开始怀疑自己是否想听到这一切。我不知道自己是否真地想知道他们脑中在想什么。第一次测验是关于改革的，之后我开始批阅卷子。我记得那是一个星期天的晚上，我坐在办公室，一边阅卷，一边泪流不止。我一遍又一遍地读到，学生们认为多样性和改革意味着降低标准。我难过，是因为我想到了自己吗？是因为我在那个研讨会上碰到的系主任说过的话吗？那种感觉就好像是我的旧伤口又被重新撕裂了一般。我必须不抱偏见，持中立态度，不受个人因素影响。看来，我以为自己能重头开始只是个误解。卡尔·哈尼什（Carl Hanisch）在1969年发表的一篇文章里写道：个人的即是政治的。在这篇文章中，她回应了一位批评家的观点，这位批评家认为女权主义者只是聚在一起讨论个人问题，她们的团体不过是一个治愈小组。而哈尼什则回应说，女性遇到的个人困难也是政治性的。我也这么认为。我遇到的个人问题，就是我们的课堂讨论为我带来的伦理困境。这对我而言很难。实际上，说难，其实都是轻描淡写，它对我简直是一种折磨。我又一次感到分裂。课程是朝着我想要的方向发展的，但我真正想要的并不容易实现。

伦理学课程包括每周两小时的理论课，课上会有一些讨论，另外学生们要在每周四进行四个小时的辩论。在学期开始的时候，我给学生们分配了话题，他们到时候必须就这个话题进行辩论。话题的分配是根据学生名单的字母顺序决定的，所以他们不能自主选择。那些个周四的下午经常都很有意思。第一年教这门课的时候，每个周四的晚上，我都觉得自己要累晕过去了。

周四的辩论，有时会有人情绪相当激动。有一个话题是，应不应该恢复死刑。我记得学生们说，白人经常被谋杀，所以应该恢复死刑。在那场关于死刑的辩论中，有两个女生变得相当愤怒。其中一个女生突然把书摔到桌子上，说："要不是我们有宪法，那些黑人早就把我们都杀了。"我不知道是"黑人"一词还是"我们"一词更让我感到难受。当她从嘴里说出这话的时候，她自己的脸上都露出了震惊的神情。

萨拉·艾哈迈德（Sara Ahmed 2012）曾经指出，追求多样性的工作很消耗感情。她将这种工作描述为：要么是目标明确地要改造体制，要么是在体制内做不符合规范的事。我认为这两者我兼而有之。我的工作涉及多样性，但是作为一名同性恋、一名有色人种的女同性恋，我也并不符合规范。艾哈迈德还阐释了多样性工作给人带来的那种耗尽感，她说：

> 当多样性成为目标，也许关键的不在于你是谁，而在于你不是谁：不是白人、不是男人、不是异性恋、不是健全人。如果你占了这其中不止一个的"不是"，那你就属于不止一个群体了。可见，实现多样性需要额外的劳动，而多样性工作者所消耗的精力，也代表了多样性体制化历史的一部分。（Ahmed 2013）

这时我意识到，我那种精疲力竭的感觉，不仅仅来自于课堂上的辩论，还来自蕴含在这些辩论话题中的事实。

第十三章 属于自己

内心的伤口

那一年，我更深刻地领会到一个有色人种身处这样的环境有多么难受。那一年，我的班里有一个有色人种女生，她学习态度端正，体魄强健，带着浓重的开普省口音。听她说话时，就好像有什么东西在挠我的皮肤。我真想对她说，"注意你的发音"。这件事很困扰我，我也知道自己必须反省。想了一阵之后，我意识到，自己不能忍受她身上那些"有色"的东西，是因为我也忍受不了自己的"有色"。我在想，这种生来就是有色人种的羞耻感是从何而来的。我是一个还没有拿到硕士学位的初级讲师，我总觉得自己不属于这里。我有这种感觉，是因为那些没拿到这个职位的人说过这种话，也因为我在研讨会上碰到的那位系主任说过这种话，还因为我自己本来就感觉低人一等。我总是觉得自己不够优秀，要做些什么来证明自己。这样的想法普遍存在于被分配岗位的黑人之中。有些人说，这种想法只是凭空想象，但我不知道事实究竟是怎样的。有人曾告诉过我，我们的内心都有种族歧视的一面，也许这是真的，但这种想法的影响却不尽相同。

在我们成长的环境里，可以见到许多有优越感的白人。当然，白人也有穷人，黑人也有富人，但我们仍以白人的准则为准则。上大学时，和我一起学习的同学大部分都是白人，我的学生也大多都是白人，同事也一样。白人视白人的准则为准则——可我也如此。这个准则对我的意义不等同于对白人的意义，白人在自己的群体中没有被孤立的感觉。白人认为自己的肤色代表着自身的美好，黑人也渴望把这当成一种准则，这样就能无限接近地相信自己就是白人。当白人的准则装在黑人的脑中时，他们照镜子都会大吃一惊。一直以来，他们都坚信自己是白人，但他们从来都不是，所以又要假装自己也不是黑人。他们生活在双重的世界里。这个概念法农在《黑皮肤、白面具》一书中也有所触及（Fanon 1986）。我也是这样。我下意识地厌恶自己有色人种的部分，我想用标准的发音大声地讲南非荷兰语，不想让自己听起来呆呆傻傻。我是什么时候有这种想法的？我不记得有任何人告诉过我，也许这是我从身处的世界中观察来的。这让"黑色人种和白色人种"问题变得非常复杂。它被规范化了，无处不在，你不用做任何坏事，就已投身其中。这就是我们如今面对的种族歧视，它不是直接的种族歧视，它非常微妙。你会觉得自己失去了理智，因为你不断地在想，"是因为我是黑人吗？"这就是特权，不用时时刻刻都问自己这个问题，就是一种特权。

尽管我的心情像坐过山车一样，常常觉得自己孤身奋战，非常艰难，但学院又一次安排我教法理学和伦理学课。我想，可能我表现得比自己想象的要好。第二轮上课，我的心情轻松了些，但激情仍未减少。我对可能碰到的情况有了更好的预期，也知道这些课程模块的重要性。每周我都参与到学生们的讨论中去，我意识到，想让学生有一段有意义的学习经历，信任十分重要。所以我会时不时地分享一些自己关于种族问题的经历，还有一些浅显的想法。我分享了自己以交换生的身份在荷兰学习的经历，当时我和其他的交换生一起住在一个公寓里。我告诉学生们，当我发现楼里的清洁工是白人时，我有多么惊讶。这样的小故事，让他们面对自身对白人的看法时，少了一些胆怯和尴尬。渐渐地，开始有学生带着问题坐到了我的对面，想和我一起讨论。不仅如此，他们也有自己的故事，也是和我一样的人。培养同理心对我来说很重要，同理心的定义是"通过设身处地的方式，去理解一个人的情感状态，同时也能理解这些情感的由来"（Eisenberg 2000）。

这些年来，我开始直面自己的感受。课堂不是一个适合抒发个人感受的地方，我找到了自己的方式。毕竟这都是我的问题，不是学生们的。也许是我的客观性和专业知识，让我能够把自己的问题和他人的问题区分开来。如果我花时间反省，搞清楚自己的感受，至少试着去理解它们，我便能够在第二天走进教室，安然接受任何可能发生的事。我不用感到恐惧。我能办到。

一年前的一个周五早上，发生了一件特别的事。那天是当年的最后一场辩论，主题是我最喜欢的老话题，安乐死。那天早上，我感到特别自由，特别开心。我还记得清晨步行去上课时的寒意，我喜欢这种清爽的感觉。学生们那天也很精神，给人一种开朗和雀跃的感觉。同往常一样，学生不能自主选择话题，是事先安排好的。第三个发言的同学是一位紧张而害羞的女生，她走到教室前面，开始陈述安乐死合法化的问题，她的手和声音都在抖。完成发言后，她站在那里，眼睛看着地面，哭了起来。她说："对不起大家，我姑姑昨晚去世了，这几年她一直在和癌症抗争。我忍不住一直想到她。我在想，如果她决定早几年去世，我们可能会错过和她相处的时间。"教室里鸦雀无声。我看向其他同学，大部分人都眼含泪水。第一次，我也想在课堂上流泪。尽管我没有，我也能理解她的感受和失去亲人的难过。教室里的所有人都能理解。当我写下这些时，还是禁不住潸然泪下。我对她发言时谈到的安乐死合法化作了点评，我很高兴自己没有忽略她的感受，也没有对她的人情味视而不见。也许正是因为她，我们才意识到，关于安乐死的辩论是多么现实，和我们自身是多么息息相关。我觉得，如果不是我愿意承认自己的感受，我那天早上的做法肯定会不一样。四年前的我不会在乎这个学生的感受，因为我也不在乎自己的感受，我只相信法不容情。

我最喜欢的一件事，发生在教伦理学和法理学的第二个学期。班上有一个学生，我看得出她很勤奋，按时上课，考试成绩也高于平均分，但她似乎很讨厌上课。她只有过几次课堂发言，都比较保守。她总是皱着眉头，好像对什么事怒气冲冲。一个周四，轮到她参加辩论，话题是恢复某些罪行的死刑。这次，她又看上去很生气的样子，说着说着，忽然来了一句："所有这些都有什么意义？任何意义都没有！"我问她："你想说什么呢？"她回答说："我们永远解决不了任何问题，我想我也成不了基督徒。"这句话是针对我的，因为我对基于圣经经文的法律论点持批判性态度，许多学生据此认为我是个无神论者，但其实并不是。通常，我会在去上课前祷告。她看起来情绪非常激动，然后说："我谈不了这个，我会变得很情绪化。"她摇了摇头，好像已经放弃了。课堂陷入寂静，我深吸了一口气，然后说：

> 你说的没错。纵观历史，许多问题都在重复出现，我们好像从来没有得到过答案，对大多数事情也没有得出最终的结论。但重要的是，你有机会去思考这些问题，进而找到自己的答案。有时这些问题的确会激发我们的情绪，这没关系。只要我们知道，我们得尽力去面对。在这个过程中，我们可以试着理解为什么我们会变得如此情绪化，试着看到事情的本来面目。

她似乎得到了安慰，点了点头，笑了。当我看向班上其他人时，他们似乎也得到了安慰。那一刻，我不知道自己竟能说出那样的话。那一刻，我抛开了自己的问题,把学生当做活生生的人来看待。那一刻是神圣的,对我来说至关重要。

其实,这对我来说也是一对矛盾。我知道法律的世界有多么无情,也知道这是有原因的。可另一方面,我也知道课堂上许多讨论都会情绪化,关心学生的情绪对学习是有裨益的。有趣的是,有一种研究法律的新方法,被称为法律与情绪(Maroney 2006)。事实上,某些情绪与法律是相关的,例如刑事案件中的懊悔情绪,或者仇恨犯罪中怀着愤怒和憎恨这类情绪的犯罪(Maroney 2006)。情绪与法律受到女权主义、心理学、经济学、政治学等诸多领域的影响,情绪与法律的关系尤为密切。自从南非实行新的宪法体制以来,许多法官对南非人的困境表示同情,使用了诸如"仁慈""人道"和"社会公正"之类的词语。尽管我认可法律专业的学生应该及时了解法律原则的重要性,但我也相信,即使是一堂伦理课,也有讨论和表述情感伦理的必要,也应该关心作为人类,我们在法律体制和社会体制中,是如何相互联系的。我已经意识到,这些讨论与后自由主义时代相关,在这个时代,个人自主和对权利与自由的保护不再是唯一重要的事情(Goodheart 2014)。与自由相辅相成的是我们彼此间关系的本质。

出　柜

在课堂上讨论种族问题是一回事,因为我的肤色也藏不住,但是谈论性取向,则又是另一回事了。在我跟父母出柜那天,我以为事情就此了结了。我觉得如果告诉了父母自己是同性恋,他们又没有意见,那一切就都没什么问题了。我在 20 岁的时候出柜了,我父母用了挺长一段时间才接受了这个现实,我认为他们现在已经完全接受了。老实说,我没想到自己要出柜这么多次。但每当我告诉一个新朋友自己是同性恋时,就会有那种又出柜一次的感觉。我总是害怕朋友们知道了,会因此远离我。有很长一段时间,我害怕学生发现我的性取向。这可能也是我会觉得班里那个男孩气的黑人女生烦心的原因。所以,从一开始,要在课堂上讨论性取向问题就很棘手。但是我也知道,相关的话题必然会对此有所涉及。我很惊讶地发现,学生们的宗教观念是那么根深蒂固。在课堂上谈到同性恋问题时,宗教被提过很多次。许多学生直言,他们觉得同性恋是一种罪,同性恋者会

第十三章 属于自己

下地狱，焚身而亡。这种情况真的很难。我几乎可以肯定，这些学生并不知道我是同性恋。我认为，身为老师就意味着我不能夹带感情。两年来，我听到恐同言论的时候，可以装作这些话没有伤害到我，还觉得这是自己的一种进步。也许我能学到的最好的本领就是怎么做人。对于我来说，做一个人，重要的就是能够去感受，能够不伪装。我现在意识到，也许我不想让学生们太过情绪化，是因为我自己也害怕情绪化，害怕我必须要承认他们说的话伤害了我，同时我还得是那个通达博学、客观公正、没有任何偏见的老师。我怎么才能够在承认自己感受的同时，仍旧是一个好老师呢？

人们问我，有色人种和同性恋，哪个身份更糟？我认真思考了许久，总是答不上来。我的第一反应是，都不糟——两种身份都不该是糟糕的。但是，如果你是有色人种，最起码还有其他人可以一起说说话，也知道有人和你一起承受苦难，你并不是孤身一人。可是，让那些没有出柜的同性恋者苦不堪言的是，并没有"我们"可言。性取向可以隐藏起来，而你自己也与世隔绝了。的确，有很多非传统性别的年轻人，都有与世隔绝之感（Johnson & Amella 2014）。你不知道谁和你一起同处黑暗之中。我听许多人说过，他们原本以为只有自己是同性恋。就算是出柜之后，仍然有数不尽的恐同言论会随时随地出现在你面前。

我记得有一次，大家在办公室聊奥斯卡颁奖典礼，还有朱蒂·福斯特的演讲。其中一位女同事表达了她对女同性恋者和生孩子的厌恶。让我难过的不是她说了这些话，而是办公室的其他人都对此一言不发。后来一个同事跟我说，我不应该被这些言论困扰，因为那位女同事说话没过脑子。但这是不对的，大家不应该对此视而不见。哪怕有人说了无心的话，也应该被告知这样说话会冒犯别人，否则他们怎么能意识到呢？我还在想，是不是应该由我来教育她。洛德也表达了同样的思考，她说：

> 今天，人们仍然要求女性去跨越男性无知的鸿沟，去教育男性，让他们知道应该了解我们的存在和我们的需求。古往今来，这是所有压迫者的做法，为了让受压迫者屈服而采用的日常主要工具。现在，人们又认为，有色人种女性有义务在面对巨大阻力的情况下，去向白人女性宣告我们的存在、我们的差异、我们在共生关系中的相关性。这是精力的偏移，是种族主义家长制思想的悲剧性重复。（Lorde

1984：113）

所以我在想，教育别人、告诉他们该说什么，不该说什么，是否是我的职责。如果是，那可谓是一项艰难且辛苦的工作。要给人们解释交叉歧视的复杂性是很难的。金伯利·克伦肖（Kimberle Crenshaw 1989）表示，从单一角度审视女性，会曲解她们的经历。白人女性所面对的歧视和黑人女性所面对的歧视是不同的。比如说，黑人女性在女权主义的讨论中处于边缘地位。事实上，她们在种族和性别方面背负着更为沉重的重担（Crenshaw 1989）。如果你既是黑人女性，又是同性恋者，这种交差歧视也会发生。这些歧视无法被分别对待。做一名黑人女同性恋者，要背负非常的压力，经历非常的人生。

就算已经出过柜了，我还是很怕同事和学生发现我的同性恋身份。我自己读这句话，都觉得听起来是那么荒唐可笑。一只脚出来了，一只脚还在柜子里。渐渐地，我开始在大家身上去测试这件事，他们的反应大都不错。通常情况下，当人们不知道我的性取向时，有时会不小心说一些恐同言论，我很确定大部分说这种话的人，并没有真正和同性恋者说过话或者接触过，他们从未真正看到过同性恋者人性的一面。有一次，在周四的辩论结束后，一个学生跟我说："同性恋就是太违背自然了——你能想象吗？"我真想回答她："我能想象，这在我看来，这再自然不过了。"但我没有这么说，这并不是我的工作。我的工作是向她提一些问题，让她自己去改变自身的观念和设想。但是，至于她怎么应对那些改变后的想法，这取决于她自己。我经常在想，身为同性恋的羞耻感是从何而来的。我的父母从未把我当作小孩子一样叫到一边，告诉我同性恋是一件可恶的事情。我从小到大都是天主教徒，而教会也没有明确讨论过这个问题。然而，在我大部分的人生中，我都觉得这是不对的。否则为什么我会如此纠结？也许是因为我从未见过任何同性恋人士、同性恋楷模、同性恋老师或是同性恋总统。问题就出在这里了。我们不需要被告知什么是对，什么是错。我们看看自己生活的世界，什么是被接纳的，什么不被接纳，就都知道了。南非社会在很大程度上依然是以异性恋为规范的（Henderson 2015）。

当你发现自己是同性恋，而你在这个世界上又看不到自己的同类，你可能会认为是自身出了问题。渐渐地，你开始把自己锁在一个没有栅栏的厌恶之笼中。只有与人交流才能救你出来。我与学生们进行的课堂讨论和辩论活动，是最丰富我人生经历的事情之一。我记得有一个学生告诉我，她在农场长大，从来没见过同性恋，直到上了大学，她认识了同性恋的朋友，才对人生有了完全不同的视角。对我来说，要挑战学生的既有观念并不总是很容易，个人所持的性取向思想深入骨髓，但我知道我必须这么做。男生对性取向问题的反应总是最糟糕的。我觉得做个男人一定很辛苦，一方面必须保护自己的男子气概，另一方面还要不断地为之辩解。通常，当一名男同学对性取向问题发表看法时，他会说："我只是想说，我不是同性恋。"很多时候，当我看到男同学表现出他们也有深刻的感情时，他们那种霸道的男子气概就消失了。他们也是人啊。有时，我对社会规定好的性别角色也感到愤怒。

开玩笑的人

我发现人们经常用种族和性取向开玩笑，我也这样干过几次。这让我想起一首玛雅·安杰洛（Maya Angelou）的诗，题目叫作"面具"（*The Mask*）。她说非裔美国人必须佩戴一种隐形的面具，用微笑隐藏起真实的感情，笑容背后暗藏着冲突和痛苦。她指出这些人戴面具是为了生存，他们不得不靠假装来应付。

我们拿自己的种族开玩笑，可能是因为我们觉得自己说说也没什么关系。有几次我这么开玩笑的时候，压根就没过脑子。大概两年前，我开始接受心理治疗。有一天，我的治疗师，一位白人女性迟到了几分钟。我进去以后，她跟我道歉，说我必须得等一会儿，然后我用开玩笑的口吻说："因为我是黑人，所以就得等一会儿吗？"她用困惑的眼神看着我，问我是不是在生她的气。我说："没有，我就是故意找茬儿"。我为什么要说那样的话？也许我真正想问她的是，"我不是白人这件事，对你来说意味着什么？"我当时只想赶紧把话题结束掉，好让自己松一口气。我发现在这个过程中，我还是感到自卑，我想知道别人是怎么看待我的肤色的。从我上学的第一天起，我就能感觉到自己是被区别对待的。大家有的忧心过度，有的谨小慎微，有的又粗心大意或麻木不仁。如果我被什么言论伤害了，那肯定是因为我过分敏感，或者是自己身上出了什么问题。所以慢慢地，我开始觉得，算了吧，别较真儿了，开个玩笑就过去了。也许这是我能提醒别人我是谁的唯一方式了——其实潜意识里，我是想告诉他们，"我在这里，你们伤害到我了！"内心的伤痛和恐惧表现出来的形式很奇怪，不仅是通过幽默，有时是通过愤怒和憎恨。詹姆斯·鲍德温（James Baldwin 1955）曾经写道，人们之所以抓住厌恶感不放，是因为他们知道，一旦厌恶感消散，剩下的就只有痛苦了。当然你会觉得，如果你是一个对所有攻击性言论都斤斤计较的人，也许人们就不会喜欢你了。你想要受人欢迎，我也一样。也许这就是我开玩笑的原因。我内心想要提醒人们我的种族，同时又不想让他们远离我。如今，我也不觉得开玩笑是个什么好办法。

茶水间的闲谈

说到被排斥还是被接纳，常常要通过茶水间或者类似茶水间的地方来看。不仅对我，我认为对其他许多初来乍到的人来说，走进茶水间或员工休息室都是一件令人生畏的事情。有一次在办公室，一位年长的白人男同事谈到了棕色人种的赋权运动，说一群有色人种想要被称为棕色（brown），而不是有色（coloured）。他不能理解为什么人们要在一个描述语上钻牛角尖。我是整个屋子里唯一的有色人种，他们表现得就好像我不存在似的。我必须说点什么。我试着解释了为什么有的有色人种更喜欢棕色这个词，因为"有色"是一个侮辱性的词，起源于种族隔离时代。他们也只是看看我，继续自说自话。这种被视而不见的情况发生过很多次。我多么希望那天有人站出来帮我说些话。

在处理和同事的关系上，我是费了劲的。他们中的许多人曾经是我的老师。我第一天上班的时候，他们都忧心忡忡地看着我，可能是因为那时候我还比较害羞。令我感激的是，有一位教授，现在是我的博士生导师，站起来对我表示欢迎。我觉得人们小看了这些微不足道的善举。事实上，这不仅仅是善意的举动，也是一种表示认可的举动。也许他们在想，"这个毛头小孩是谁呀？"所以有那么一段时间，我觉得很有必要就一些事情发表自己的看法。面试我的时候，当时的系主任问我能否融入集体，因为我表现得太矜持了。我下定决心要证明自己能够融入，而且可以站稳脚跟。在年度教职工大会上，我总是举手发言，表达自己的看法或者提出问题。在我发言过后，老资格的同事就会很乐意接近我。这种感觉很不错，但其实我希望不用做这些事，也能够被大家认可。有些人也许会说，这些事和我的种族或年龄无关。另外一些人也许会说，世道就是这样。但这些回答都不够好。

我的母亲

在我的人生和短暂的学术生涯中，母亲给了我有力的指引。她也是一名学者。我总是在想，她作为一名黑人女性在年轻时都经历了什么？战胜了什么？母亲在种族隔离时代长大，上了师范学校，成了一名老师。她和父亲在我们还很小的时候（三个孩子），双双完成了本科学业。母亲婚后还在工作，一边当着高中老师，一边拿到了自己的哲学硕士学位。当我上11年级的时候，她得到了一份大学老师的工作。几年之后，她拿到了博士学位。直到我自己开始既要教书，又要读研究生的时候，我才意识到，这一切对她来说是多么地困难。我其实并不怎么喜欢自己的母亲是个学者这件事。很多时候，我都抱怨要学的功课太多，硕士论文又得重写。母亲会告诉我，世界就是这样，不光我一个人辛苦。随着时间的流逝，也许是她意识到我已经长大，开始更加同情我在学术上碰到的困难。我看到母亲也在强权中挣扎，但她敢于向强权说真话。几天前，我和母亲一起参加了她的一位同事主持的活动。她把桌上的每个人都招呼得很好，让大家开怀大笑，感到宾至如归。当时，一位和母亲有着密切工作关系的老同事走到我们这一桌，只跟一位白人男性同事打了招呼，并没有和母亲还有桌上的其他人说话。我看得出母亲很受伤，那是一个她很尊敬的人。我真想走过去，告诉他不应该那么做，跟他说："这位是我妈妈，您认识的。"

母亲始终在学术上对我抱有很高的期望。我能取得现在的成绩，离不开她辛苦的付出。尽管母亲和我都在学术界历经波折，但我能在这里找到归属感，有母亲的一份功劳。两年前，我要在一个法律教育会议上发言，但不知道母亲也要发言，而且我们的议题是一样的。我准备走上讲台之前，她抓住我的手，同时另一只手从喉咙到嘴巴比划着，说："记住，要大声说出来。"我带着怒气走开了，说了声"我会的"。她那么做让我想起，小时候父母送你上学的时候，你要求父母在离学校远一点的地方就停车放你下来，这样你才能有种独立的感觉。我开始发言，尽量不看母亲那边。我也忘了她就在那里。快结束的时候，我们突然四目相对，我一下子感觉很紧张，意识到母亲也在看着我。她笑着点点头，好像在说："你做得不错，不光是发言很好，而且作为一个女性，一个人，你都做得很好。看见你站在这里，让我觉得我走过的这段旅程是值得的。"在那一刻，我又成了那个5岁的小女孩，觉得自己独一无二。我想我与母亲的关系，跟这世上所有的母女关系一样，都是复杂的。她给了我在学术界的归属感，同时又需要我去开辟一个不是由她创造出来的地方。但我知道，母亲永远是我的一部分，有美好，也有忧伤。这让我想起杰米加·金凯德（Jamaica Kincaid）写的《安妮·约翰》（*Annie John*）中的一段话：

> 一只眼睛里，我能看到母亲，另一只眼睛里，我能看到落地灯照射下，她投在墙上的影子。影子是那么强大而稳定，看起来和母亲是那么相像，我都开始感到害怕，因为我不能确定，我余下的人生是否能判断出，站在我和世界之间的，哪个是我的母亲，哪个是她的影子。(1958：106 - 107)

前路漫漫

我思考着各种各样的问题，问自己它们的答案是什么。正如我之前跟学生讲过的，没有哪个答案能解决所有问题。然而，我还是坚持认为，我们应该挑战（不是毁灭）权威话语，而且应该有一个安全的场所，可以让人们去做这件事。大学课堂，乃至于整个大学都可以是一个很好的场所。身为学者，我们需要从自身入手，必须意识到，种族歧视（和其他形式的歧视）依然存在，它们的形式与之前不同，但并未随风散去。在许多争取公平的战役中，我们都赢得了胜利：投票权、反歧视法、基础设施建设覆盖率等，都有所改进。但是最高层面的自由还有待争取。自由就是，当你坐在桌边发表观点的时候，你知道自己的声音能够被听到，你知道是在自己的地盘上。

因为这只是我教书的第四年，我的故事不算很长。我今年26岁，如果让我特别去回想在过去的四年学到了什么，我想说，待学的东西仍浩如烟海。我担心十年后，我再回过头来看这篇文章，会想："这是我吗？"还是一样，我们无法摆脱昨天的自己。

很难想象，我和刚开始做初级讲师的我是同一个人。我看待自己的方式，看待周遭的方式都已经变了。唯一可以肯定的是，这些并不是随着时间或是年龄的增长而改变的，而是我有意识的决定。从各个方面来看，这都是个痛苦的过程。我仍然需要每天都应对挑战。我刚刚开始自己的博士学业，接下来要走的路仍然艰难。过去的几年里，有疏离也有接纳。我有时不知道自己归属何处，有时连自身的价值也要留给他人定夺。但现在，我知道，我只属于自己。我知道，必须首先认可自己，接纳自己，不以自己的肤色为耻。前路困难重重，我祈祷自己能鼓足勇气面对。有时我也会害怕，但每当想起那个读红皮书的小女孩，就又有了希望。我希望我能让她感到骄傲。不知道生命中会否有这样一个时刻，有很多的可能性在我面前展开。无论前路多么艰难，我会一如既往地坚持说出真话，热爱美好的生活，以开放的心态去面对世界。马莎·努斯鲍姆（Martha Nussbaum 1986）的话最能代表我想说的：

> 做一个好人，意味着要对世界抱有开放的心态，要有能力相信不确定的事物，哪怕它超出了你的掌控，极端时可能让你的生活支离破碎，而你却无能为力。这里面蕴含了非常重要的人生伦理：这种人生，敢于相信不确定的事物，敢于袒露自己的样子；这种人生，更像是一株植物，而不是一颗宝石。它很脆弱，但恰恰是它的脆弱，造就了它独特的美。

注　释

1. 参考比尔·莫耶斯（Bill Moyers）的一次访谈。网站访问时间：2018年11月，https://www.youtube.com/watch?v=tWfK1E4L-c。

参考文献

Adam, K.（2000）Affirmative action and popular perceptions: The case of

South Africa. *Culture and Society.* 37: 48 – 55.

Ahmed, S. (2012) *On being included: Racism and diversity in institutional Life.* Durham: Duke University Press.

Ahmed, S. (2013) *Feeling depleted?* Accessed 30 November, http://feministkilljoys.com/2013/11/17/feeling-depleted/.

Angelou, M. (nid.) *The Mash.* Accessed November 2018, https://www.poeticous.com/maya-angelou/the-mask-we-wear-the-mask-that-grins-and-lies.

Baldwin, J. (1955) *Notes of a native son.* Boston: Beacon Press.

Canham, H. (2015) The color of merit in a Johannesburg bank. *Sociological Imagination.* 51 (1): 70 – 108.

Castillia, E. & Benard, S. (2010) The paradox of meritocracy in organizations. *Administrative Science Quarterly.* 55: 543 – 576.

Crenshaw, K. (1989) Demarginalizing the intersection of race and sex: A black feminist critique of antidiscrimination doctrine, feminist theory and antiracist politics. *The University of Chicago Legal Forum.* 140: 139 – 167.

Dlamini, J. (2009) *Native nostalgia.* Johannesburg: Jacana.

Durrheim, K., Boettiger, M., Essack, Z., Maarschalk, S. & Ranchod, C. (2007) The color of success: A qualitative study of affirmative action attitudes of black academics in South Africa. *Transformation.* 64: 112 – 139.

Eisenberg, N. (2000) Emotion, regulation, and moral development. *Annual Review of Psychology.* 51: 665 – 697.

Fanon, F. (1986) *Black skin, white masks.* London: Pluto Press.

Goodheart (2014) *A postliberal future?* Accessed April 2018, https://quarterly.demos.co.uk/article/issue-1/a-postliberal-future/.

Hanisch, C. (1969) *The personal is political.* Accessed November 2018, http://www.carolhanish.org/CHwritings/PIP.html.

Hardimon, M. (2003) The ordinary concept of race. *The Journal of Philosophy.* 100: 437 – 455.

Henderson, N. (2015) The persistence of homophobic discourses: Narratives of a group of gay men in Cape Town, South Africa. *Agenda.* 29: 108 – 115.

Johnson, M. J. & Amella, E. J. (2014) Isolation of lesbian, gay, bisexual and transgender youth: A dimensional concept analysis. *Journal of Advanced Nurs-*

ing. 70: 523 – 532.

Kincaid, J. (1985) *Annie John*. New York: Farrar, Straus & Giroux.

King, M. L. Jr. (1963) *I have a dream*. Accessed September 2018, https://www.archives.gov/files/press/exhibits/dream-speech.pdf.

Lorde, A. (1984) *Sister outsider: Essays and speeches by Audre Lorde*. Berkeley: Crossing Press.

Maroney, T. A. (2006) Law and emotion: A proposed taxonomy of an emerging field. *Law and Human Behaviour*. 30: 119 – 142.

Modiri, J. (2012) The colour of law, power and knowledge: Introducing critical race theory in (post-) apartheid South Africa. *South African Journal of Human Rights*. 28: 405 – 436.

Nussbaum, M. (1986) *The fragility of goodness*. Cambridge: Cambridge University Press.

Peck, M. S. (1997) *Denial of the soul: Spiritual and medical perspectives on euthanasia and mortality*. London: Simon & Schuster.

Petrus, T. & Isaacs-Martin, W. (2012) The multiple meanings of coloured identity in South Africa. *Africa Insight*. 42: 87 – 102.

作者简介

凯齐亚·巴蒂塞（Kezia Batisai）

凯齐亚·巴蒂塞是开普敦大学博士，约翰内斯堡大学社会学系高级讲师。研究兴趣包括性别与性、政治动向、非洲另类与国家建设政治问题——这也是她目前已发表与待发表作品中采纳的理论视角。在学术界之外，凯齐亚拥有10年以上的高级研究员/顾问工作经历，曾就职于美国国际开发署（USAID）、瑞典国际开发署（SIDA）、多加国际援助组织、国际移民组织（IOM）、女性与性别问题研究所（比勒陀利亚大学），以及非洲性别研究所（开普敦大学）。她在这些机构的工作主要涉及性别与性、人类免疫缺陷病毒（HIV）与艾滋病、卫生、移民与发展、人权与司法体系。凯齐亚还是国际社会学研究会（语言与社会、女性与社会工作小组）、非洲性别问题研究所以及南非社会学协会（性别研究召集人，2015至今）的主要成员。

雨果·肯纳姆（Hugo Canham）

雨果·肯纳姆（博士）任教于约翰内斯堡金山大学，讲授心理学课程。肯纳姆是一名心理学家，拥有不同领域的工作经验，曾领导其所在大学的转型与股权倡议。他本科毕业于开普敦大学，研究生毕业于纳塔尔大学和金山大学。现为种族隔离档案项目正式研究员，拥有美国多家机构的研究员职位，研究领域为空间与机构包容批评心理学。

科林·蒂内·查西（Colin Tinei Chasi）

科林致力于传播哲学研究各领域的工作，现专注推进暂名"参与研究"的项目——尝试在领域内推行非洲的代表性做法。此前，他的主要贡献在于发现了一种现行的HIV和艾滋病传播手段。他被南非国家研究基金会评为国家认可的研究员（C3）。科林还曾在卫生传播、政治传播和参与性传播等领域从事监管工作，长期以来专注于各类传播领域相关的核心基础概念研发与修定工作。

艾莉森·格杜尔德（Allison Geduld）

艾莉森·格杜尔德现为西北大学讲师。西北大学法学学士、拉丁语荣誉学士、优等法学硕士。研究兴趣包括法律体系、伦理与法律教育。

卡蒂亚·库扎－尚嘉赛（Katijah Khoza-Shangase）

卡蒂亚·库扎－尚嘉赛（博士）为言语病理学和听觉学副教授，前系主任。迄今为止第一个，也是唯一一个获得该领域博士学位并成为副教授的非洲黑人。她是学科、学院、教工、大学与国家层面数个委员会与董事会的成员，在校园外行业中也发挥着重要的领导作用，尤其是在南非卫生专业委员会。她曾得到多项奖励提名并多次获奖，在其专业研究领域做出了杰出的贡献（听觉学）。她的研究关注 HIV 和艾滋病、肺结核、药学—听觉学、听觉早期干预。大量已发表作品持续为发展中国家提供主要的听觉学理据。曾为本科生和研究生开设多门课程，全面参与课程的设计，既是授课人、系主任，也是南非卫生专业委员会专业组教育分会的主席。

皮斯·吉古瓦（Peace Kiguwa）

皮斯·吉古瓦（博士）是金山大学人文与社区发展心理学学院高级讲师。研究兴趣包括性别与性、批评种族理论、批评社会心理学，以及相关领域的教育教学。她目前的研究项目包括与非洲性别研究所合作的"高等教育体系中的青年女性领导力研究"、与艾滋病行动国际组织合作的"动摇异性恋正常化"项目。合编著作三部（开普敦大学出版社与泽德出版社出版），曾在国内外知名刊物上发表论文。现任知名期刊《社会心理学》与《非洲研究》编委会成员，合作主持专刊三期：与马洛斯·兰加教授（Malose Langa）合作主持《社会凝聚力及其与排斥问题的关系》、与肖斯·凯西博士（Shose Kessi）合作主持《社会表征》，以及与罗内尔·卡罗丽森教授（Ronelle Carolissen）合作主持《高等教育界归属感之微观政治学》。现任南非心理学协会性与性别分会主席、2015 年金山大学校长优秀教学奖获得者。

雷内·科兰（René Koraan）

雷内·科兰是西北大学（波切夫斯特鲁姆校区）法学院的高级讲师。为本科生开设刑法（基本原理）及犯罪类型课程，为儿童法法学硕士开设少年司法模块课程。她创立了西北大学—朱塔刑法模拟审判竞赛活动，为法律专业的大二、大三学生提供了实践所学和积累经验的平台。

格雷丝·昆诺（Grace Khunou）

格雷丝·昆诺是约翰内斯堡大学社会学系教授，国家研究基金会 C 级成员。研究领域为：从性别、健康、社会政策、阶层（黑人中产阶级）和社会机构了解黑人境遇。研究兴趣主要关于男性与父权。她的写作包括创作类作品和学术类作品，曾在同行评议刊物发表论文、撰写论文集文章以及研究报告，其中包括她主编的著作《崛起的中产阶级》（2015），以及她为《开放家庭研究杂志》（2015）合作主持的有关父亲缺位的专刊。她的创作类作品包括短篇小说《妈妈的散步小径》，收录在《2012 年凯恩奖非洲文选》，以及一部用茨瓦纳语和英语出版的儿童文学作品，名为"库姆的机场行李袋"。

格雷丝·穆西拉（Grace A. Musila）

格雷丝·穆西拉是金山大学文学系副教授。著有《在真相与谣言中重述死亡：肯尼亚、英国，和朱莉·沃德谋杀案》（2015）。该书分析了肯尼亚和英国对 1988 年英国籍游客朱莉·沃德（Julie Ann Ward）在肯尼亚的马赛马拉动物保护区被谋杀事件的解读。她还与詹姆斯·奥古德（James Ogude）、迪娜·利加（Dina Ligaga）合编了著作《对东非文化版图的再思考》（2012）。曾就东南非文学与流行文化问题撰写文章和论文集章节。

莫特拉勒普尔·内森（Motlalepule Nathane）

莫特拉勒普尔·内森 2007 年起在约翰内斯堡的金山大学社会工作系任讲师。她来自伊瓦顿镇，是家族的第一代大学生。她的父亲是矿工，母亲是家政人员。父母二人都非常重视教育，竭尽所能供孩子们上学。莫特拉勒普尔参与了一系列关于父权的研究。她的研究兴趣涵盖以下领域：青年发展、社会公正、性别、种族、父权。她目前在金山大学人文学院下属的人文与社区发展学院攻读博士学位,已进入到学业的最后阶段。她的研究课题关于父亲缺位下女性主导的家庭经历。

伊迪丝·丁农·帕斯瓦纳(Edith Dinong Phaswana)

伊迪丝·丁农·帕斯瓦纳现任南澳大学塔博·姆贝基非洲领导学院(TMALI)高级讲师,是南部非洲发展共同体(SADC)非洲青年领导力计划(YALI)区域模块主持人。她博士毕业于英国伦敦南岸大学。曾在约翰内斯堡大学任职,获人文类优秀教学奖。伊迪丝曾任南非发展研究协会秘书和副主席、国际研究基金项目校友会副主席、约翰内斯堡大学/富马尼论文合作与奠基书虫基金会董事会成员。研究兴趣包括探索学术界黑人特质、课程设置后殖民化、社会公正教学、非洲青年发展与领导力。

布拉格纳·鲁古南(Pragna Rugunanan)

布拉格纳·鲁古南是约翰内斯堡大学副教授。目前的研究主要关注非洲与南亚移民社区在非洲的建设情况。曾任南非社会学研究协会行政负责人、工业与经济小组委员会成员以及小组会议召集人。研究兴趣包括移民社会学、人力资源研究、工作模式变动研究、社交网络,以及社会研究。曾就移民、性别、仇外、教育与公民权等课题发表论文。